南中国学术文丛

前瞻性理念

三维视角中的中国现代文学史论

宋剑华 / 著

文化藝術出版社
Culture and Art Publishing House

目录

中篇 现代文学的断代分析

前言　我之中国现代文学史观

关于中国现代文学史的定性问题，一直都是严重制约这门学科健康发展的瓶颈之一。至今为止，没有哪一部《中国现代文学史》的编写者，能够准确解释什么是"中国现代文学"这一最基本的学理概念，这无疑是学科本身缺乏自信心的明显反映。① 正是因为如此，全面审视和科学界定20世纪中国文学的"现代性"，更是显得尤为重要。因此，"现代性"决不是一种形而上的纯粹理念，而是一种文学史的具体实践；它遵循于世界性的共同价值准则，而不是仅仅局限于民族性的自我评价体系。② 本书将从以下三个主

① 五六十年代出版的中国现代文学史教材，基本上是把新民主主义的革命理论作为它的性质定义，而80年代后期出版的一些20世纪中国文学史教材，则基本上是把西方人文主义作为它的性质定义。无论是哪种解读方式，都与中国现代文学的客观事实存在着巨大的差异。

② 从1996年开始，我就一直对中国现代文学的"现代性"问题提出质疑，并详细地阐明了自己的立场和观点。可参见拙文：《论20世纪中国文学的近代性》，《学术月刊》1996年第12期；《现代意识与现代文学》，《文艺研究》1998年第2期；《20世纪中国现实主义文学运动之反省》，《文学评论》1999年第5期；《"误读"西方与20世纪中国文学的现代性》，《文学评论》2003年第6期。

要方面，展示对于中国现代文学发展史客观规律性的个人看法，并希望能够引起学术界同人的高度重视和学术争鸣。

一、现代性困惑：中国现代文学运动规律的宏观描述

研究中国现代文学发展史的一个首要前提条件，就是如何去科学地揭示其自身存在的客观规律性问题，它不仅事关我们对于中国现代文学基本性质的认知水准，同时也直接反映着我们理论工作者求真务实的学术态度。中国现代文学发展史的内在规律性，毫无疑问与其精神资源和思潮运动密切相关。几乎现有的各种版本《中国现代文学史》著作，都曾试图对此做出具有个性化的独特解释，但实际上却没有哪一个编写者能够彻底摆脱雷同化的世俗眼光，使自己的思想认识更加符合于百年中国文学的真实状态。

回到历史的“原场”，重新面对20世纪中国文学的“现代性”神话，我个人的切身感受是与众不同的。由于“现代性”的客观标准以及中西方现代文学之间的巨大差异，我对中国现代文学的精神资源与表现形式等诸方面问题，都存有极大的思想疑虑。

首先，是文学独立品性的严重缺失。中国现代文学从它的问世伊始，就不是一种单纯的文学现象，而是一种复杂的文化现象；它不是文学艺术家的自觉行为，而是政治革命家的主观行为。无论是陈独秀、胡适还是瞿秋白、毛泽东，他们的志向与兴趣虽然都不在文学上，但却始终主宰着中国现代文学的历史命运。陈独秀与胡适倡导文学革命，其目的是想借助于它通俗易懂的艺术表现形式，去实现启迪民众觉悟、传播现代文明的社会政治理想，故他们用功利主义的文学观取代艺术审美的娱乐性，最早奠定了新文学启蒙“工具论”的思想理论基础。瞿秋白与毛泽东倡导革命文学，其用意同样是要借助于它与民众之间的联系渠道，去宣

传辩证唯物史观，普及共产主义信念，故他们更是人为地淡化文学艺术的内在审美属性，全力去提升它的社会教化功能。我们必须清醒地意识到，现代文学对于政治革命家的思想认同性，在某种意义上又直接体现着中国作家对于“现代性”价值观的认同性，因为政治革命家们总是于自觉与不自觉之中，扮演着现代意识拨火者的特殊社会角色——陈独秀与胡适把“科学”、“民主”这两个词汇，概括为西方人文精神的理论精髓传遍中国大地，尽管这样的理解方式牵强附会且概念模糊，但它却促使精英知识分子群体睁开了眼去看世界，并营造出一种向往西方、急切思变的狂热时代情绪；瞿秋白与毛泽东将工农大众的神圣权力视为“现代性”社会的首要任务，把马克思主义的实践哲学视为全人类最宝贵的精神财富，他们消解“五四”启蒙理性的文化意义而凸现未来民主国家的宏伟蓝图，进而统一了精英知识分子群体的思想认识，并使其最终放弃了自己坚守的独立人格，义无反顾地加入到现代政治革命的历史进程之中。政治家与革命家的巨大热情，对中国现代文学产生了正负两个方面的深刻影响：一是为它带来了理想主义的生命活力；二是导致了它个性意识的全然丧失。众所周知，西方现代文学的本质特征之一，就是一种“自为”“自在”的精神现象，创作主体享有神圣不可侵犯的个人自由。康德的艺术是“自由意志”[①] 与黑格尔的艺术是“自由精神”[②] 等纯粹审美理念，作为西方现代文学最重要的理论基石，恰好被我们的政治家与革命家“误读”为唯心主义的腐朽东西，始终受到冷漠的排斥和无情的否定。实际上，无论我们承认与否，没有独立品性的文学，都称不上是真正的现代文学。我们自己所谓的民族“现代文学”，只不过是中国现代政治革命家的思想载体，是“文以载道”文学

① 康德：《实践理性批判》第6页，商务印书馆1954年版。

② 黑格尔：《历史哲学》第56页，三联书店1956年版。

传统的现代表现形式；其主体意识的历史缺席，实际上就是“现代性”意识的自我缺席。对此，我们必须保持一种科学理性的平和心态。

其次，是对西方人文主义的理解失误。从晚清到“五四”，自以为是西方人文精神尊奉者的中国精英知识分子群体，他们在向国人激情传达现代文明意识的亢奋状态中，并没有意识到自己对于“人文主义”概念的全然无知，这无疑使中国现代文学的精神资源及土壤先天缺失。“人文主义”（I'Umanesimo）这一词汇，最早来自于意大利语，意思是指由人所创造的文化。但在整个西方社会，“人文主义”则是指从“文艺复兴”运动以来的一种文化传统。在长达五百多年的漫长历史过程中，“人文主义”因时段的不同，其释义性也就不尽相同。18世纪以前，“人文主义”的原有词义，是反映西方社会“人”的文化对于“神”的文化的彻底颠覆，它推崇科学理性精神，并由此而形成了西方浪漫主义与启蒙主义的文学思潮。18世纪以后，西方人又改称其为“人道主义”，它所反映的主要是对人被机器“异化”现象的高度关注，并在理性批判精神的指引之下，掀起了一场抵抗工业化文明的现实主义文学运动。进入到20世纪，西方人再次将其改称为“人本主义”，它的理论着眼点，已经由人的外部世界转向了人的内部世界，并借助于精神分析学与存在主义哲学，推动了西方现代主义文学思潮的迅速崛起。[①] 从我们现在所能够掌握的资料来看，中国现代精英知识分子对于西方的“人文主义”，明显是缺乏全面而系统的背景了解的。仅以“五四”文学革命的几个关键人物如胡适、陈独秀、鲁迅、周作人等为例，我们特别检索了他们四人从1917年至1926年这十年中所发表的文章，其中涉及到外国人的名字有三百多个，

① 参见阿伦·布洛克著：《西方人文主义传统》，三联书店1997年版。

俄罗斯与东北欧18至19世纪的作家、哲学家、科学家占了百分之六十以上，日本与其他国度的作家、哲学家、科学家占了百分之十左右，而人文主义的发祥地西欧则只占百分之三十；即使是在这百分之三十的西欧人当中，真正属于人文主义历史链条上的经典性人物也寥寥无几，像彼得拉克、休谟、康德、黑格尔等大师级人物，大都是在他们后“五四”时期的文章中才出现的。另外，胡、陈、鲁、周四人虽然提及到了那么多的外国人名字，但是否真正读过他们的文章作品却无从加以考证。因为他们四人当中除了胡适精通英语之外，其他三人都不具备直接阅读原著的能力，而“五四”时代对于西方文学经典与哲学经典的翻译也几近为零，那么启蒙先驱者们所信奉的“人文主义”，究竟又是从何而来的呢？我个人认为，应该是他们对于西方社会的一种直观感受。“五四”新文学曾提出过两个十分响亮的口号，即“民主”与“科学”。“民主”指的是人的自由权利；“科学”指的是工业化文明。前者是人文主义的属性，但后者却不属人文主义的范畴。中国现代精英知识分子不加分析地将这两个矛盾对立的因素简单地拼凑组合，构筑起他们心目中崇高而神圣的“人文”理想，如此急功近利的解读方式，不仅使中国人回避了思想启蒙的长期性，同时也导致了他们对于人文主义价值观的认知性错误。这是百年中国文学缺少“现代性”的又一致命弱点。

最后，是文学运动形态的多重复合。“五四”新文学的自我定性是“写实主义”，现代文学史家的研究结论也是“现实主义”。这就是说中国现代文学在告别了古典主义时代之后，成功地实现了它与西方现实主义文学运动的意义对接，并由此而跻身于世界现代文学之列。这种说法既缺乏事实依据，同时也是十分荒谬的。“现实主义”是18世纪西方文学的传统，是人道主义哲学思潮的客观产物，它所关注的社会问题，是人与现实的对抗，而不是人与传统的对立。像狄更斯、巴尔扎克、司汤达、德莱塞等著名的现实主义文学大师，他们在工业化革命高歌猛进的狂热时代，始终保持着自己的清醒头脑和艺术良知，并以犀利的眼光与敏锐的思维，深刻地揭示了物质化社会中的人性缺陷。理性批判精神是现实主义文学运动的重要标志，作家人格独立是现实主义文学运动的基本原则，而这一切都是中国现代文学所不具备的条件。换句话来说，我们自诩的“现实主义”与西方的“现实主义”，并没有直接的传承关系。中国现代文学运动追求科学理性精神，高张反儒家传统的旗帜，呼唤工业化文明的到来，实际上它的一系列行为，都明显表现出了欧洲“文艺复兴”的种种特征。中国现代文学运动具有深刻的社会批判力度，但是它的主体批判指向，却并不是针对工业化革命的自身弊端（当时的中国根本还没进入到工业化时代），而是国民性的愚昧与政治体制的落伍，它同样是“文艺复兴”的历史翻版而与现实主义文学运动无关。对此，可为佐证的是，蔡元培与胡适等人在评价“五四”新文学运动的性质时，都无一例外地将其视为是中国的“文艺复兴”。[①] 当然，我们也充分注意到了中西方文学运动的客观时差问题。刚刚走出古典主义时期的中国文学，它所面对的赶超对象，是正在蓬勃兴起的西方现代主义思潮，它们之间毕竟存有五百年之久的巨大时差。这就决定了中国现代文学运动的表现形态，不可能是像西方那样以按部就班的自然程序平缓地向前推进，而必然会是以多种思潮交错渗透的复合方式，以求尽快地缩短中西方现代文学的时间差距。所以，中国现代文学的审美观感并非是单一性的，浪漫主义、

---

① 蔡元培先生在《中国新文学大系·总序》中，明确将“五四”文学革命比作欧洲的“文艺复兴”；而胡适 1933 年在美国芝加哥大学比较宗教系的学术讲演中，也多次把“五四”文学革命视为是中国的“文艺复兴”，这个讲演稿后来以《当今中国的文化趋势》为标题，收入进台北水牛图书出版有限公司 1984 年出版的《胡适与中西文化》一书。

现实主义与现代主义之间的相互包容性，使其成为了一种结构复杂的文化现象。像鲁迅的文化批判小说，仅仅用“现实主义”的概念，我们是很难对其进行全面概括的，象征主义艺术手法的大量运用，使他的作品常常充斥着某种现代主义文学的美学意味；像郁达夫的感伤抒情小说，人们一般都将其视为是“浪漫主义”的产物，但是他对精神分析学原理的熟练掌握，同样使他的作品折射出现代主义文学的某些色彩；另外，像无名氏、徐圩等被学术界称之为是存在主义的小说创作，他们对于现实人生的哲理透视，却又是以优美动人的文本语言来加以表现的，其艺术特征更接近于浪漫主义而非现代主义。中国现代文学运动形态的所谓多样性，其实就是它“无个性”的集中体现。而一个严重滞后且又无自己个性的文学，当然也就难以使人相信它的现代性价值。

二、现代性焦虑：中国现代文学历史变革的断代分析

一部完整的中国现代文学运动史，是由四个不同发展时段组合而成的有机链条。从“五四”新文学到“十七年”文学，它的每一个发展过程，都集中反映着他们对于“现代性”价值观的理解水准。

从表面上来看，“五四”新文学是一种颇令人费解的文化现象，一本《新青年》杂志和几个思想活跃的激进文人，轻而易举就把中国文学几千年的传统给颠覆了，的确有些不可思议。其实，仔细分析一下我们就能发现，胡适等人发动文学革命选择“文言文”作为突破口，是非常具有历史眼光的。因为“文言文”是中国知识分子的仕途工具，是中国传统文化的凝聚与象征，他们废除“文言文”的大胆举动，其实也就等于宣告了旧式知识分子社会使命的终结，同时也昭示着现代知识分子话语霸权的诞生。但

我个人的兴趣所在，并非是文学革命理论的正确与否，而是它的务实性原则。胡适等人自觉地将“五四”文学革命，视为是欧洲“文艺复兴”运动的一个重要组成部分，他们还列举了大量的事实，来求证语言变革是“文艺复兴”的先声，① 这种做法实际上是在向人们传达着两个重要信息：其一，“五四”新文学是启蒙主义的文学，它遵循“文艺复兴”的价值理念，借鉴西方社会的人文传统，致力于改造国民性的长期任务。这不仅是《新青年》“七君子”最早达成的思想共识，同时也是“五四”精英知识分子理性智慧的最好体现。这说明他们从一开始就充分认识到了中国文学的现代转型，并不是一个短时间内所能够解决的问题，因而对此具有充分的思想准备。其二，“五四”新文学是一种转型期的过渡性文学，它既要承袭传统又要承袭西方，需要面对古典与现代双重对立因素，不可能一蹴而就构筑真正意义上的“现代文学”。所以他们使用“新文学”的概念，以严格区分两者之间的本质差异。这表明他们的头脑是极其清醒而冷静的。“五四”新文学的创作实践，基本上是在这种指导原则下展开的，无论是鲁迅与“文学研究会”的写实小说，还是“创造社”和“新月派”的浪漫诗歌，他们反对孔儒学说、呼唤个性自由，虽然传播了某些西方人文主义的价值理念，但实际却是在张扬传统文化的“入世”理念。用儒家理学的教条思维去解读西方社会的现代文明，用传统文人的“救世意识”去反对封建礼教的历史积弊，既是“五四”作家思想状态的真实写照，也是新文学运动运行规律的典型特征。

20 世纪 30 年代的中国文学，呈献出一种十分复杂的社会现象。左翼革命文学运动的迅速崛起，直接宣告了“五四”新文学启蒙使命的历史终结。实际上从后“五四”时期开始，新文学的

① 胡适：《建设的文学革命论》，《胡适文集》第 2 卷，北京大学出版社 1998 年版。

再次转型就已经成为不可逆转的必然趋势。1928年关于“革命文学”的口号之争，“创造社”与“太阳社”首先是以无产阶级的先锋意识，彻底剥夺了“五四”精英知识分子的话语权，并导致了鲁迅等人的思想皈依；紧接着重新组合后的左翼文坛力量，又与“新月派”展开了关于“人性论”的激烈论战，牢固捍卫了无产阶级文学观的统治地位；30年代中期，“左联”内部还以唯物史观的辩证原则，对“自由人”与“第三种人”的个性化立场发起了猛烈批判，进而统一了革命文学阵营内部的思想认识。这一系列的文学论争，不仅极大地拓展了左翼文学的生存空间，而且也营造了一种催人奋进的时代情绪：当今的中国社会已经进入到了工业化文明的发展阶段，资产阶级由于其自身性格的软弱性而成为了阻碍历史前行的绊脚石（茅盾的《子夜》）；中国现代政治革命的主力军是亿万工农劳苦大众，他们的身上蕴藏着变革中国社会的巨大精神能量（叶紫的《丰收》）；知识分子阶层必须认清自己出身的阶级属性，尽快完成世界观的改造而成为工农革命大众中的一员（蒋光慈的《咆哮的土地》）。这里我想特别强调一下，历来都被人们认为是“五四”精神的最后守望者鲁迅，其前后期思想上的巨大变化，值得引起我们的高度重视。因为鲁迅在“革命文学”的论战中，始终都没有占据过上风，[①] 究其原因，与其说是他当时在理论上准备有所不足，毋宁说是源于他对“五四”文化启蒙的一种绝望心态。就连鲁迅这样的旗手式人物，都发生了思想上如此巨大的逆转，那么其他人的浮躁心态和立场转变，我们也就很容易理解了。不过令人感到遗憾的是，30年代的左翼文学虽

① 我们至今去读蒋光慈、钱杏邨、李初梨等人倡导“革命文学”的那些文章，仍旧能够从中感受到他们严密的逻辑思维、良好的理论素养以及强烈的思想气势。而读鲁迅的反驳性文章，则总感觉到缺少足以撼动对方论点的事实依据与令人信服的理论见解。

然表现出了巨大的超越热情，但却并没有产生出真正的超越性品质。恰恰相反，知识分子精英意识与主体地位的丧失，直接导致了中国“文艺复兴”运动的全面破产，并对以后几十年的文学创作实践，造成了极为深刻的负面影响。

解放区文学与左翼革命文学，既有思想体系的关联性，又有文学观念的差异性。它们的自定义却是无产阶级的革命文学，这是二者的相同之处。但解放区文学对中国社会“半殖民地、半封建”的性质认定，则又显示出其与左翼文学完全不同的务实态度。落后的社会现实与先进的文化形态，是一对不可调和的矛盾对立关系。为了能使两者间的失衡达到统一，毛泽东在其《讲话》中做了这样的理论概括：中国现代政治革命的主导力量，是拿枪杆子的工农兵大众；他们既是革命文学的表现对象，也是革命文学的接受主体；“文艺为工农兵服务”的惟一性原则，就是要求革命作家用通俗易懂的民族艺术形式，去生动地反映工农兵变革历史的丰功伟绩。[①] 众所周知，马克思主义实践哲学所指的“无产阶级”，是现代工业化社会中的产业工人阶级，而“工农兵”这一概念，具有极大的词义模糊性。这是因为在当时解放区的几千万人口中，工人的数量不足万人（其中大多数还是手工业工人），[②] 几十万革命军人又基本上是农民身份的临时转化，所以，“文艺为工农兵服务”最终由于没有工人阶级的对象受体，而使广大农民成为了它的直接受益者。解放区文学忠实地实践了毛泽东的《讲话》精神，他们借助于各种能够利用的传统民间形式，全力营造了中国现代农民革命的壮观场面。在解放区作家的笔下，农民已不再是麻木

---

① 参见《毛泽东选集》第3卷，第847—879页，人民出版社1991年版。

② 《抗日战争时期陕甘宁边区的公营工业》一文提供了这样一组数据：1944年，陕甘宁边区共有小工厂102个，从业工人7388人。文章载《西北大学学报》1981年第2期。

落后愚昧无知的社会群体，而是品德高尚立场坚定的时代先锋（如《太阳照在桑干河上》里的赵玉林）；他们在残酷的现实斗争中机智勇敢有胆有识，能够以大无畏的英雄气概消灭任何装备精良的敌对力量（如《洋铁桶的故事》里的游击队长）；就连农村的妇女儿童也具有崇高的政治觉悟与英勇的献身精神，他们用自己的生命和鲜血谱写出一曲曲理想主义的英雄赞歌（如《碑》里的凌前英和《鸡毛信》里的海娃）。解放区文学一扫“五四”新文学沉闷压抑的悲凉氛围，给人一种催人奋进、乐观向上的审美观感，这是应该充分肯定和积极评价的。但是我们也必须看到，解放区文学用无产阶级的革命理念，去人为地遮蔽严重滞后的农民意识，加之传统民间艺术形式的泛滥使用，使人从中嗅到了一种古典主义的强烈气息。

新中国“十七年”文学，具有明显的史诗性架构。它与当时新中国“大跃进”的社会使命相匹配，极力去创造一种“现代性”的政治文化氛围。因此，“十七年”文学被赋予了两大基本任务：一是出于巩固和加强新生革命政权的实际需要，规定广大作家必须以完美的艺术手段，去描述与凝聚已经发生过的革命历史，并使其成为教育后人的生动教材。所以这一时期有关革命战争题材的创作（如《红旗谱》、《红日》、《林海雪原》、《红岩》、《保卫延安》等），占据了数量上的绝大比例。二是为了配合现代化建设的时代进程，要求广大作家以饱满的政治热情，去歌颂与抒写现代中国农民的崭新精神面貌，并以此推进中国农村的社会主义改造运动。故有关现实阶级斗争题材的作品（如《铁木前转》、《风雷》、《李双双小转》、《创业史》、《艳阳天》等），数量也开始急剧增多。综观新中国“十七年”文学，无论是战争题材还是农村题材，都带有“诗意性”与“前卫性”的显著特点。所谓的“诗意性”，是指作家以高度浪漫的政治理想主义激情，将革命英雄神奇化、残酷战争诗意化以及阶级斗争虚拟化；所谓的“前卫性”，是指作家以超乎寻常的艺术想象力，使作品主题具有超前性、人物性格具有超越性以及崇高理想的不容质疑性。新中国“十七年”文学所产生的无数红色经典之作，曾培育了几代中国人的高尚思想情操，这是不可忽略的客观历史事实。但是，长期自我封闭的社会环境与迅速膨胀的政治情绪，使新中国“十七年”文学的古典主义倾向，比解放区文学表现得更加突出。比如，它所极力推崇的集体主义政治理性，其中就包含有儒家文化的“从众”思想；它所精心营造的政治领袖神话，也隐含着君王意志的现代变体因素。从启蒙民众到弘扬革命（创作理念），从落后农民到先锋战士（典型塑造），从民间传奇到革命传奇（审美趣味），新中国“十七年”文学以政治上的革命性替代了文学上的现代性，其对广大作家的思想规范与精神制约，比任何一个历史时期都具有破坏性。新中国“十七年”文学由于拒绝接受西方文化的优秀遗产，而远离了世界现代文学发展的共性原则。当新时期文学以“五四”人文精神为口号而再次崛起时，我们终于意识到了中国文学因自我封闭而导致的沉重代价，其经验教训是刻骨铭心、发人深省的。

三、现代性质疑：个体作家现象的现代文学史意义

对于一部中国现代文学史而言，个体作家的存在现象是它最基本的要素。但是需要强调一点，并非是所有“存在”的作家都具有文学史的价值，只有那些历史链条上的时代象征性人物，才是我们应着重关注与认真解读的客体对象。其实，在中国现代文学发展史上，能够成为“现象”的作家数量很少，可是他们的影响能量却非常之大，以至于对他们的所有评价，都会直接关系到我们对于中国现代文学史运行规律的本质认识。由于篇幅所限，我

在这里只对“鲁迅现象”、“沈从文现象”和“赵树理现象”做一简单分解，进而去求证百年文学“现代性”缺失的根本原因。

鲁迅是现代文学史上的一个关键性人物，是转型期中国知识分子的精神象征，对此，学术界达成了相当的共识。鲁迅对于中国现代作家的思想影响力，是极其深刻而久远的，这是客观存在的历史事实。但我与学界同人的最大分歧点，是如何正确去看待这种影响的双面效应。从纯粹的文学角度而言，鲁迅对于新文学的突出贡献，应是他的先锋性与创新性。《狂人日记》使用的是象征主义的表现手法，而象征主义恰好又是当时流行于西方的一种现代主义文学思潮，这无疑表明了鲁迅的主观意图，是要把刚刚告别了古典主义时代的中国文学，直接与世界现代文学实行对接，进而去缩短中西方文学之间的客观差距。实际上，从《狂人日记》到《长明灯》，从小说文体到散文诗体，鲁迅始终都没有放弃过象征主义的文学情结。换言之，也可以说他始终都没有放弃过追求文学“现代性”的主观努力。尽管由于中国人审美眼光的滞后性，使鲁迅的作品至今仍有许多人读不懂，但是他所致力于推动中国文学走向世界的探索与实践，我们还是应该充分加以肯定的。从思想的深刻性角度而言，鲁迅是个执著的启蒙主义思想家，他揭穿了封建礼教的吃人本质（《祝福》），暴露了国民性的历史积弊（《阿Q正传》），批判了知识分子的人格缺陷（《伤逝》），自己肩负起“黑暗的闸门”，全力去拯救中国的青年一代，这一切都强烈折射出了他现代意识的思想亮点，对此我并无异议。但是我的疑问在于，从未正面接触过西方人文主义历史的鲁迅，他“现代性”的精神资源究竟是来自何方？如果说仅仅依靠读过的一些俄罗斯与东欧的文学作品去认识西方，那显然是不够也是错误的，因为俄罗斯与现代西方并不是同一文化概念；如果说是从日文版的原著中去了解西方人文主义的传统，仅就目前所能够掌握的资料来看，我们还缺乏必要的事实证据；何况鲁迅本人并没有去过西方，根本谈不上对工业化文明有切身的体验。所以我个人得出的结论是，鲁迅反传统的精神动力与思想源泉，完全是来自于传统文化的自身因素。比如他对中国社会现状的深切忧虑，积极投身于改造国民性的使命意识，这是中国士大夫文人“先天下之忧而忧，后天下之乐而乐”的忧患意识的集中体现；他认为文学是虚幻的东西，无助于中国社会的实际变革，[①] 这是儒家哲学轻视文学存在价值观念的直接反映；他与“五四”文人和左翼文人所展开的一系列论战，明显带有“文人相轻”的不宽容特点，这又与西方现代人文精神相去甚远。鲁迅开启了中国现代文学的先锋艺术形式，表现的却是中华传统文化的内在精髓与神韵。他积极“入世”的献身精神与永不妥协的人格力量，影响了整整几代中国作家的艺术追求，这就是“鲁迅现象”的现代文学史意义。

沈从文是一位从湘西走向世界的现代著名作家，同时也是一个价值曾被严重低估了的实力派作家。在20世纪30年代，人们对于沈从文的基本认识，还只限于对他笔下湘西风土人情的观奇猎艳，完全是出自于一种审美愉悦的惊喜与好奇。但是到了20世纪80年代以后，沈从文小说所展现的边民野性，则被提升到了人文关怀的思想高度，成为了现代人文精神的意义象征，这无疑是十分荒谬的。其实，凡是有点中国现代文学史常识的人都知道，只有小学文化程度的沈从文，“五四”文学革命时期正在偏远闭塞的湘西习武从军。他是在一个偶然的机会中，才从报社印刷工人那里看到过一本《创造》杂志，这是他第一次接触白话文读物与新文学文本。在此以前，他所能涉及到的现代文学作品，就是林纾用文言文翻译的几本外国小说。[②] 然而，从未接受过系统化的人文主义

---

① 见《鲁迅全集》第3卷，第417页，人民文学出版社1998年版。

② 参见凌宇著：《沈从文传》第136页，北京十月文艺出版社2004年版。

思想启蒙、也不了解世界现代文学发展趋势的沈从文，20 年代末却一举走红中国文坛，并受到广大读者的追捧与青睐，进而成为了现代中国的经典作家。我个人认为，这其中的原因非常简单，沈从文的创作具有别人所不可替代的特殊性：他以自己的勤奋和天赋，生动地讲述了湘西世界的苗人故事，真实地再现了边城山寨的风俗民情，无形之中向人们揭示了蛮荒之地与现代都市之间的人性差异，进而给现代都市读者提供了一种全新的视觉感受。毋庸置疑，沈从文最优秀的作品，是他早期的“边城”系列小说。刚刚进城的沈从文，其对湘西社会的人性写意，并非是柏拉图“理想国”式的崇高理念，而是现实生存的实际需求与孤寂灵魂的情感投影。衣食住行的生活窘迫，需要靠他“卖文为生”来维持，故他选择了自己熟悉的“湘西”题材去写作；远离故土的流浪生涯，需要有一种精神世界的归宿感，故他时常梦回故里情系湘西。在他的笔下，人性是纯真的，人情是淳朴的，山水是诗意的，人与自然是和谐的。即使是“沉潭”、“刀阵”、“睡尸”、“妻妓”的传统陋习，也被他视为是人性本身的自然因素，而赋予了浪漫抒情的合理言说。走出湘西“边城”但又无法融入现代都市的沈从文，从不掩饰自己“乡下人”的真实身份，他说：“我实在是个乡下人，说乡下人我毫无骄傲，也不自贬，乡下人照例有根深蒂固永远是乡巴佬的性情，爱憎和哀乐自有他独特的式样，与城市中人截然不同！”正是基于这样的思想认识，他这个“乡下人”所表现的“优美、健康、自然而又不悖乎人性的人生形式”，[①] 绝非是西方现代人文精神的个性张扬，而是原始山民集体无意识的潜在流露。将原始野性直接等同于现代人性，是中国现代文学的一个普遍现象（如曹禺的《北京人》）；人们对于沈从文作品“现代

---

① 《沈从文文集》第 11 卷，第 43 页，花城出版社 1991 年版。

性”价值的主观认同，事实上也意味着他们对于西方人文精神的严重“误读”。因此，“沈从文现象”也就具有了广泛的代表性意义。

同鲁迅、沈从文两人相比，赵树理的成名则更是耐人寻味的。从思想的深刻性来说，他不能与鲁迅相提并论；就艺术的天赋和才气而言，他又与沈从文相去甚远。但在《讲话》精神的影响下，赵树理的农民话语小说，很快便被推举为是“工农兵”创作的光辉样板，并直接决定了解放区文学的发展方向。赵树理是一个地地道道的农民作家，他本人的文化程度并不是很高，对于西方文化的认知也几近于零。他有关文学艺术的全部素养，差不多都是来自于民间戏曲与唱本故事。[①] 赵树理从不否认自己农民作家的真实身份，他说他了解中国农民的文化心理与审美趣味，知道他们对于传统民间艺术形式的喜爱程度，甚至认为“五四”新文学由于背离了传统，而很难被广大的农民读者所接受。[②] 所以，他决定用淳朴的农村生活语言和传统的话本叙事模式，去创作真正为农民大众所喜闻乐见的现代小说，为他们提供健康向上的精神食粮。这使得赵树理的农民话语小说与中国古代的白话小说，具有着不可割裂的血缘联系。比如重“事”轻“人”的讲故事原则，重“叙述”而轻“描述”的表现手法，以及“大团圆”的喜剧结构形式等，都属于中国古典美学的基本范畴。像《小二黑结婚》、《李有才板话》等作品，之所以深受解放区广大读者的欢迎与爱戴，其实都与农民读者的传统审美心态密切相关。不过，有一个问题值得我们去深思：从 1933 年写《有个人》到 1943 年《小二黑结婚》的发表，赵树理的农民话语小说在长达十年之久的时间里，虽然已经是一种流行于边区民间的客观存在，但却根本没有

① 参见黄修己著：《赵树理评传》，江苏人民出版社 1981 年版。

② 赵树理：《艺术与农村》，载黄修己编《赵树理研究资料》第 95 页，北岳文艺出版社 1985 年版。

引起中国现代文坛的重视，更没有得到解放区精英作家的认可。即使是《小二黑结婚》这篇使其一夜成名的经典之作，如果不是因为彭德怀的直接干预，恐怕也早就被那些“自命为‘新派’的文化人”给枪毙了[①]。此时正值解放区文艺界全面贯彻毛泽东的《讲话》精神，轰轰烈烈开展思想大整风运动之际，赵树理的价值迟迟得不到精英作家的公开承认，这种不正常的现象本身，集中反映着中国现代知识分子在“自我否定”之前的精神痛苦与灵魂挣扎。现有的历史资料表明，“赵树理方向”是在1945年以后，由周扬、冯牧、陈荒煤、林默涵、郭沫若、茅盾等人提出来的。那么究竟什么是“赵树理方向”呢？陈荒煤在《向赵树理方向迈进》一文中，对此做了明确的解释：知识分子必须放弃传统文人的臭架子，以赵树理为光辉榜样，勇敢走向民间、走向民众、回归传统。[②] 于是，“赵树理方向”的政治意义取代了“鲁迅方向”的文化意义，“五四”新文学的那点“西化”思想，也被民间文学传统彻底消解。

通过上述的推理论证，我们完全可以得出这样的性质判定：从宏观审视的角度，中国现代文学是一种非审美形态与非“现代”特征的文学现象；从断代分析的角度，中国现代知识分子因自身的现代性焦虑而严重“误读”了西方的人文精神；从个体透视的角度，中国现代作家所表现出的激进情绪是传统与现代双重人格的矛盾对立。所以我个人认为：20世纪的中国文学，决不是真正意义上的现代文学；它正在努力获取“现代性”，而不是已经具备了“现代性”。如果我们盲目乐观自我炫耀，我们将自绝于世界现代文学之林。

---

① 杨献珍：《〈小二黑结婚〉出版经过》，载《新文学史料》1982年第3期。

② 该文刊载于1947年8月10日的《人民日报》。

上编

现代文学的宏观描述

第一章

百年中国文学的现实主义运动

现实主义是20世纪中国文学运动的主导性文艺思潮，是中国文学现代转型并自觉追求世界文学一体化趋势的必然结果。百年之中，现实主义文学运动以其强大的社会冲击力，推动着中国文学走出了古典主义的封闭时代，再度营造了它的繁荣和辉煌，其历史功绩是不容否定的。然而，我们也必须正视这样一个事实：由于特定的历史文化的局限，20世纪的中国现实主义文学运动，在其走向世界文化一体化的过程中，明显又表现出对西方现实主义文学的游离感和陌生感。它没有自己的哲学基础和理论体系，在全盘借鉴西方时又因认识力和理解力的严重滞后，最终导致了西方现实主义理论体系的中国化改造。它在一定程度上获取了现实主义的批判功能，但却缺乏工业化社会的现实环境和表现对象，故它的批判功能指向，也只能是反封建反传统而不是工业文明的本身；它也推崇人的主体意识和自由意志，呼唤个性解放和民主权利，但却始终无法彻底突破传统的集体理性意识，同时又处处洋溢着对民族集体命运的强烈关注。从某种意义上讲，20 世纪的中国现实主义文学运动，淡化其自身的美学特征，而强化其社会的功利主义的实用特性；淡化主体意识的个性意识，而强化创作主体的群体意识，从而使中西方现实主义文学运动之间，客观上存在着一定的差异。这种现象绝不是可以简单地用民族文学的“特殊性”来加以解释的，它不仅反映着中国文学现代化历程的艰难曲折，同时也展示着中国文学在寻找自身独立形态的历史磨砺中的苦苦挣扎。所以我认为，对于 20 世纪中国现实主义文学运动的深层次理性认识，不仅有助于我们科学地论证它的基本性质和特征，亦将为 20 世纪中国文学研究打开更加丰富而广阔的想象空间。

第一节　百年中国现实主义文学运动的理论起源

从本世纪初叶起，中国文学便在外界因素的作用下，开始向西方的现实主义文学靠拢。梁启超等人在其“小说界革命”的理论倡导中，最早对现实主义的批判功能与启蒙效应，作了淋漓尽致的阐释。但是，梁启超等人倡导的现实主义，却并不真正了解西方现实主义文学的本质（从他们的文章中，我们看不到任何对西方现实主义理论的引证、论述和发展），因此他们不可能为中国的现实主义文学运动提出系统而完善的理论主张。他们只是从中国社会整体变革的政治需求出发，凭借自己对西方现实主义文学的直观感受和主观臆断，直接将社会革命的理想要求移植到文学中来。由于他们无限夸大了文学救治社会人生的实际功用，赋予文学以沉重的思想意识形态使命，从而奠定了 20 世纪中国现实主义文学运动的艺术社会学的总体价值取向。

20 世纪中国现实主义文学理论体系的建立，是在“五四”新文学运动中完成的。“五四”文学革命的先驱者们以全方位开放的态度，对西方的现实主义文学进行了全面的引进。尽管他们对于现实主义理论体系的认识与理解仍缺乏系统性，但却在“反映论”、“真实论”以及“功能论”这三个现实主义文学观的基本命题的认识上，达成了一致的共识，并由此而形成了具有社会实践意义的中国现实主义文学运动的指导理论。

“反映论”是西方早期现实主义文学观的“镜子说”、“模仿说”和“再现说”在中国的翻版，它强调文学对于现实生活的依赖关系，要求创作主体以纯客观的态度去反映被表现的对象，是一种文艺美学理论的积极主张。“五四”新文学的现实主义作家则不同，他们从社会文化启蒙的角度出发，以实用功利主义的态度将其演化成为一种艺术社会学的理论，并使其具有具体实践的可操作性。他们认为：“文学是社会生活的表示”,① 是“时代的反映，社会背景的图画”,② “他是人生的反映，是自然而然发生的”。③ 在这简洁而明快的判断中，社会生活、时代背景以及现实人生的文学价值被凸显出来，中国古典文学传统的乐感审美方式遭到了彻底扬弃。文学和现实生活的直接对话，自然要求作家以社会写实的心态去从事文学创作，所以“实写”等于“真文学”④的观念构成了新文学“真实论”的理论基础。写实的首要条件是作家深入生活、贴近生活，“留心各样的事情，多看看”,⑤ 惟经过“实地观察后方描写”。⑥ 他们主张新文学“其内容与社会实际生

---

① 胡适：《答觉僧君》，《胡适文存》第1集卷一，上海亚东图书馆1924年版。

② 沈雁冰：《创作的前途》，《文学研究会资料》（上）第171页，河南人民出版社1985年版。

③ 郑振铎：《新文学观建设》，1922年5月11日《时事新报》。

④ 胡适：《文学改良刍议》，《胡适文存》第1集卷一。

⑤ 鲁迅：《二心集·答北斗杂志社问》，《鲁迅小说杂文散文全集》中册，广西民族出版社1996年版。

⑥ 茅盾：《现成的希望》，《茅盾文艺杂论集》（上），上海文艺出版社1985年版。

活，日益接近，斯为可贵尔”。[①] 因为在他们看来，作家只有把“其耳目所亲见闻所亲阅历之事物，一一自己铸词以描写之”，[②] 写出社会生活的真谛，写出人民大众的思想感情，其作品才能以客观真实性打动广大的读者。故鲁迅向新文学作家大声疾呼：“世界日日改变，我们的作家取下假面，真诚地、大胆地看取人生，并且写出他的血和肉来的时候早到了；早就应该有一片崭新的文场，早就应该有几个凶猛的闯将！”[③] 应该说新文学现实主义作家对于“反映论”与“真实论”的阐述，是比较单纯的，其主观认知的出发点，是文学有用于社会革命与文化启蒙，这明显是受梁启超等人文学救国论思想的影响。他们都无一例外地指出，新文学具有指导人生、改良人生、“提高人们的精神”[④] 和“激励人心的积极性”[⑤] 的社会教化功能。而这种文学教化作用的实现，关键又在于新文学作家表现社会人生时，必须把自己的“情感和理想寓在里面，才能对社会和人生发生影响”。[⑥] 纵观“五四”新文学的现实主义理论，虽然也涉及到了情感、个性、题材、典型等问题，但基本上都是围绕着“反映论”、“真实论”和“功能论”的使命来谈的。尤其值得我们注意的是，新文学现实主义对于创作主体的个性意识，实际采取的是一种消解和规范的态度：一方面强调创作主体的个性，对于文学创作具有非常重要的意义；另一方面却再三申明这种个性意识，必须对时代和民族的群众意识表示无条件的服从（长期以来，学术界一直都将“五四”新文学视为是彻底主张个性主义的文学，这种看法是片面的），否则，又怎么能

---

① 见《陈独秀文章选编》（上）第 185 页，三联书店 1984 年版。

② 胡适：《文学改良刍议》，《胡适文存》第 1 集卷一。

③ 鲁迅：《坟·论睁了眼看》，《鲁迅小说杂文散文全集》上册，广西民族出版社 1996 年版。

④ 郑振铎：《文学的使命》，1921 年 6 月 20 号《时事新报》。

⑤ 茅盾：《“大转变时期”何时来呢?》，《文学研究会资料》（上）第 112 页。

⑥ 耿济之：《〈前夜〉序》，《前夜》，商务印书馆 1921 年版。

"尽文学的使命呢"?[①] 个性意识和群体意识的同时高扬，固然是特定时代背景下的审美时尚，但它却客观上反映了20世纪中国现实主义文学运动从其理论倡导伊始，便呈现出社会意义大于审美意义的显著特征，以及它对传统文化的集体理性精神的过分依赖性。

从20世纪20年代后期开始，"五四"现实主义转向了革命现实主义。长期以来，学术理论界一直都将后期的现实主义视为对"五四"现实主义的否定，这是一个很大的错觉。革命现实主义虽然是苏联社会主义现实主义的产物，但同时也是对"五四"现实主义的合理延伸和自然演化。沟通两者之间联系的，恰好是传统文化的集体理性精神和"五四"现实主义理论的社会实践品性。革命现实主义全面继承和发展了"五四"现实主义理论的基本内涵，并根据时代斗争的客观需要，对"反映论"、"真实论"和"功能论"重新作了解说。在革命现实主义理论体系中，文学已不再被理解为宽泛的社会生活的反映，而是被明确限定为"阶级实践"[②] 的反映。理由很简单，由于现实社会是以阶级群体来划分的，那么，不同阶级作家笔下所描绘的社会生活必然会带有鲜明的阶级色彩。因为"文学不借人，也无以表示'性'。一用人，而且还在阶级社会里，即断不能免掉所属的阶级性"。既然"我们是人，所以以表现人性为限，那么，无产阶级就因为是无产阶级，所以要做无产阶级文学"。[③] 鲁迅的这段至理名言，不仅是对革命文学合理地位的有利辩护，也是对革命现实主义"反映论"的最好解释。从理论意义上讲，无产阶级就是指平民大众，故"五四"现实主义的"为人生"、"为大众"与革命现实主义的无产阶级意

---

① 李之常：《自然主义的中国文学论》，1922年8月21日《时事新报》。

② 李初梨：《怎样地建设革命文学》，1928年2月15日《文化批判》第2号。

③ 鲁迅：《二心集·"硬译"与文学的"阶级性"》，《鲁迅小说杂文散文全集》中册，广西民族出版社1996年版。

识，在对“反映论”的认识问题上也就不存在根本的分歧（至于革命现实主义后来走向教条和极端，则应另当别论）。关于“真实论”的原则，革命现实主义在客观写实论的基础上作了进一步的发挥，将其上升到了“典型论”的理论高度。他们认为“艺术的真实非即历史上的真实……只要逼真，不必实有其事”，[①] 追求神似而非形似，这为“真实论”向“典型论”的转换制造了必要的舆论准备。因为革命现实主义尽管也重视表现社会生活已经“给定”了的客观现实，但却更注重去揭示那些未来的和可能形态的“现实”。从既定“现实”中提炼出未来“现实”，这就是人们常说的典型化。诚如周扬所强调的那样：“进步的作家要在历史的进步中去看现实，从现实中找出时代的发展上具有积极意义的方面，而且要把那方面的未来的轮廓表现出来。他不仅要描写现实中已经存在的东西，而且他要描写现实中可能存在的东西。”[②] 周扬所说的“未来的”与“可能存在的”东西，正是从典型化的角度出发，对革命现实主义的“真实观”所作的高度的概括。其实，只要稍加分析便不难发现，革命现实主义对表现“未来”或“可能”的现实的热情，同“五四”时代沈雁冰等人对新文学现实主义提出的要表现“新思想、新信仰”的希望，不无理论上的血缘联系，只不过前者比后者的主观色彩更加浓重罢了。革命现实主义的“反映论”与“真实论”，由于阶级关系和政治意识形态的介入，从而使其“功能论”也具有了新的时代内涵。即：从社会启蒙转向了阶级启蒙，从指导改良人生转向了鼓舞激励无产阶级的革命斗志，最终使文学远离其艺术的审美形态，成为团结人民、教育

① 鲁迅：《致徐懋庸（1933年12月20日）》，《鲁迅书信集》上卷，第465页，人民文学出版社1975年版。

② 周扬：《现实的与浪漫的》，《周扬文集》第1卷，第127页，人民文学出版社1984年版。

人民、打击敌人的有利武器。毫无疑问，革命现实主义的理论主张，在20世纪中国现实主义文学发展史上，作为“五四”现实主义社会功利主义文学理想的自然演化，对推动中国文学的繁荣，曾起到过积极的历史作用。但是，随着后来人们对其主观性因素的不断偏重，使其理论体系逐渐偏离了对现实生活本身的要求，而一味地沉溺于对理想主义的追求之中。尤其是建国后的一段时间里，革命理想主义完全取代了革命现实主义，使20世纪中国现实主义运动被人为地中断了。在所谓的“中国当代文学史”上，现实主义无论是其理论抑或是其实践，均受到了冷落，而浪漫主义、理想主义、英雄主义则成为时代的主旋律。一直到新时期，人们才开始重新正视现实主义，并试图对其原有的理论体系进行全面修改。

随着新时期思想大解放运动的展开，关于现实主义创作原则的讨论，也一度成为中国文学的焦点。在整个80年代，几乎现实主义的所有命题都曾引起过强烈的争鸣，甚至还出现了截然相悖的对立看法。这场有关现实主义的大讨论，首先是对现实主义理论的重新论证。由于改革开放的时代使人们更多且更全面地了解了西方，对现实主义的认识也走出了对苏联理论模式的单一认知，而回归到对欧洲现实主义运动理论本身的全面了解。“反映论”与“功能论”还原为艺术的审美形态，“典型论”或“真实论”也被赋予了“主体论”的合理解释。这无疑标志着文学作为政治附庸之时代的历史结束，以及文学作为一种独立政治意识形态的开始。其次是这场大讨论不是对“五四”现实主义的简单重复，而是以文化反思的方式，对新时期中国文学形象的自我重塑给予理论上的支持。值得注意的是，讨论的目的不是建构新的现实主义理论体系，而是消解现实主义运动。当人们将现实主义的内涵与外延都做了无限扩张时，便从中发现了许多现代主义的东西。因为西方的现代与后现代思潮更多地吸引了中国文学界的兴趣和注意力，现实主义被逐渐改造和淡化。到了90年代，现实主义的理论虽然仍存在并应用于创作实践中，但它毕竟已不是传统意义上的现实主义了。

第二节　百年中国现实主义文学的表现形态

在西方文学发展史上，现实主义是继浪漫主义之后，又一场席卷全欧洲的大规模的文学活动。现实主义不再重复浪漫主义的田园曲，它以康德的批判哲学为基础，崇尚“现代尤为批判的时代，一切事物皆须受批判”① 的信念，以其广泛的社会批判性作为它最鲜明的艺术表现形态。现实主义的社会批判功能的产生具有19世纪西方工业化的背景，它虽然也将其批判功能指向传统的宗教神学，但更主要的还是以“社会良心”的角色站在工业化文明进程的对立面，对其种种社会弊端保持着清醒冷静的批判态度。

20世纪的中国现实主义文学，从晚清的四大谴责小说开始，便以追求获取现实主义的批判功能为己任。晚清谴责小说一问世，就对社会生活的各个方面发动了全方位的猛烈攻击。谴责小说广泛的社会批判性，就其内容而言，上抵清廷政府达官显贵，下达革命党人平民百姓，各种社会丑态无所不包。它对当时正在兴起的社会政治革命，客观上起到了积极的策应作用。特别是对它大胆而直率的社会批判精神，“五四”文学革命的先驱者们都曾给予了极高的评价。如胡适就认为：“谴责小说虽有浅薄、显露、溢恶种种短处，然而它们确能表示当时社会反省的态度、责己的态度，这种态度是社会改革的先声。人必须自己承认有病，方才肯延医

① 康德：《纯粹理性批判》第3页，三联书店1957年版。

服药，故谴责小说暴露一国的种种黑暗、种种腐败，还不失为国家将兴、社会改良的气候。”① 然而，需要强调的是，晚清谴责小说的社会批判性，在很大程度上只是一种不满情绪的强烈发泄，而不是一种对社会现实深层次的理性思考；它只是以游戏人生的态度揭示了种种不合理的社会现象，而缺乏一种高度自觉的社会责任感。所以，它只能产生一时的社会效应，难以深入人心、流传久远。

“五四”新文学的现实主义，以其强烈的理性精神和神圣的社会使命感，选择了最具时代意义的文化批判意识，这无疑是为了迎合新文化运动社会解放和思想启蒙的客观要求。“五四”新文学现实主义的批判功能，一是对传统文化观念的全盘否定，二是对传统文化观念的全面反思。而后者，则成为支撑新文学现实主义创作实践的理论主体。以鲁迅为代表的新文学现实主义作家，他们作品中所选取的生活现象，都只不过是一种文化批判意识的载体或符号。透过这些富有生命活力的艺术载体或符号，展现在读者面前的，是传统文化陈腐厚重的压抑感以及民族古老而僵化的灵魂。仅以鲁迅为例，他把自己从事文学创作的主观目的归结为一句话：要“将旧社会的病根暴露出来，催人留心，设法加以疗治”。② 而这里所说的“病根”，实际所指就是几千年来传统文化的历史积弊。在《呐喊》和《彷徨》中，每一个人物都是一种传统文化符号的象征，每一个故事都是一种凝重的历史叙述，每一种表现形式都是他理性思考的艺术结晶。孔乙己、阿 Q、华老栓、七斤、润土、祥林嫂等艺术形象，他们的人格悲剧和命运悲剧，不仅具有个性的艺术审美价值，更具有社会群体的文化审视价值。

---

① 胡适：《官场现形记·序》，《胡适文存》第三集卷六，上海亚东图书馆 1930 年版。

② 鲁迅：《南腔北调集·〈自选集〉自序》，《鲁迅小说杂文散文全集》中册，广西民族出版社 1996 年版。

鲁迅在“哀其不幸，怒其不争”之余，更多的还是对儒家群体理性意识的深刻反思，对其长期影响国民而造成的严重后果给予了尖锐的批判。毋庸讳言，包括鲁迅小说在内的“五四”现实主义文学，就其对当时社会以及后世的客观影响而言，其文化批判意义要远大于其艺术审美意义。这既是一种时代精神的反映，也是当时社会对于文学审美和艺术价值取向的一种时尚。经过鲁迅等新文学作家的主观努力，以文化批判意识为现实主义文学的基本表现形态，构成了中国20世纪现实主义文学的基本表现形态，并影响了几代中国作家。值得注意的是，“五四”新文学的现实主义，并没有展开像西方现实主义文学那样直接涉及社会生活矛盾的大规模的社会批判行动。虽然也有部分作品接触到了现实社会的某些矛盾层面，但因创作主体未经过充分的人文精神洗礼，他们对于现实与现实构成的理性认知缺乏现代意识的明确性。在他们的作品中，现实的矛盾冲突只不过是传统文化基因的现代表现，他们不可能从这种现实的观感中，体验到资本主义社会工业化所暴露出来的人性的丑恶。因为他们没有经历过工业文明，更不会盲目地去批判或否定这种文明本身的局限，所以他们作品表现出的由现实矛盾而萌发的人道主义同情心，很难达到鲁迅文化批评小说那样的思想深度以及持久而深远的社会影响（如郁达夫的《薄奠》就无法同鲁迅的《祝福》相比）。换言之，“五四”新文学的现实主义，缺乏现实批判的社会物质基础。当然，很多所谓现实批判的作品，也都在不同程度上折射出一定的文化批判意识。这从一个侧面说明，“五四”新文学的现实主义（实际也包括以后的现实主义文学走向），如果脱离了文化批判意识的核心准则，就不可能取得读者的认可和艺术上的成功。后来巴金现实主义创作思维的转变，就是一个极好的例证。众所周知，巴金是一个无政府主义的信仰者，他早期的作品如《灭亡》、《爱情三部曲》等均是以无政府主义的社会理想而展开社会批判的（他把政府看成是阻碍社会发展的主要原因，个人英雄主义与腐败政府之间的矛盾冲突构成其现实批判的主要内容），但并没有引起社会对他和他作品的足够重视。但他将创作的思路调整到对传统文化最基本的单位——家族与家族的理性思考与全面反思时，他的《家》、《春》、《秋》以及《寒夜》，才以丰富的思想内容和深刻的文化批判意识，将自己推上了中国现代文学巨人的行列。这充分证明了，中国20世纪现实主义文学运动的文化批判意识，本质上是在重复欧洲文艺复兴时期所从事过的启蒙主义的思想使命，其思维意识的滞后性，是中西方现实主义文学运动的显著差别之一。

从20世纪20年代末开始，新兴的无产阶级革命文学运动，就试图改变“五四”新文学现实主义文化批判功能。他们对“五四”现实主义作家从传统文化批判着手进行的思想启蒙运动失去了耐心，认为这是一种脱离现实脱离时代的滞后行为，所以他们对“五四”新文学运动表示了强烈的不满。他们从政治革命的实际需要出发，急切地要求介入社会生活领域进行现实批判。只要通观浏览一下“左联”前后现实主义文学的理论主张，便不难发现客观存在着这样一种认识倾向：中国当前已经进入到了资本主义（即工业化）的时代，所有的社会矛盾都集中体现着无产阶级与资产阶级之间的殊死斗争；而解决这一矛盾的惟一途径，就是加速资本主义的灭亡。我们姑且不去理会这些理论认知是如何超越时代的，但它却对革命现实主义文学直接切入社会现实生活的本身，并对刚刚起步的中国工业化起步阶段所产生的新的社会矛盾关系，断然采取批判否定的态度，起到了关键的引导作用。如果排除政治意识形态的偏见来思考观察，在对资本主义社会矛盾的批判态度上，革命现实主义文学与西方19世纪的现实主义几乎是取同一步调的（这种偶然的巧合，竟使我们将巴尔扎克等西方现实主义文学大师的“世界观”人为地加以提高，并长时间地将其引以为同志）。革命现实主义文学现实批判功能的成功实践，在矛盾的《子夜》中得以完美的体现。矛盾说他写《子夜》的主观意图，是要客观地再现“买办金融资本家和反动的工业资本家”同“革命运动者及工人群众”之间的矛盾斗争，[①]进而去揭示社会发展前行的必然规律。基于这样的思想认识，他在《子夜》中建构了一种全新的艺术表现模式：矛盾对立斗争的双方都以明确的身份获得了视觉的直观性（而“五四”时代的文化批判对象则是一种隐性的感官形象），他们之间的冲突是硬性而直接的（而“五四”时代则是软性而间接的）；解决矛盾的方式也十分简单，资产阶级的残酷剥削导致无产阶级反抗意识的觉醒，而无产阶级意识的觉醒又必然意味着资产阶级的行将灭亡。一句话，只要彻底消灭了资产阶级，社会生活中的主要矛盾就随之迎刃而解。《子夜》的现实主义创作模式，后来又被引用到农村题材的革命现实主义的作品中，如丁玲的《太阳照在桑干河上》和周立波的《暴风骤雨》等，都是这一创作模式的产物。革命现实主义对于资本主义工业化文明的批判，其本质上不是要否定工业化文明本身，而是要否定资产阶级且以自己所代表的阶级取而代之。这使革命现实主义文学充满了对未来理想憧憬和希望的亮色，同时也再度显示了中西方现实主义文学运动之间的显著差别（西方现实主义文学只强调冷静客观地批判审视现实，而不主观人为地涉及理想和未来）。

建国以后，革命现实主义文学的使命也随着中国革命的胜利而完结。浪漫主义、理想主义和英雄主义的时代颂歌，对现实主义的批判功能进行了全面的取代，在很长的一段时间里，我们难觅

① 《茅盾选集·自序》，转引自唐弢主编《中国现代文学史》第三册，第177页，人民文学出版社1979年版。

真正的现实主义文学的踪影。[1] 直到新时期，随着“伤痕文学”、“反思文学”、“寻根文学”等思潮的出现，现实主义的批判功能才逐渐回归。但无论是对“左”倾思潮的反思，还是再度推举文化批判意识，其现实主义批判功能的力度都远不如以前。这里有两个方面的原因：其一，是社会生活变化的速度太快，文学已进入多元化的时代，以往由现实主义所承担的社会批判使命，已被分解而由各种现代主义文学思潮所共同负担。其二，是现代中国工业化已具有了相当的规模，人们对工业化文明也拥有了更为深刻的认识，传统的现实主义文学表现形式也发生了相应的变革，王朔、方方、池莉、余华等人作品的自然主义倾向，正在成为新的审美时尚而受到社会的青睐。现实主义批判功能的转型并不意味着它的历史退潮，我们应该关注而且主动去接受这一事实。而人们真正感受到了90年代青年作家群体以调侃的态度对生命本身发生疑问和挑战时，我认为这才是中国现实主义文学与西方19世纪现实主义文学在精神领域发生了真正意义上的沟通，尽管他们在某些艺术表现技巧上仍存在诸多不尽相同之处。

第三节　百年中国现实主义文学运动的价值追求

西方19世纪现实主义文学运动的思想宗旨，是对人性丑恶现象的理性批判。这与文艺复兴和浪漫主义文学运动对人性解放的热情颂扬完全不同。因为资产阶级在其取得了对封建贵族与宗教神权斗争的彻底胜利以后，“自由、平等、博爱”的社会思想并没有得到实现。尤其是在工业化进程中暴露出来的种种新的尖锐复杂的社会矛盾，引起了西方思想界的冷静思考。继康德的“批判

① 请参见拙作：《论20世纪中国浪漫主义文学运动》，《文艺研究》1999年第2期。

时代哲学”之后，费尔巴哈又提出了著名的“人本主义”哲学。“人本主义”哲学的理论核心是追求人的“共同幸福的平等权利”，反对少数人占有财产而其余人一无所有的“极端利己主义”。[①]“批判时代哲学”和“人本主义”哲学都对人性的负面存在进行了批判和否定，他们站在理性的高度，将人性的贪婪和永无休止的欲望，归结为是造成社会矛盾和社会悲剧的最主要因素。这种理论对西方的现实主义文学运动，产生了极大的影响。西方现实主义文学虽然仍把人作为表现的主体，但却只是批判的主体而不是肯定的主体。他们将人性的弱点进行了充分的展示，这不仅反映了他们思想意识的超前性，并为20世纪西方现代主义文学全面走向人的灵魂世界，打下了坚实的基础。

20世纪的中国现实主义文学运动的思想宗旨则有所不同。其中没有任何属于自己的纯理念哲学作为精神的支柱，也缺乏文艺复兴、浪漫主义和启蒙主义文学运动的历史铺垫，更未发生过像样的人文主义思潮。中国现实主义文学运动，几乎是在西方进化论及实用主义哲学的直接推动下，以超越时代的突发形态强行启动的。当中国文学选择了现实主义，并以其悲壮的呐喊掀开它现代转型的序幕时，不仅物质环境不具备，而且人文环境更糟糕，诚如鲁迅所言：“中国人向来就没有争到过‘人’的价格，至多不过是奴隶，到现在还是如此。”[②] 中国人既然从来没有争到过人的权利，那么摆脱奴性、争取人性，必然将成为20世纪中国现实主义文学运动的神圣使命。然而，由于缺少必要的历史环节，20世纪中国现实主义文学运动从它问世的那天起，就不得不将西方文艺复兴运动的人权思想、浪漫主义和启蒙主义运动的个性解放思想等诸多使命一同承担起来，从而造成了百年中国文学现实主义

① 见《费尔巴哈哲学著作选集》（上卷）第98页，三联书店1959年版。
② 《坟·灯下漫笔》，《鲁迅小说杂文散文全集》上册，广西民族出版社1996年版。

文学的复杂状态。在具体的理论和实践中，人既是被批判的主体，又是被肯定的主体，两者往往又同时存在于一种状态之下。不过这种批判的本身并不是为了否定主体的价值，而只是通过否定主体的某些局限性而达到重塑主体形象的目的。如鲁迅、叶圣陶等人笔下小人物的奴性或“灰色灵魂”，自然是作者批判否定的对象，而这些悲剧人物的不幸命运，又客观反映了中国现实主义作家对个性意识和人的尊严的强烈渴望。所以，对人权、人性和个性的不懈追求，尽管不同的历史时期有不同的理解，但却清晰地反映着本世纪中国作家的人文主义理想和现实主义发展方向。这也是中西方现实主义文学运动的另一个显著区别点。

早在“五四”文学革命以前，梁启超等人就提出了运用文学进行人性启蒙的思想要求。因为他们清醒地意识到文学具有“入而与之具化”[①]的特殊功能，它可以表现“最理想的人性”，[②]并能够“致人性于全”。[③]到了“五四”新文学时代，人性为文学之本的思想观念，则以两种不同的表现方式同时被新文学现实主义作家所接受。而这两种表现方式的代表人物正是周氏兄弟。周作人针对中国文学缺乏人的主体意识的历史和现状，从“立”的角度出发，提出了他最著名的“人的文学”和“平民文学”的理论主张。周作人强调指出：所谓“人的文学”，就是“用这人道主义为本，对于人生诸问题，加以记录研究的文字”。人的文学首先应以发扬人性为目的，可以从正面去表现人性的理想，给人们指明正确的人生方向；也可以从侧面去表现“非人的生活”，引导人们寻找改良解决的办法。其次人的文学是人的个性和人类共性的统

① 梁启超：《论小说与群治之关系》，《中国历代文论选》第4册，上海古籍出版社1980年版。

② 许寿裳：《亡友鲁迅印象记》第20页，人民文学出版社1955年版。

③ 鲁迅：《坟·科学史教篇》，《鲁迅小说杂文散文全集》上册，广西民族出版社1996年版。

一，文学虽然是一种个体的行为，但创造主体的思想情感一旦引起读者的共鸣，它就具有了人类共性的特征。[①]而平民文学并非是指文学的通俗化，它所要求的是文学应当展示普通的人性，并在对其经过提炼洗礼之后，使其“造成真正的人的文学”。[②]实际上，平民文学是人的文学思想的深化和延续，其主要论点，在30年代都被梁实秋做了更为系统的阐释和发挥。无可否认，周作人对于文学应以人为本、以弘扬人性为最高境界的理论倡导，对新文学现实主义的创作实践产生了不可忽视的重要影响。“五四”时期的“问题小说”和“乡土文学”对于人的命运的强烈关注，对于人的生存状态的深切忧虑，都是这种影响的产物。鲁迅则选择了从“破”的角度着手，去实践他“改造国民性”的社会启蒙理想。鲁迅本人也十分推崇“个性之尊严”，[③]肯定人作为文学主体性的现实意义，但他更注重几千年来传统文化的长期束缚，造成了“民族劣根性”积重难返。由于“中国人总不肯研究自己”，[④]所以“‘民族根性’造成之后，无论好坏，改变都不容易……所以我们现在虽想好好做‘人’，难保血管里的昏乱分子不来作怪，我们也不由自主”。[⑤]在鲁迅看来，向民众宣传以人为本的现代意识固然重要，但不彻底清除中国人长期形成的奴性思想，个性主体意识则根本无法立足生长，“个人的自大”[⑥]也只能成为空想的泡影。正是基于这样的思想认识，鲁迅在《呐喊》与《彷徨》中，塑造了大量愚昧且病态的“国民性”的艺术形象，生动地再现了他们在现实生存环境中为了“活着”而不是“生活”的痛苦挣扎，以及失去自为存在的盲从性，并对其畸形的心态作了入木三分的冷静分析。鲁

① 《人的文学》，《新青年》第5卷第6号。

② 《平民文学》，《每周评论》第5号。

③ 《坟·文化偏至论》，《鲁迅小说杂文散文全集》上册，广西民族出版社1996年版。

④ 《华盖集续篇·马上支日记》，《鲁迅小说杂文散文全集》上册。

⑤⑥ 《热风·三十八》，《鲁迅小说杂文散文全集》上册。

迅本人也像他对陀斯妥耶夫斯基评价的那样，成为了“人的灵魂的伟大的审问者”，他的作品对于人性的关注同样“显示出灵魂的深”。[①] 他对那些不幸者甚至是可悲者的冷嘲热讽，作为一种深刻的文化反思方式，其实质却深深蕴涵着他对国民个个都能成为“个人主义之致雄桀者”的殷切期望。因为“破”的真正目的，还是在于“立”，故无论是周氏兄弟，还是其他新文学现实主义作家，同时也包括30年代巴金等自由主义作家在内，他们的文学创作，都对人性的启蒙投入了大量精力和主观激情，而未能像西方的现实主义作家那样，始终以冷静客观的态度和清醒理性的批判精神，与被表现对象之间保持着一定的情感距离。

由于阶级矛盾和民族矛盾的日益激化，后起的革命现实主义文学，在对人的主体性问题的认识上，也与“五四”现实主义作家的思想观念发生了冲突。他们并不否定人作为文学主体的存在价值，也承认人是社会的主体和实践的主体，但他们却对“五四”时代的个性解放思想持有异议。因为在无产阶级的世界观里，社会生活是一种群体实践活动的产物，个性不可能脱离群体而成为绝对自由的存在，所以他们强调个体的解放必须无条件地服从群体解放的大局，作家文学家也必须“从个人主义虚无”，转“向工农大众的路”。[②] 从这种社会政治革命的理论要求出发，30年代以后的革命现实主义文学，将人的个性启蒙转变成阶级群体（抗战期间还曾一度发展到民族群体）的启蒙，将个人的主体意识演化为阶级的主体意识，并形成了一种新的文学模式，对以后的文学实践产生着巨大的影响。在农村题材方面，从茅盾的“春蚕三部曲”、叶紫的《丰收》，到梁斌的《红旗谱》、柳青的《创业史》，

---

① 《集外集·〈穷人〉小引》，《鲁迅小说杂文散文全集》下册。

② 冯雪峰：《中国无产阶级革命文学的新任务》，转引自许道明著《中国现代文学批评史》第203页，江苏文艺出版社1995年版。

作品的故事构成基本都是通过落后（老通宝、云普叔、严志和、梁三老汉）与进步（多多头、立秋、朱老忠、梁生宝）两种农民形象的比较，而显示出个体解放的真正出路，必须要借助群体解放的力量来实现。在知识分子题材方面，从蒋光赤的《咆哮的土地》、胡也频的《到莫斯科去》，到杨沫的《青春之歌》，作品的故事构成同样告诉读者这样一个道理：小资产阶级知识分子的个性解放思想是一种完全不切实际的空想，知识分子只有投身到具体的革命实践中（像李杰、素裳、林道静那样），才能伴随着阶级与民族的解放而获取自身主体意识的解放。革命现实主义文学基本上否定了个性自体解放的可能性，并对“普通人性”或“共通人性”表示出了强烈的反感。革命现实主义文学对于人的主体性的理解与认识，的确具有其社会实践意义的可操作性，它不仅成为革命现实主义作家的坚定信念，而且还吸引了鲁迅、郭沫若、茅盾等“五四”文学大家的思想转向。这是一个极有趣味的文学社会学现象，它不仅表明了20世纪中国现实主义文学运动的复杂性，更揭示了中国作家对于传统文化的依赖关系。

以卢新华的《伤痕》和刘心武的《班主任》为代表的“伤痕文学”，从对“文革”极左思潮摧残人性的非理性行为的反思入手，反映了新时期中国文学对于人的主体意识的再度关注。而“反思文学”则将其对极左思潮的批判扩大到了50年代的反右运动，并由此而引发了80年代中期中国文学界关于人性和主体性问题的广泛论争。这场具有深远意义的论争，首先是明确了主体的独立品格。人作为行动着的人或实践着的人，具有高度的主观能动性，他完全可以按照自己的主观意志去支配外部世界。而文学中的主体性原则，就是要求在文学活动中不能仅仅把人（包括作家、描写对象和读者）看作客体，而更要尊重人的主体价值，发挥人的主体力量，在文学活动的各个环节中，恢复人的主体地位，以人为中心为目的。其次是肯定了主体具有“超我性”的功能，他由自我尊重和自我实现两个因素构成。自我尊重的需求是作家在社会中有意识地回归自我，而自我实现的需求则不仅回归自我而且把自我的感情推向全社会和全人类。“达到这种境界的作家，就是他们身上已具备了一种热爱人类的至情至性，他们的爱完全是超功利的，完全是自然而然的”，[①] 这就是文学个性和共性的和谐统一。新时期关于人性和主体性的论争，由分歧而逐渐统一，并没有用多长的时间。因为改革开放的时代背景，使人们具备了直接了解西方哲学和文学的客观条件，同时又有深刻的历史经验可借鉴，所以人们对人的认识要远比“五四”时代更具深度和广度，对于创作实践的指导也更具有力度。整个新文学的文学创作，不仅是现实主义作品，而且也包括浪漫主义和现代主义的作品，都因沐浴着它的雨露而闪耀着灿烂的生命力。文学也因主体意识的牢固树立而真正摆脱了政治意识形态的束缚，成为了一种自由和自为的独立形态。

第四节　百年中国现实主义文学运动的经验教训

20 世纪的中国现实主义文学运动，虽然主观上一直都在努力地接近西方，但客观上却一直游离于西方，对于这一问题的认识，应该有很多话可说。我个人认为，除了文化背景、时代差异和民族审美心理等等外在因素之外，有三个主观因素必须引起我们的重视。其一，从“五四”时代我们就确定了向西方文学靠拢的发展目标，但由于中西方文学进行直接对话时，两者间思想认识上的巨大差异很难一下子沟通，于是我们便把目光转向了苏俄。俄

① 刘再复：《论文学的主体性》，《文学评论》1985 年第 6 期。

国是西方工业化启动最晚、进入现代社会最慢的国家，当19世纪西方其他国家已进入发达资本主义阶段时，俄国的封建奴隶社会还未完结，这与中国社会发展的实际状态十分接近。所以俄国19世纪以反封建为己任的批判现实主义文学，自然会受到中国现实主义作家的青睐和效仿。将俄国文学（后来是苏联文学）当作西方文学加以全盘接受，这无疑是一种认知上的幼稚和错位，它在一定程度上阻碍了中国作家对于西方文学本质全貌的详细了解。其二，纵观百年中国现实主义文学运动的发展史，由于国人“对于欧洲所知有限”，[①] 我们并没有认真去研究西方现实主义文学运动的发展运行规律，只是处于对部分西方现实主义作品的直观感受，或通过浏览西方人编写的文学史来印证自己的判断和结论，这样，错误与主观武断性就在所难免。现在已有学者做过统计，[②]“五四”时期对西方文学的宣传和介绍几乎都是零碎且不成系统的，三四十年代对于西方文学完整介绍的学术著作也只有一两部，其余的均是些对于西方某种特殊文学现象的直观介绍，而对于西方文学理论尤其是现实主义理论的译介之书，则少得可怜；50年代至70年代末，由于自我封闭的客观事实，更是人为地隔绝了中国作家与西方文学运动的一切联系。这不能不影响到中国文学对于西方文学的真正认识。其三，20世纪的中国现实主义作家具有太强的社会救世意识。他们介入文学的真正意图是要介入社会，而且他们对社会民众的思想启蒙，则又是把自己凌驾于被启蒙者之上；以现代意识的获得者及传播者的身份自居，这在很大程度上反映了中国传统文人那种“以天下为己任”的入世理念，以及

① 茅盾：《鼓吹集·后记》，转引自刘锋杰著《中国现代六大批评家》第125页。安徽文艺出版社1995年版。

② 可参见刘增杰著：《云起云飞——20世纪中国文学思潮研究透视》，上海文艺出版社1997年版。

“先天下之忧而忧，后天下之乐而乐”的忧患意识。故20世纪的中国现实主义作家，从一开始就不可能像西方现实主义作家那样理性和洒脱。

全面回顾和反省20世纪的中国现实主义文学运动，我们也不能不对学术理论界的矛盾复杂心态表示强烈关注。迄今为止，学术理论界的主流见解，都承认现实主义是20世纪中国文学运动的实际主体。但到目前仍没有一部详尽完备的学术力著，科学系统地去考察百年中国现实主义文学的性质、基本特征以及它与世界现实主义文学运动之间的关系。唐弢本和林志浩本《中国现代文学史》，虽然明确无误地将中国现代文学发展史定性为一场现实主义文学运动，但他们却是以政治意识形态为基本的价值评价尺度，以西方的现实主义（“五四”新文学时期）、苏联模式的现实主义（左联时期）、中国式的革命现实主义（40年代以后）的所谓三个阶段的合理演化，完全将中国现代文学从世界现实主义文学体系中孤立出来，试图赋予它合法的地位与特殊性原则。这种狭隘的理论思维在很长的一段时间里，一直影响着人们对20世纪中国文学基本性质的理性认识。温儒敏先生的《中国新文学的现实主义流变》一书，是国内十分难得的一部专以新文学30年代现实主义文学运动为研究对象的学术著作。温先生在新时期一片敌视“现实主义”的学术气氛中，冷静而理智地梳理了现实主义在中国文学史上的发展演变过程，其对众多现实主义文学现象的论述，不仅见解独到深刻，而且辅以大量史料佐证，的确是一部高品位的好书。但温先生的大作，也存有三点令人遗憾之处：一是诚如作者所说的那样，原本“打算从1917年文学革命一直写到1986年”，但“写完现代部分后，就没有往下写”，[1] 故只变成了一部断

---

① 《中国新文学的现实主义流变·后记》，北京大学出版社1988年版。

代史。由于缺少对后五十年中国现实主义文学运动的考察论证，使我们无法对20世纪中国现实主义文学产生一种完整意义上全面了解。二是该书几乎没有对西方现实主义文学运动，从理论到性质加以复述与介绍；由于缺少西方现实主义文学运动作为参照系，我们既无法准确地把握两者之间的客观差距，也难以对20世纪的中国现实主义文学运动在世界现实主义文学发展史上给予准确的历史定位。三是由于该书缺乏对于西方现实主义文学运动的认同感，缺乏对于现实主义理念认识上的明晰性，所以在对某些问题的看法上，就难免欠妥当周全。比如温先生运用传统的思维方式，将赵树理、李季、孙犁等主观主义与理想主义都极浓的作家划入现实主义流派，其意图虽然也同唐弢先生和林志浩先生一样，无非是想从理论上保持新文学现实主义的连续性，但明显反映了他对现实主义的误解。现实主义是拒绝理想主义和主观主义的，融合或兼容了理想主义和主观主义的"现实主义"，就意味着它不是完全意义上的现实主义文学。现在的学术理论界，尤其是90年代的学术理论界，还有另外一种倾向更令人担忧。由于对以往现实主义理念的"厌恶"和"反叛"，新生代学者极力想摆脱苏联模式的理论思维，他们以敏锐的眼光，发现了20世纪的中国现实主义文学运动的非规范性；为了矫正前人的认识错误，他们不再单一地去解释现实主义，而是人为地将现实主义纳入到现代或后现代的文化语境中去重新诠释。这种主观努力的客观效果，是将20世纪中国文学史作了多元化处理，其目的无非想要消解现实主义在百年现实主义文学史上的主导地位（新近出版的黄修己本和孔范今本《20世纪中国文学史》，就明显受到这种躁动心态的影响），进而消解20世纪中国现实主义文学本身。如果说我们的前辈文学史家因受政治意识形态的束缚，曾经对"我们的"现实主义在绝对肯定意义上产生过"误读"。那么我们的新生代文学史家在所谓的新思维的引导下，是否也正在对现实主义产生另外一种意义上的“误读”呢？

20世纪已经成为历史。然而，这是否也意味着百年中国现实主义文学运动的使命以及学术理论界对于现实主义的认知也随之终结了呢？回答这个问题只有一句话，那就是要看20世纪中国的现实主义文学运动，究竟是不是严格意义（同世界发达国家现实主义文学运动相比较）上的“现实主义文学运动”，以及我们是否从理论意义上真正理解了现实主义。

第二章
百年中国文学的浪漫主义运动

从“五四”时代开始，起源于西方的浪漫主义文学运动，便同现实主义文学一道输入中国文坛。但由于启蒙主义的社会需求所决定，现实主义以其深沉的历史厚重感和强烈的文化批判意识，逐渐被人们认定为是近百年来中国文学发展的主流性思潮，而浪漫主义的潜质与影响，则被人为地忽视了。实际上，只要我们稍加分析就不难发现，每在重要的历史转折关头，总是浪漫主义以其理想主义的激情因素和富有创造性的艺术魅力，激活着沉闷而压抑的中国文坛并赋予它全新的文学形象。仅就启蒙、反叛、个性解放等现代意识的传播而言，浪漫主义的历史功绩也决不亚于现实主义。故在20世纪的中国文学发展史上，浪漫主义是一种极为重要的文学现象。与此同时，中国现代的浪漫主义文学运动因其缺乏必要的背景文化和哲学基础，缺乏独立的思想品性与明确的理想追求，又一直处于一种不成熟、不稳定的状态；它总是以其强烈的扩张形态向现实主义或现代主义发散浸透，并最终走向了集体主义的英雄神话，从而造成了20世纪中国文学运动的交融性和复杂性。所以，重新反省百年中国文学的浪漫主义运动并对它做出符合逻辑的理性解释，是我们准确把握和理解20世纪中国文学史的一个必要的前提条件。

第一节　百年中国浪漫主义文学运动的基本特征

全面考察中国现代的浪漫主义文学运动，我们首先不能不提及后来成为现实主义文学大师的鲁迅先生。早在本世纪初叶，鲁迅便在《摩罗力诗说》一文中，详细介绍了18世纪盛行于西方的浪漫主义文学运动，并对其思想艺术特征做了极为精彩的点评。鲁迅认为，西方浪漫主义文学的精神实质，是“却其面目，诚心以思”，其“立意在反抗，指归在动作”。由于浪漫主义作家本身具有极强的反叛意识和先锋意识，他们“大都不为顺世和乐之音，动吭一呼，闻者兴起，争天拒俗，而精神复深敢后世之人心，绵延至于无已”，最终达到“以起其国人之新生，而达其国于天下”的社会变革目的。鲁迅在介绍西方浪漫主义文学的同时，也真诚地呼唤中国精神界之战士的出现，并寄希望于他们能“别求新生于异邦”，掀起一场属于中国自己的浪漫主义文学运动。鲁迅之所以极力推崇浪漫主义，是因为他对中国文坛老气横秋、“污如死海”的现状极为不满。在他看来，中国文学泥古太久积重难返，必须经历一场轰轰烈烈的浪漫主义运动，借助西方的现代意识与反叛精神彻底冲刷掉其历史污垢，否则中国文学绝无更新前行的可能（鲁迅后来虽然没有成为中国现代浪漫主义运动的倡导者，但他创作中所表现出来的浪漫主义情愫，无疑与他早年受西方浪漫主义文学思潮的影响有着直接的关系）。应该说，鲁迅对于中国文学未来的发展趋势，作了一个非常准确的预测。我们不妨回溯一下历史："五四"文学的发动，起始并没有引起全社会的广泛注意，尽管动用刘半农和钱玄同上演了一出"双簧戏"，其实际收效也不是很大。胡适的白话诗和鲁迅的《狂人日记》，其本意是带有新文学的创作示范效应，但却未能打破当时文坛的沉闷气氛。然而，自郭沫若以及后来"创造社"的其他成员杀入"五四"文坛，局面才开始发生根本的改观。郭沫若的一曲《女神》，虽辞气浮露笔无藏锋过分张扬，但却以其狂飙突进的恢弘气势与反叛传统的时代精神，以其放纵个性的自我表现和丰富充沛的艺术激情，极大地激活了"五四"文坛的人气，点燃了青年一代个性解放的狂热情绪，不仅推动了新文学运动的顺利展开，而且也促进了思想界的空前活跃。从这一意义上讲，"五四"时代浪漫主义的介入，并不是对正在进行中的现实主义运动的消解或否定，而是对其必要的完善和有益的补充。

在西方文学的发展史上，浪漫主义与现实主义是两个不同历史阶段的文学运动。浪漫主义是前工业化文明的产物，它的使命是反封建反传统，主张回归自然，以情感的放纵代替理智的思考，以个性的解放蔑视教会的权威，最终获取卓然独立的思想艺术品性。而现实主义则是后工业化文明的产物，它的宗旨是其强烈的社会批判性，它对工业化文明持否定态度，对人性"异化"及个性丑恶现象给予无情的揭露。现实主义已不再像浪漫主义那样，对未来充满着乐观向上的理想主义态度，它对人性全面而深刻的理性反思，为现代主义文学走向人类灵魂的精神世界打下了坚实的基础。"五四"文学革命的主观目的，诚如陈独秀所断言的那样，是告别中国文学的古典主义时代，开启它的现实主义时代。可事实上，这种转型过程并不是那么简单。由于中国社会缺乏工业文明的背景文化，没有经过人文主义启蒙运动彻底的精神洗礼，现实主义运动的展开，就不可能是以人性自省的社会批判为己任，而只能是以对传统文化的批判和以人为本思想的确立，来满足启蒙主义的客观要求。中西方现实主义运动的巨大差异，无疑为浪漫主义的同时介入提供了生存发展的良好机遇。换句话说，“五四”新文学的人文主义启蒙精神，更适合于浪漫主义运动的发育成长。所以梁实秋认为，“五四”时代的新文学运动，“到处弥漫着抒情主义”的气氛，“无论是散文，或是韵文，无论其为记述，或是描写，到处情感横溢”，故其浪漫主义的成分要远大于现实主义的成分。[①] 梁实秋的见解不无道理。其实包括鲁迅与“文学研究会”在内的现实主义作家，他们的文学创作都明显注入有浪漫主义的情感因素。郁达夫把这种现象称之为以“写实主义为基础，再加上一层浪漫主义的新味和殉情主义的情调”。[②] 如冰心、许地山、王统照、黄庐隐等人小说的浪漫主义倾向，已得到学术界的普遍公认；鲁迅的许多小说如《故乡》、《祝福》、《伤逝》等以及他的杂文和散文诗所表现出的某些浪漫主义特征，也越来越引起研究者的重视。正是因为浪漫主义的积极参与，从而极大地丰富了中国现实主义文学运动的思想内涵和表现形式，并在一定程度上奠定了后来中国文学发展的独特模式。

“五四”新文学对于浪漫主义的看重和接纳，并不是少数作家的个人行为，而是社会转型的必然选择。“创造社”成员郑伯奇就曾说过：“我们的时代，是苦闷的时代，是激动的时代，是抗争的时代，是呐喊的时代。”[③] 启蒙主义、反叛传统、个性解放等浪漫主义运动的精神实质，完全迎合了时代变革的实际需求，其强劲的人文意识一旦与思想解放运动相结合，便会对现实生活产生最

---

① 《现代中国文学之浪漫的趋势》，载《梁实秋批评文集》，珠海出版社 2001 年版。

② 《文学概说》，载《郁达夫文集》第 5 卷，花城出版社 1991 年版。

③ 《〈寒灰集〉批评》，转引自许道明著《中国现代文学批评史》第 237 页，江苏文艺出版社 1995 年版。

为直接且极具冲击力的巨大影响。鲁迅小说的思想内涵，要比郭沫若诗歌的思想内涵要深刻得多，但其对当时躁动不安的社会的正面效应却是滞后性的（人们对于鲁迅作品的全面认识有一个过程，随着时间距离的拉开，人们的认识也愈发深刻，其社会价值和对中国现代文化的导向性作用也逐渐显示出来），远不如郭沫若的诗歌来得快捷，来得猛烈（宗白华、艾青、臧克家等众多后起的作家在谈到他们所受“五四”新文学的影响时，首先提及且印象最深的都是郭沫若和他的《女神》）。因为说到底，“五四”新文学乃至新文化运动，毕竟是以青年知识分子为主体的思想解放运动；虽然“现代青年总有些好异、反抗、易厌、情热、疯狂，及其他的种种特征”,① 但他们思想敏捷富有激情，容易接受新事物，敢于反抗传统。当由青年作家群体率先亮出革命的大旗时，他们首先所需要的还不是对传统文明的理性反思（他们在当时不可能像鲁迅那样成熟而思想深刻），而是需要寻找突破口，尽情发泄长期遭到压制束缚的个性意识和不满情绪。于是郭沫若的《女神》与郁达夫的感伤浪漫主义小说，便从两个不同的侧面，反映了青年人的主观愿望，代表了那个时代发自灵魂深处的声音。

作为中国现代浪漫主义文学运动的最杰出代表人物，应该说郭沫若是一个时代的宠儿。他本身所具有的浪漫主义诗人气质，与他所接受的柯勒律治、华兹华斯、雪莱、拜伦、歌德、海涅、惠特曼等西方浪漫主义诗人的影响融合在一起，从而使他的诗歌创作产生了巨大了的爆发力。他崇尚“文学是反抗精神的象征，是生命穷促时叫出来的一种精神”，这在他的诗歌创作中，直接演化为强烈的反叛情绪。他崇尚自我，认为“一切的自然只是神的表现，自我也只是神的表现，我即是神，一切的自然都是自我的表

---

① 郁达夫:《文艺鉴赏上偏爱之价值》,载《郁达夫文集》第5卷,花城出版社1991年版。

现”，[1] 这又使他的诗歌创作始终处于自我扩张和自我张扬的颠狂状态。像《天狗》、《晨安》、《立在地球边上放号》、《我是个偶像崇拜者》等诸多诗篇，诗人以铺天盖地、震撼山河的气势与极为夸张的自我形象，以对传统的全面反叛和对偶像的彻底破坏，直接反映了“五四”时代的积极进取精神，以及已经觉醒了的青年一代的思想状况。与此同时，郭沫若的诗歌在艺术创新领域中也成为新文学运动领域的一个典范。他完全打破了传统诗歌的审美观念，不拘形式，让情感自然流动，并运用一切外在的具体事物来表达内在的抽象的东西，开创了中国诗歌的新时代。所以郭沫若诗歌是从思想和艺术两个方面对传统的反叛，不仅传播了现代人文意识的信息，而且也建立了新的美学规范。这是郭沫若在当时备受社会关注的主要原因。与郭沫若诗歌的外在的放纵有所不同，郁达夫的感伤浪漫主义小说则更注重对人的内心世界的细心关照。他主张文学创作应“注意于描写内心的纷争苦闷，而不将全力倾泻在外部事变的记述上”。[2] 他同郭沫若一样，都赞同卢梭提出的“返回自然”的口号，认为“山水、自然是可以使人性发现，使名利减淡，使人格净化”，用他自己的话来说，这叫“返回天真”。[3] 郁达夫在具体的实践创作中，完美地贯彻了他所倡导的浪漫主义文学主张。他的小说如《银灰色的死》、《沉沦》、《南迁》、《空虚》等都是抒发现代青年情感压抑的苦闷的诗，是他们“受了伤的灵魂的叫喊”。[4] 而作品中主人公那种近乎颓废心态的绝望反抗，那种尽情的自我发泄、自我摧残，在一定程度上也反映了“五四”时代的某种极端主义情绪。值得注意的是，郁达夫总

① 《〈少年维特之烦恼〉序引》，载1922年5月《创造季刊》创刊号。
② 《现代小说所经过的路程》，载《郁达夫文集》第6卷，花城出版社1991年版。
③ 《艺术与国家》，载《郁达夫文集》第5卷。
④ 《卢梭的思想和他的创作》，载《郁达夫文集》第6卷。

是将其作品中的人物置放于大自然的各种环境中，从而使其发泄的过程又转化为灵魂的净化与人格的重塑过程，最终达到否定“自我”，创造“新我”的目的。这是郁达夫感伤浪漫主义小说符合时代特征、具有积极意义的一面。

30年代以后，随着阶级矛盾、民族矛盾的日益加深激化，中国现代的浪漫主义文学运动也发生了质的变化。但我们仍可以从戴望舒、艾青等人的诗歌以及沈从文、徐訏、无名氏等人的小说中发现许多作家依旧以饱满的激情，讴歌光明，赞美自然，抒发个性，颂扬反抗。这无疑是“五四”浪漫主义精神的延伸和发展。尤其是在徐訏（代表作品为长篇小说《风萧萧》）与无名氏（代表作品为长篇小说《海艳》）的小说中，浪漫主义的人文精神佐以存在主义的哲学思考，使“五四”浪漫主义运动达到了它真正意义上的高峰。徐訏与无名氏都是编织浪漫主义爱情传奇的高手，他们同所有西方的浪漫主义作家一样，只是把爱情看成是苦苦追寻的理念，他的全部价值在于过程，而不是结局。徐訏与无名氏也是大自然的崇拜者，他们热爱自然，回归自然，让作品的主人公在自然的怀抱里治疗身心的创伤，在自然的感召下体悟人性的本真。他们的作品，以流畅抒情的语言、动人的故事、风景如画的环境，以及富有哲理的人生思考，成为“五四”浪漫主义的绝唱。令人感到遗憾的是，由于时代背景的不规则变迁，这两位作家对于中国现代浪漫主义文学运动的重要贡献，不仅没有受到社会应有的重视，反而遭到集体理性主义的仇视与诋毁。这从一个侧面揭示了中国文学现代转型过程的艰难性和复杂性。

第二节　百年中国浪漫主义文学运动的复杂形态

无论从何种角度去分析，“五四”新文学的浪漫主义运动，都不是一场成熟或真正意义上的浪漫主义文学运动。由于发动者思想幼稚、心态浮躁，它并没有持续多久，便出现了个性激情主义向集体理性主义、个人启蒙意识向政治理想主义转化的征兆。而这种转化的过程，恰恰又是以倡导浪漫主义为己任的郭沫若、成仿吾、郑伯奇等“创造社”成员，用“五四”的反抗精神对“五四”精神的再度反叛首先发难的。1925 年以后，郭沫若等人突然中止了个性主义的思想追求和非功利主义的艺术信仰，公开声称：“我们现在所需要的文艺是站在第四阶级说话的文艺，这种文艺在形式上是写实主义的，在内容上是社会主义的。”① 他们与同样富有浪漫主义激情的“太阳社”成员一道，发动了以无产阶级政治意识形态为核心内容的“革命文学”运动，从而使“五四”兴起的浪漫主义文学运动，逐渐脱离了它原有的基本内涵。浪漫主义的个性解放思想被集体主义理性意识所替代，但浪漫主义的激进情绪却与预设的政治理念相结合，造就了控制中国文坛几十年的革命浪漫主义文学运动模式，并最终发展成为理想主义的英雄神话。

中国现代的浪漫主义文学运动之所以会同政治意识形态结盟，从非功利主义走向功利主义，表面上看好像是一种偶然，实际上却是一种必然。首先，郭沫若和“创造社”的成员，在其发动浪漫主义文学运动时，潜意识里本身就带有浓厚的治国安邦的功利主义思想。他们视自己是变革社会的急先锋，是“时代的良心”以及“良心的战士”，② 他们试图用自己的满腔热情去唤醒麻木愚昧的民众，可是并没有收到预期的效果，于是便对自己的人文主义启蒙理想产生了怀疑。随着“五四”新文化运动的退潮，他们像“一只带了箭的雁鹅”（《星空·献诗》），发狠地诅咒着生的痛

---

① 《文艺家的觉悟》，载《郭沫若论创作》，上海文艺出版社 1983 年版。

② 成仿吾：《歧路》，载 1922 年 11 月 25 日《创造季刊》第 33 号。

苦和“空漠的、冷酷的世界”（《星空·苦味之杯》）。他们迫切需要寻找一个新的精神支撑点，来重新点燃他们即将熄灭的狂热激情。而无产阶级革命运动的萌生，正好以全新的面貌和时代先锋的特征，迎合了他们的苦闷心态，并再度激发起他们的英雄主义人格精神。这是中国浪漫主义文学运动自觉政治意识形态化的重要原因之一。其次，浪漫主义文学运动与无产阶级革命运动，均是以对旧的观念、事物以及社会制度的彻底反叛为起点，以对未来的美好憧憬为归宿，由此而形成了内在精神上的沟通。当浪漫主义作家的个性启蒙主义主张失败以后，他们的视角必然会回到现实批判的领域，自觉地加入到阶级意识群体启蒙的行列，成为无产阶级政治革命的文学代言人。他们并没有意识到这是一种对自己原有信念的背叛，而仍认为这是对原有信念的合理延伸。其理由是“中国传统的封建的意德沃罗基老早就衰亡了，布尔乔亚又没有力量，不能以它的意德沃罗基支配全社会，这时新兴的普罗列塔利亚，自然挟着锐气，主张自己的文学”。[①] 这样一来，浪漫主义作家按照无产阶级唯物史观的逻辑，心安理得且轻松自然地为自己向集体理性主义的转化找到了理论依据，并再次充当了时代反叛英雄的角色。最后，浪漫主义作家与无产阶级革命者，从某种意义上讲，都是理想主义的殉情者。他们都是以其年轻的生命朝气和饱满炽热的思想激情，去描绘未来社会宏伟光明的理想蓝图。浪漫主义文学运动对未来理想世界的主观设想，是个性充分解放、人格绝对自由、人间充满博爱精神的文明世界；无产阶级革命运动的最终目的，是实现没有压迫、民主自由、高度繁荣的共产主义社会。两者理念与目标追求的相似性，无疑决定了他们之间的相互选择和相互融合。梁实秋最早注意到了这种倾向，

① 郑伯奇：《中国新文学的意义》，转引自《中国现代文学批评史》第238页。

他指出："共产党的活动是否可以挽救中国大众的苦痛，姑且不论，不过这种运动足以震撼人心，尤其是知识分子及青年"，激发他们理想主义的想象力，"是不容讳的事实"。[①] 从百年中国文学运动的发展轨迹来看，无产阶级革命文学曾一度接受了现实主义的批判功能（这主要体现在三四十年代革命文学对现实制度的批判与暴露上），但主要还是接受了浪漫主义的理想主义精神和乐观抒情的艺术表现形式。我们完全有理由认为，是浪漫主义运动促进了中国无产阶级革命文学的发生与发展，并成为它的一个重要的组成部分。

浪漫主义在其对革命文学的参与过程中，将自身理论主张的某些可以转化的部分，直接运用到革命文学的指导理论体系，从而使浪漫主义通过革命文学的中介，对"五四"现实主义创作原则进行了全面的修正。关于什么是现实主义的问题，左翼革命作家曾作出过这样的界定："真正的现实主义——不做资产阶级'科学'底俘虏的现实主义，应当反映到这现实世界之中的伟大的英勇斗争，为着光明理想而牺牲的精神，革命战斗的热情，超越庸俗的尖锐的思想，以及这现实的丑恶所激发的要求改革，要求光明的'幻想'，远大的目的。"[②] 在这里我们看到，"五四"时代曾赋予现实主义和浪漫主义巨大生命力的"科学"、"民主"思想已遭抛弃，而浪漫主义的理想与激情却备受青睐。尤其是革命文学"真实性"与"典型化"等核心理论，更是浪漫主义理想精神的直接体现。左翼革命作家不承认文学的"真实"就是对社会生活所给定的既成事实的简单模仿，他们认为"艺术不是认识生活的方法，是创造生活的方法，不承认有写实，不承认有客观……反对

① 《所谓"题材的积极性"》，载《梁实秋批评文集》，珠海出版社 2001 年版。
② 瞿秋白：《马克思文艺论底断片后记》，载《瞿秋白文集》第 2 卷，人民文学出版社 1985 年版。

死的、冷静的、呆板的事实，注意人类的将来”。[①] 因此，他们一再强调“真实”是一种代表着社会发展方向的时代精神，是尚处于萌芽状态但却暗示着历史未来趋势的某种存在因素；作家艺术家只有将这种因素进行高度的概括与提炼，使其具有典型意义和示范效应，它才可能成为艺术上的“真实”。当然，这种概括与提炼出来的“典型”，必须是出自于革命作家主观意识上的高度敏锐（寻找发现）和高度自觉（推广普及）；故这种以主观意志为基调而形成的指导理论，对三四十年代的左翼革命文学、解放区文学，乃至建国后的文学创作实践所表现出的强烈的革命浪漫主义的主观激情特征，都不同程度地起到了严格的规范作用。

革命浪漫主义在其自身发展历史上，先后经历了一个消退西方影响、逐渐回归传统的过程。早期的革命浪漫主义作家，如蒋光慈、殷夫等人，都是沐浴着“五四”新文学阳光成长起来的青年诗人，也是西方浪漫主义运动的崇拜者，尤其是那些带有强烈民族主义情绪的德国浪漫主义作家的作品，更使他们钟情不已（蒋光慈在《无产阶级革命与文化》一文中，对歌德与海涅给予了高度的评价，并将他们的作品视为无产阶级的宝贵遗产）。蒋光慈的诗集《哀中国》与殷夫的“红色鼓动诗”所表现出来的激昂飞越的情绪、反抗叛逆的精神、乐观向上的理想和主观抒情的格调，令我们既可以从中发现德国浪漫主义文学特别是海涅作品的风采，又可以看到他们对于郭沫若浪漫主义精神的承袭。这充分说明，早期的革命浪漫主义文学，除了抒情主体由个性意识转换为群体意识之外，其他方面诸如艺术风格及表现“恋爱”式的革命浪漫主义小说（如胡也频、洪灵菲、华汉等人的作品），只要稍加分析便不难发现，它们的感伤缠绵情调，实际上也与郁达夫的感伤浪

① 钱杏邨：《评蒋光慈〈鸭绿江上〉》，载《现代中国文学作家》，上海泰东书局 1930 年版。

漫主义小说有着某种精神上的沟通，只不过是增加了一些革命理想主义的亮色和革命英雄主义的豪气而已。早期的革命浪漫主义文学未能完全无产阶级意识形态化，这引起了左翼革命文学阵营的强烈不满。"左联"时期革命作家内部的相互批评和自我批评，目的就是要通过对"五四"新文学的所谓小资产阶级知识分子浪漫主义情调的否定与清算，进而彻底消除西方文学的客观影响。这种主观上的不懈努力，终于在后来的解放区文学创作中，开始取得明显的成效。我们必须正视"赵树理现象"的出现，它对"五四"浪漫主义发展为成熟的革命浪漫主义，起到了极为关键的历史中介作用。赵树理是解放区的基层工作人员，他没有直接受到西方文学思潮的影响，对新文学作家的作品也读得不多，他对文学的认识，主要来源于中国古典小说（赵树理一生都没有谈及自己受过西方文学的影响，但对中国古典文学尤其是民间小说，却总是津津乐道）。这使他的文学实践，呈现出两种价值取向：作为党的基层工作者，他忠实地贯彻了无产阶级革命文学创作原则，以表现预设的政治理念或理想的未来人生为使命；作为一个古典文学的爱好者，他选择了中国古典文学的乐感形式，装点了苦涩艰难的人生并让读者看到希望的曙光。《小二黑结婚》就是赵树理革命理想主义最有代表性的产物。作品故事的原始材料，原本是一对青年男女自由恋爱，由于受到恶势力的阻挠和破坏，最终酿成一场爱情悲剧。但赵树理在处理这一题材时，明确规定自己"走在时间的前面"，[①] 从典型化的原则出发，运用丰富而浪漫的艺术想象力，把现实生活中的某种"可能性"主观地演绎成历史的"必然性"，让作品的主人公以革命的世界观战胜邪恶势力，使有情人终成眷属，赋予原有材料以全新的思想内涵。不可否认，小

① 转引自《〈山药蛋派作品选〉序》，载《山药蛋派作品选》，人民文学出版社 1984 年版。

二黑和小芹的不屈不挠、敢于斗争，以及他们乐观向上的精神风貌，的确起到了教育民众、鼓舞士气的积极作用。它所反映出的高昂的革命理想主义激情，很快便辐射到李季、孙犁等解放区作家的创作当中（如《王贵与李香香》、《荷花淀》等），从而使“左联”作家所渴望的革命浪漫主义文学成为真正的现实。用孙犁的话来说：“浪漫主义适合于战斗的时代、英雄的时代。这种时代，生活本身就代表浓烈的浪漫主义色彩。”① 以赵树理为代表的革命浪漫主义文学，把“五四”浪漫主义文学的反叛精神和个性意识作了彻底的清除，将浪漫主义的理想与主观因素作了充分的发挥，并注入政治意识形态的预设理念，它基本上奠定了建国以后各种题材作品的创作模式。在特定的时代背景下，“赵树理现象”无疑具有它特殊的社会历史意义；但对其意义的无限夸大，则又为以后中国文学的发展带来了消极的影响。如果我们全面考察一下建国以后十七年的文学创作，它的理想主义色彩和主观主义特征越来越明显，而对现实生活的认识和对传统文化的反思则越来越肤浅。盲目的乐观主意情绪与唯主观意志论的恶性膨胀，最终导致了文学创作中纯理念主义的英雄神话倾向的出现（如《创业史》、《青春之歌》、《金光大道》等作品，都是纯理念主义英雄神话的产物，其余波在新时期的一些作品如《乔厂长上任记》、《新星》中仍然存在）。这种倾向不仅使革命浪漫主义文学走向了教条与僵化，陷入了新古典主义的文化氛围，同时也大大延长了 20 世纪中国文学现代转型的历史过程，其教训是惨痛的。

新时期文学基本上没有形成一种完整的浪漫主义运动。在改革开放的浪潮中，西方现代派文学思潮的涌入，扩大了中西方文学之间原本就客观存在的差距，现实主义与浪漫主义逐渐受到冷落，

① 《论战时的英雄文学》，载《孙犁文集》第 4 卷，百花文艺出版社 1982 年版。

现代主义成为新的时尚。不过，由于20世纪中国的文学运动缺乏现实主义与浪漫主义彻底的人文主义精神洗礼，现代主义显然也缺乏在中国发育生长的文化土壤。所以，新时期所谓的现代主义文学，在很大程度上是以荒诞怪异的表现形式行使着现实主义的批判功能和浪漫主义的启蒙使命。我们不妨把莫言的“红高粱系列”及张承志的《心灵史》看作是中国现代浪漫主义运动最后一丝微弱的呐喊，因为它们毕竟让我们再次感受到了文学家个性的复活再生与崇尚的自由意志。

第三节　百年中西方浪漫主义文学运动的差异性

20世纪中国的浪漫主义文学运动，以对西方的认同为起点，以回归传统而告终。它没有像西方的浪漫主义文学那样，以百折不挠的精神承担起个性启蒙的历史重任，相反却很快就抛弃了对个性意识的追求，自觉地依附于源生于儒家传统文化的理性意识；在其艺术形式上，也逐渐冷却和节制狂放的激情，规范与限定无拘无束的想象力，并以中国文学传统的乐感形式消解反抗叛逆的创造能力，从而使其在很大程度上又表现出新古典主义的艺术特征。这种与西方浪漫主义文学运动完全不同的发展运动方式，为我们科学地评价20世纪中国文学的基本性质，以及它在世界文学发展史上的客观地位，制造了极大的困难。我们当然可以说，20世纪中国浪漫主义文学运动的独特性，是中国社会特定时代背景下的历史产物，但是这种特定历史产物的基本内涵是什么？它究竟缺少些什么？长期以来，学术理论界一直未从正面给予解答。

我个人始终认为，20世纪的中国浪漫主义文学运动虽然在外表上闪烁着浪漫主义的亮色，但却不是成熟的或真正意义上的浪漫主义运动。我之所以持这种见解，主要理由有以下两个方面：

首先，中国的浪漫主义文学运动，不是中国文学循序演进的自觉行为，而是在外部因素的作用下强行启动的被动行为，因此它缺少必要的历史文化背景，带有极大的盲目性和突发性。欧洲的浪漫主义运动，是一场经过充分酝酿准备，又有着文艺复兴的启蒙基础和近代文明的物质条件，并迅速波及社会生活各个领域的思想大解放运动。18 世纪的欧洲，自然科学在数学、物理学和天文学等方面取得了巨大的成就，如欧勒的应用数学、拉格朗日的分析学、拉瓦锡的应用化学以及拉浦拉斯的自然天文学等，都直接转化生产力并推动了欧洲工业革命的飞速发展。自然科学的兴盛，也促使了唯物主义哲学的繁荣，先后涌现出梅叶、伏尔泰、孟德斯鸠、卢梭等著名的哲学家。他们以自然科学的成果为武器，对教会神权和经院哲学发起了最猛烈的攻击；他们提出了“自由”、“平等”、“博爱”的人文主义口号，用“自然法则”与“自然权利”思想彻底动摇了教会的神圣权威。卢梭是欧洲浪漫主义哲学运动和文学运动的鼻祖，他是一个自然神论者，主张宇宙自我中心主义，认为“凡是我凭着良心不能加以拒绝的知识都是明确的，凡是我觉得与这些知识有必然联系的知识都是真实的，而对其余的一切都存怀疑”。[①] 卢梭站在欧洲社会发展的对立面，把工业化文明中出现的不平等现象视为一种人类文明的倒退，对人类原有的自由、幸福的破坏，所以他提出了著名的“返回自然”的口号，并把这种哲学思考直接表现在他的文学创作中（如《爱弥儿》），由此而掀起了文学上的浪漫主义运动。在卢梭那里，人与自然是对立的，人性的丑恶与自然的纯真形成了鲜明的对照。他还把艺术和科学视为破坏人性本真的东西，崇尚情感而蔑视理智。可以说，卢梭的哲学思想带有对社会全面反叛的意味，它对

① 转引自《欧洲哲学史稿》第 374 页，湖北人民出版社 1986 年修订版。

浪漫主义文学运动回归自然，重新寻找或塑造自我，以及放纵情感的群体倾向，起到了决定性的理论引导作用。中国的情况则完全不同。“五四”前后，中国的工业化进程还没有真正启动，科学水平还处于原始水平，近现代哲学几近于零，整个社会都处于严重滞后的愚昧状态。出于社会变革的实际需要，我们只能全盘引进西方的先进思想，而这种引进过程又因社会的浮躁心态和实用功利主义目的，缺乏完整性和系统性。故中国文学在其现代转型的过程中，思想理论的支撑点是极为复杂和混乱的，也是脆弱和经不起考验的。浪漫主义文学运动也不能例外。郭沫若及其他“创造社”成员，他们的反叛不是从本质上认识到了个性解放的真实意义，只是为了宣泄长期压抑的情感而反叛；他们回归自然的目的也不是真正出于对人性缺陷的深刻感悟，而是借助自然万物张扬自我美化人类生活带来的福音，因此他们对于工业文明不但不持否定的态度（缺少深层次思考的客观条件），而且还给予了热情洋溢的赞美（如郭沫若在《女神》中对工业文明成果的歌颂）。这种思想认识上的巨大差距，使中国的浪漫主义运动始终难以获得欧洲浪漫主义运动的精神特质；它在经历轰轰烈烈的昙花一现之后，回归传统的集体理性主义也就成了历史的必然。

其次，中国浪漫主义文学运动由于没有经受充分的彻底的和大规模的人文精神洗礼，其对于个性解放的理解与认识相当的模糊，其对传统的反叛动力又来自于传统文化的本身。所以，中国浪漫主义作家的思想状态一直徘徊于个体与群体之间，最终又以个体对群体的妥协而结束了它的使命。从“五四”时代起，中国的浪漫主义作家对自己的个性启蒙主义的理想缺乏明确的认识和坚定的信念。他们一方面倡导个性解放、反对功利主义，另一方面又将自己视为时代解放的战士与社会民众的拯救者；他们即狂热地宣泄自己被压抑的苦闷情绪，同时又将其理解为“由个人的苦闷可以反射出社会的苦闷来，可以反射出全社会的苦闷来”,[1] 这种替社会替人类承担痛苦并自愿成为社会良心的义士行为，其实质正是中国封建士大夫文人“以天下为己任”的儒家正统思想的现代表现（郭沫若《女神》中的《凤凰涅槃》和《炉中煤》等作品，其强烈的民族主义情绪与个性独立意识明显构成了二元对立的矛盾，这从一个侧面反映了他当时思想的混乱状态)。所以，中国的浪漫主义作家，决不潇洒，也决不超然，更不会像狄德罗那样为坚持个性主义的信仰而去牺牲自己的宝贵生命。恰好相反，中国的浪漫主义作家暂时冬眠了传统文化意识，一旦遇到合适的机会，便会淋漓尽致地表现出来。当他们对个性激情的发泄感到疲倦时，恰逢中国的阶级矛盾和民族矛盾都日益激化，不甘寂寞的他们便无一例外都放弃了个性主义的启蒙理想，以急功近利的实用主义态度，立刻转变为阶级群体或民族集体的一员。郭沫若在对其往事的忏悔中，为自己的信仰重新选择作了这样的说明：“我从前是尊重个性、景仰自由的人，但在最后的一两年之内与水平线下的悲惨社会略略有所接触，觉得在大多数人仍然不自主地失掉了自由，失掉了个性的时代，有少数的人要来主张个性，主张自由，总不免有几分僭妄。”[2] 故他主张“文艺青年们应该做一个留声机器——就是说，应该克服自己旧有的个性主义，来参加社会的社会运动”。[3] 郭沫若的忏悔，清晰地表明了这样一种意识：个体不能脱离群体而存在，社会群体不获得自由解放，就根本谈不上个体自我的自由解放。他完全否定了先知先觉者的存在价值和社会示范作用，把传统文化“国”与“家”的反向思维作了引申发挥，同时也对西方浪漫主义运动个体乃群体之本的民权思想

---

① 郭沫若:《论国内的评坛及我对于创作上的态度》,载 1922 年 8 月《时事新报·学灯》。
② 《文艺论集·序》，载《郭沫若文集》第 15 卷，人民文学出版社 1990 年版。
③ 《留声机器的回音》，载 1928 年 3 月 15 号《文化批判》第 3 号。

的全面扬弃。实际上，中国的浪漫主义作家因其与传统文化之间有着千丝万缕的、无法彻底决绝的血缘关系，他们从一开始就没有获得真正意义上的人格独立和自我意识。当他们将“个人的痛苦和欢乐”“融合在时代的痛苦和欢乐里”，并“传达一个时代的感情和愿望”①时，才在儒家积极入世、参与现实的思想里，寻找到自己的精神归宿。这就是为什么中国的浪漫主义作家，后来大多数人都成为社会革命家或政治活动家的根由所在。而20世纪中国文学的人文主义启蒙精神，也因此而告夭折。

20世纪中国文学的浪漫主义运动，同现实主义文学运动一样，都没有完成他们本应该承担的历史使命，这是一种极大的遗憾。我不赞成那种简单地用“中国特色”的标签，机械地把百年中国文学运动打上“现代”标志的不负责任的做法。我们应该拿出足够的勇气来面对落后于世界的事实。如果说“越是民族的，便越是世界的”训条是永恒不变的真理，那么20世纪的中国文学的确是“民族的”，但不是“世界的”。对此我们又应该做何种解释呢？早在30年代，就曾有人以盲目乐观的态度扬言：中国的新文学虽只有“短短的十余年，却抵得西洋的几个世纪”。② 难道历史真有捷径可走吗？回答自然是否定的。我相信，20世纪中国浪漫主义文学运动所未完成的人文主义启蒙使命，必将在21世纪的中国文学运动中得以延续，不论它是以何种艺术表现形态出现。

---

① 艾青：《诗论》第210、160页，人民文学出版社1980年版。

② 王丰园：《五卅运动在文学上的影响》，载《新文学概要》第80页，上海亚细亚书局1936年版。

第三章

百年中国文学与主流意识形态

所谓主流价值观，按照学术界约定俗成的说法，就是指以马克思主义哲学思想为理论基础而建立起来的、主导中国现代社会历史进程的无产阶级意识形态价值观。主流价值观对于20世纪中国文学的全方位介入，并不是一种偶然的历史现象，而是一种必然的历史选择。因为从上个世纪初叶起始，中国现代精英知识分子对于民族文学现代性的价值追求，就始终是处在一种极度痛苦和极度困惑的矛盾状态之中：一方面，中国新文学的全面启动是在西方现代意识的影响下而展开的，无论它情愿或不情愿都必须去接受西方现代人文主义价值观的精神洗礼；另一方面，受实际落后国情和传统思维方式的严重制约，它又极力想要摆脱对于西方的绝对依赖而寻求民族文学现代性价值观的独立品格。这种两难境地的双重夹击，迫使国人急切地想要建立起一套既符合本民族现代文学发展的客观需要，同时又能够尽快实现中国文学现代转型的实用价值体系。正是在这样的历史背景下，新兴的无产阶级意识形态价值观，以集体主义的理性精神、阶级斗争的实用哲学和共产主义的美好理想，于20世纪20年代末期开始入主中国现代文坛。它不仅以其强烈的思想感召力，立刻折服了鲁迅、郭沫若、茅盾等新文学运动的主将并促使他们迅速加盟，而且更是以一种令人难以置信的扩张速度，在短短的二十年时间里便基本上清除了其他西方价值观念体系对于中国现代文学的影响，最终以无可辩驳的绝对权威性完成了它对中国现代文学思维结构的规范与整合。

这就是20世纪中国文学发展史最基本、最清晰的运行轨迹。

第一节　百年主流意识形态文学的文化背景

全面探讨主流价值观与20世纪中国文学运动之间的结盟关系，我个人认为应该以历史的辩证的眼光去看问题。这需要我们首先必须去充分注意一个十分奇特的社会现象：在百年中国文学发展史上，政治思想家和社会活动家对于文学所表现出的浓厚兴趣和强烈欲望，几乎形成了中国现代文学的一道亮丽景观。尤其是在涉及到文学观念大转换的三次文学变革运动（晚清的文学改良运动、“五四”的文学革命运动、30年代以后的左翼文学运动）中，基本上都是由一些政治思想家和社会革命家率先在文学领域中发难，并旗帜鲜明地提出了符合他们自己意识形态价值观的文学创作主张，进而去实现他们对于中国文学现代转型的各自不同的思想影响。比如梁启超、陈独秀、胡适、鲁迅、瞿秋白、周扬、毛泽东等人，他们几乎都算不上是严格意义上的文学家，可他们的确又都是20世纪中国文学三次价值观念大转换时期的代表性人物；他们虽然都热衷于文学，但在文学与政治两者之间的历史抉择中，他们却无一例外地都牺牲了对文学原有的那种亢奋的兴趣，最终归位于他们所追求的思想启蒙与政治革命的社会解放事业。因此，由他们所发动并领导的历次中国现代文学变革运动，以当代文学的理性思维来加以审慎观察，自然也就算不上是纯粹意义上的文学运动，其真正的意图只不过是要借助于文学的躯壳，来演绎他们的思想信仰和政治主张。正是由于政治革命家与社会活动家对于现代文学运动表现出了极大的参与热情，才使得20世纪中国文学与20世纪中国政治之间，建立起了一种荣辱与共、主次分明的时代共进关系：政治是文学的灵魂，而文学则是政治的工具；文学的使命并非是要创造自身的审美价值，而是要承载社会政治革命的思想理念。“从梁启超把文学革新推崇为实现政治目的直接的根本的途径，到毛泽东把文学视为革命的重要一翼……几乎一个世纪，就其主流而言，文学都是作为工具的存在而服膺于政治使命。”① 从而牢固奠定了20世纪中国文学政治意识形态化的基本特征。

中国现代文学与中国现代政治之间的不解之缘，无疑是主流价值观大规模介入文学领域至关重要的前提条件。然而目前有一个非常关键的问题，我们必须从正面去加以高度重视：那就是从晚清文学改良运动对民族现代意识的呼唤、“五四”文学革命运动对国民个性意识的启蒙，一直到后来左翼红色文学运动阶级意识的觉醒，西方现代人文主义的价值观，是如何顺利地切换为无产阶级意识形态价值观的？这种自然转换的内在机制又是什么？我个人认为，对于这一问题的正确理解，直接关系到我们对于20世纪中国文学性质的科学认识。

从历史的角度加以分析，20世纪中国文学与中国现代社会革命荣辱与共、协调发展的同构联动关系，使得它们在“五四”前

① 孔范今主编：《20世纪中国文学史》第41页，山东文艺出版社1997年6月版。

后那个刚刚走出了古典主义历史规范的特定年代里，只能选择西方现代人文主义的价值观，来作为自身具体实践的现实参照物，并希望能像西方社会的现代转型期那样，以思想启蒙的软性浸透方式来开启中国人的现代意识。只要我们稍加回顾一下“五四”前后中国文坛思想解放与个性解放社会呼声的热烈高涨，就不难发现中国作家无论是钟情于何种表现风格或何种表现形式，他们的价值追求和精神渴望却是惊人的一致，即：对于传统文化集体理性意识的深刻反思，以及对于西方人的主体性价值观的高度认同。所以，从晚清文学改良运动“呼唤国魂开通民智”①、“欲新一国之民”②的宗旨，到“五四”文学革命运动“以为必须‘为人生’，而且要改良这人生”③的追求，其客观反映出来的实际效果和社会影响，思想政治方面的意义明显要大于文学自身方面的意义。当然，我们也并不否认，它们对于中国文学现代转型的启动和新文学初期的繁荣，的确都曾做出过不可磨灭的巨大历史贡献。

但是，由于对思想文化启蒙长期性的认识不足，“五四”前后的文学革命与新的思想文化运动在经历了两次短暂的时代辉煌之后，很快便沦为沉寂；知识分子精英群体反抗叛逆的激昂呐喊，也随之转变成为了悲愤凄凉的痛苦呻吟。为什么中国新文化与新文学的思想启蒙运动会在如此短暂的时间里，便出现这种大起大落极不稳定的社会躁动现象呢？追根溯源，是因为中国社会的现代转型，缺少一个像西方文艺复兴运动那样的长达五百年时间之久的思想过渡期。再加上中国人急功近利文化传统的内在影响，错误地将思想启蒙与政治革命混为一谈，所以面对苦难深重黑暗依旧的中国社会现状，无论是新文化运动的先驱者还是新文学运

---

① 《小说林之旨趣》，《中外小说林》第1期。

② 梁启超：《论小说与群治之关系》，《新小说》1902年创刊号。

③ 《鲁迅全集》第4卷，第511页，人民文学出版社1998年版。

动的主将，他们很快便对自己所信仰的、以个性解放思想为核心内容的西方现代人文主义价值观，产生了怀疑与动摇。经历了两次思想启蒙运动的鲁迅，后来在总结“五四”文学革命失败的历史原因时，曾以一个亲历者的身份，真实地表述了自己当时那种非常沮丧的内心感受。他说：“那时觉醒起来的知识青年的心情，是大抵热烈，然而悲凉的。即使寻找到一点光明，‘径一周三’，却更分明地看见了周围的无涯际的黑暗……他们是要歌唱的，而听者却有的睡眠，有的槁死，有的流散，眼前只剩下一片茫茫白地，于是只好在风尘澒洞中，悲哀孤寂的放下他们的箜篌了。”[①] 对于鲁迅的这段话，研究者多有引用且各有新解。但我个人却以为，鲁迅这段颇为凄凉的叙述话语中的“歌唱”，意思当然是指新文学创作中所反映出来的人文主义启蒙精神，而“听者”自然就是指那些愚昧落后不思醒悟的国民群体。当“五四”新文学的启蒙主义并没有取得原先主观预想的实际效果时，那么放下“箜篌”，也就暗示着新文学作家对其最初所选择的西方人文精神价值理念的绝望和放弃。这绝不是刻意地曲解历史或夸大其词，“五四”新文学后期的创作实践，已经十分鲜明地表现出了这种思想倾向性。比如在鲁迅的《彷徨》和《野草》、郭沫若的《星空》、闻一多的《死水》、叶圣陶的《倪焕之》、茅盾的《蚀》和《虹》、丁玲的《梦珂》和《莎菲女士的日记》等作品中，男女主人公面对苦难人生所表现出来的困惑与焦虑，已不仅仅是新文学作家对于当时社会的所谓小资产阶级知识分子精神苦闷的一种艺术描述，而是新文学作家群体借助并通过自己笔下所创造的艺术形象，真实而生动地展示了他们本人灵魂深处的思想矛盾和情感磨难。诚如“五四”新文学的另一位巨人郭沫若在其狂热激情严重受挫后所哀鸣

① 《鲁迅全集》第6卷，第244页，人民文学出版社1998年版。

的那样："我们内部的要求和外部的条件不能一致，我们失却了路标。"① 从坚定地信仰西方人文主义启蒙精神到"失却了路标"，"五四"知识分子精英群体思想理念的极不稳定性，就其本质意义而言，实际上已向社会发出了新文学价值观正面临着重新选择的明确信号。由于受20世纪中国文学与中国政治一体化历史行为的内在逻辑关系所制约，随着席卷全国的无产阶级革命运动的迅猛崛起与发展，必然会导致无产阶级意识形态价值观对于中国现代文学历史进程的全方位介入。而这种全新价值观的及时介入，对当时正处于停滞状态并失去了前进方向的中国新文学运动而言，无疑是一次成功的历史拯救行为。

我个人始终认为，无产阶级意识形态价值观与20世纪中国文学运动之间错综复杂的结盟关系，绝不是一种由于外界因素的强行介入所导致的历史偶发事件，而是中国新文学运动本身就客观存在着这样一种内在要求。如果我们从时间概念的角度来做一分析，1924年至1926年期间，中国新文学运动出现了一种带有普遍性质的社会现象，非常值得引起学术界的高度重视与深刻思考：当时那些具有时代象征意义的代表性作家，他们在逐步放弃了先前的思想信仰并开始进行痛苦的自我反省过程中，几乎都对新文学崇高的思想启蒙使命产生了强烈的逆反心理（可以说这是一种与"五四"人文精神相矛盾的思想裂变现象）。与此同时，在急功近利传统文化观念的支配之下，他们对于文学本质的认知态度，也一步一步地走向了非理性的情感偏执——即：从"文学决定论"走向了"文学无用论"。比如，一向被研究者们认为在"五四"新文化运动退潮之后仍然坚定地断守着人文主义启蒙精神的文学巨人鲁迅，此时却主动放弃了对文学创作的原有激情（事实已经证

① 郭沫若：《孤鸿——致成仿吾的一封信》，《郭沫若研究资料》上册，海峡出版社1984年版。

明，1926年以后，鲁迅基本上脱离了文学创作的具体实践，其主要精力也转向了思想意识形态的斗争领域），愤然发力向社会大声疾呼道："文学文学，是最不中用的，没有力量的人讲的"；"中国现在的社会情状，只有实地的革命战争，一首诗吓不走孙传芳，一炮就把孙传芳轰走了。"[①] 又如，先前一直主张"为艺术而艺术"并一再声明将艺术视为是生命惟一的郭沫若，此时也逃离了象牙之塔的艺术宫殿（无独有偶，郭沫若也是从这个时候起终止了他对缪斯的青睐，目的明确地加入到了现实社会中的政治革命实践。他40年代的历史剧创作，也只是基于政治革命斗争的实际需要，而非是一种真正自觉的艺术追求），并公开改变了先前对于文学艺术的神圣信念。他一反以往那种鄙视文学艺术功利主义的强硬态度，同鲁迅一样认为："要解决人类的痛苦，那不是姑息的手段可以成功的"，使用文学的方式根本不可能发生任何实际效率，最终只能"用武力来从事解决"。[②] 众所周知，鲁迅与郭沫若的人生观和艺术观都存在着很大的差异，但是到了1926年前后，他们对于文学功用的认识以及对于中国社会前途命运的深度思考，却表现出了惊人的相似性。应该说，他们对于文学艺术自主意识的全然放弃，是因为他们明确感觉到了文学艺术缺乏改造社会现实的直接效应；而他们对于政治革命和武力崇拜的自觉认同，则从更深层次的意义上反映出了他们对于"五四"人文主义启蒙精神的潜在否定。在这一特定的历史时期里，几乎"五四"新文学的所有重要作家都朦朦胧胧地意识到了"无产阶级"这一新生社会政治力量的出现与存在，他们在苏俄社会主义革命取得成功的具体实例的感召下，纷纷由衷地表达了自己对于无产阶级政治革命的理

---

① 《鲁迅全集》第3卷，第417、423页，人民文学出版社1998年版。

② 郭沫若：《由经济斗争到政治斗争》，《郭沫若佚文集》上册，四川大学出版社1988年版。

解和向往。不仅鲁迅与郭沫若反复地在他们的文章里阐述了见解相同的上述观念，茅盾 1925 年也对“为人生而艺术”的文学主张发出了质疑，他强调：“在我们这时代，中产阶级快要走完了他们的历史的路程，新鲜的无产阶级精神将开辟一新时代，我们的文学者应该认明了他们的新使命，好好的负荷起来。”① 而诗人气质颇浓、个性意识极强的郁达夫，虽然对中国社会现状极为不满，但他对未来前景的预测则说得更为大胆直率：“我对于中国无产阶级的抬头，是绝对承认的。所以将来的天下，是无产阶级的天下，将来的文学，也必然是无产阶级的文学。”② 无论以鲁迅等人为代表的新文学作家在当时的历史条件下，对于“无产阶级革命”的人生观和“无产阶级文学”的价值观的理解程度如何，但他们思想上所自觉萌生出的这种内在的情感倾向性，其本身就已经向世人表明他们具备了对此深表认同的主观要求。从这样的历史认知角度出发，我们完全有必要对 1928 年爆发的那场“革命文学”口号之争，重新做一番理性的解释：并非是因后期“创造社”和“太阳社”的成员率先首举“革命文学”之义旗，以及通过对鲁迅等“五四”新文学主将们的猛烈批判并促使其思想发生了彻底转向，这才导致了新兴的无产阶级红色文学运动的蓬勃兴起；而是因为鲁迅等人的灵魂深处已经存在着强烈的思想转向要求，并且开始主动尝试着接触无产阶级革命这一新生事物，这才带动了中国现代文学运动的主体走向发生了根本性的历史转折。我们应该实事求是地承认，鲁迅、郭沫若、茅盾、郁达夫等人在当时的中国文坛，客观上存在着一种巨大的社会影响力和精神号召力；他们思想的急剧变化，必然会波及到整个中国现代文坛，并使之成为一种作家群体的社会普遍行为。否则仅仅凭彭康、蒋光慈、李

---

① 茅盾：《文学者的新使命》，《茅盾杂文集》，三联出版社 1996 年版。

② 《郁达夫文集》第 6 卷，第 63 页，花城出版社 1991 年 5 月版。

初梨、成仿吾等几个热血青年，运用从日本左翼革命文学运动那里贩来的一些抽象理论概念尽情地加以鼓吹，中国的无产阶级革命文学运动绝不可能“自此就成了中国文学的主潮”。[①] 对此我们不必加以怀疑。

从20世纪30年代开始，无产阶级意识形态价值观的理论倡导和左翼革命文学运动的影响扩张，实际上已形成了主导中国现代文学发展不可逆转的历史必然趋势。鲁迅甚至在1931年便公开断言：“现在，在中国，无产阶级的革命的文艺运动，其实就是惟一的文艺运动。”[②] 既然是一种历史的“惟一”性，左翼文学运动就不可避免地要对它与“五四”文学传统的渊源关系，做出理论上的明确表述。一方面，它因历史事实的客观存在性而不得不去充分肯定“五四”精神的划时代意义；另一方面，它又因自身的历史缺席而对营造“五四”精神的社会主体加以批判和否定。到了后来，左翼文学运动的倡导者也意识到了这是一种无法调和的二元对立矛盾，所以他们巧妙地将“五四”新文学最具代表性的人物如鲁迅等人，从被无产阶级文学阵营人为命定为“五四”资产阶级知识分子的社会群体中单列出来，并把他们视为是“五四”精神的代表和象征。由于鲁迅等人的思想演变历程已被事先强化理解为是“从进化论到阶级论，从绅士阶级的逆子贰臣到无产阶级和劳动群众的真正的友人，以至于战士”；[③] 那么他们对于无产阶级阵营的皈依，必然又是代表着一个完整时代的精神皈依。所以，“只有无产阶级，才是真正能够继续伟大的‘五四’精神的社会力量”[④] 的逻辑推论，自然也就变得顺理成章了。这里需要做一

---

① 徐懋庸：《文艺思潮小史》第4页，上海生活书店1936年版。

② 《鲁迅全集》第4卷，第285页，人民文学出版社1998年版。

③ 《瞿秋白文集》第3卷，第115页，人民文学出版社1998年版。

④ 同上，第23页。

点特别的强调，在如此一般的逻辑推理关系中，左翼文学运动不仅为自己意识形态价值观的存在合理性，寻找到了强有力的理论依据，同时也大大减轻了鲁迅等人因其自动放弃了人文主义的启蒙理想，而造成的人格自责与精神痛苦。因为一切历史行为都被时代赋予了一种全新概念的意义诠释：从“五四”时期的“为人生而艺术”到“左联”时期的为无产阶级而艺术再到40年代的为工农兵而艺术，它所展示的是历史向纵深发展的自然延续和中国现代作家群体对于社会生活认知程度的不断深化；从对封建传统文化的历史批判到对现行政治体制的阶级斗争再到对社会主义理想的热情讴歌，它所反映的也是中国现代文学目标追求的理论明确性和创作务实性。无产阶级是人类社会的主体和大多数，而左翼文学运动又是无产阶级意识形态的当然代表，在无产阶级与资产阶级尖锐对立的矛盾冲突面前，中国现代知识分子“只有两条路径：走革命的大道呢？否则，就陷落在反革命的泥坑之中”！[①]由于没有哪个作家愿意成为历史发展的落伍者和人民大众的对立面，那么接受无产阶级意识形态的价值观，势必就成为了他们无条件的惟一选择，他们也就根本没有必要去为这种顺从时代潮流的抉择而感到内疚。在新中国建立以前，左翼文学运动因鲁迅、郭沫若、茅盾等人的加盟，完全是以一种知识分子精英文化的社会形态面向国人的。它不仅以其强大的理论攻势彻底动摇了国民党执政当局在意识形态领域内的统治（从现存的大量历史资料来看，国民党所发动的一系列文艺运动根本不可能同左翼文艺运动相抗衡），而且更是以其思想的前卫性深深地影响着广大中国现代作家的世界观和人生观，从而使20世纪的中国文学运动，顺利实现了由西方现代人文主义价值观向无产阶级意识形态价值观过渡

① 《中国社会科学联盟底成立及其纲领》，1930年《新思潮月刊》第7期。

的历史切换过程。

主流价值观对于百年中国文学的影响，从“左联”时期的理论倡导、解放区文学的局部实践，一直到建国后文学理论与创作实践的全面普及，它所走过的道路，既是辉煌灿烂的，又是艰难曲折的。当它以社会精英文化的历史形态出现在中国文坛时，它所反映的是中国现代知识分子对于传统文化的叛逆和对现行政治体制的反抗，以及他们在信仰相对自由（由于三四十年代内忧外患的双重压力，国民党统治当局实际上根本没有能力对意识形态领域实施真正有效的思想监控，故左翼文学运动才会得以顺利地发展壮大）的精神状态下对现代意识或现代性价值观的追求与思考。但是，当它最终上升为一种政权体制的文化形态，并以僵化教条的行政手段去强行控制中国文坛时，它所反映的却是中国现代知识分子自由意志与独立精神被政治集团意识逐步消解的痛苦思想历程。作家从事文学创作需要高度个性化的社会自由环境，这是一个最基本的艺术常识。然而建国以后，作为主流价值观意识载体的官方政治体制在处理这个问题上，明显存在着重大的决策失误和思想局限性。由于主流价值观的理论核心是集体主义的精神理念，它不仅要求广大作家自觉地放弃独立思考的神圣权利，无条件地去服从无产阶级政权的政治利益；同时也要求文学创作放弃艺术审美的自由原则，成为现实社会生活中权力意志的宣传工具。这种主观愿望在左翼文学和解放区文学中就已经有所表现（比如“左联”时期的三次文学论争和解放区的文学整风运动，就是动用政治斗争的强制性手段，来统一作家对于文学政治实用价值的认识，初步展示了无产阶级红色文学的话语霸权意识）。然而限于当时客观条件的不成熟，主流价值观既不可能消解民间文学的趣味主义倾向，也不可能取代官方文学的正统地位，它若想确立自己在中国现代文坛上的领导地位，就只能作为社会精英文化的先进代表，并以极度宽容的现实姿态和民主自由的艺术主张，来团结广大的非无产阶级作家一道同国民党政权的意识形态作斗争。大量国统区的进步作家纷纷投奔解放区的事实，应该说是对主流价值观政治战略取得巨大成功的一种极好的印证。其实，这些作家们的主观动机都是非常单纯而明确的，就是为了参加革命寻找真理追求自由与光明的归宿，他们无疑是对《讲话》“给革命文艺家以充分民主自由”的庄严许诺，抱有一种真诚的信任和热切的期待。但是建国以后，当年的精英文学自然转换成了官方文学，主流价值观的集体主义理性观念则以法律的形式被加以强化，文学艺术不仅没有获得它所希望得到的自由创作空间，反而作家的个性独立意识却遭受了前所未有过的重创。从50年代开始，国内文学艺术界中发动的一场又一场的大规模政治运动（如50年代的批判《武训传》的历史唯心主义、批判胡风的文艺思想、批判胡适的“新红学派”、批判巴人与钱谷融的“人性论”和跨越六七十年代的文化大革命），其基本任务都是要站在政治意识形态的理论高度，用无产阶级的价值观来统一和规范新中国作家的思想认识，明确红色革命文学创作的严肃纪律，从而使广大作家尤其是那些从国统区过来的优秀作家，因缺乏必要的心理准备而感到难以适应。他们当时虽然都还只有四五十岁（如谢冰心、巴金、老舍、曹禺、沈从文、钱钟书等人），正值文学创作的成熟期，但由于无法接受集体主义的共性思维方式，而不得不终止了自己所喜爱的文学事业。所以新中国前三十年的文学创作，主要是由解放区出身的作家和新生代革命作家来完成的。集体理性思维不仅绝对控制了作家的个性独立思维，同时也使新中国前三十年的文学创作，呈现出这样一种单调繁荣的历史局面：官方文学以现代英雄史诗的颂歌形式消解了精英文学的文化批判意识，以革命英雄传奇的故事叙事满足了民间文学的审美娱乐要求，官方文学、精英文学、通俗文学的高度一体化，使作家个性化写作的理想企盼彻底破灭。我们不无遗憾地看到，从文学的多元化到文学的单一性，主流价值观以其现实政治权力的保障，在文学领域中表现出了强烈的排他主义倾向，并从根本上消除了中国文学与外界自由交往的任何可能。新中国文学长期自我封闭的落后状态，与此有着必然和直接的内在关系。作家个性的消隐和作品风格的趋同，造成了新中国前三十年文学创作的畸形发展，同时也从客观上拉大了中国现代文学与西方现代文学之间的距离。主流价值观介入百年中国文学所前后截然不同的这两种历史表现，不仅大大出乎了它的追随者们的意料，甚至也出乎了它的许多倡导者们的意料（“文革”的悲剧便是一个寓意深刻的历史注解）。这一充满着无数历史悬念的矛盾现象，无疑给学术理论界留下了丰富的想象空间。尽管新时期文学一直在力图改变这种被动的局面，极力调和个性话语与政治话语之间的矛盾冲突关系，可至今我们的作家仍无法彻底摆脱主流价值观集体理性主义思想的严重束缚。如果我们对于新时期文学关注现实政治题材的作品稍做分析，便可发现主流价值观的影响并未完全隐退，而是以一种新的表现方式继续存在。

第二节　百年主流意识形态文学的理论基础

主流价值观对20世纪中国文学的深刻影响，不仅体现为中国现代作家世界观与人生观的根本转变，同时也体现为一种新的文学观念的形成。这种文学观念以革命现实主义自我命名，以“反映论”为核心本质，以“真实论”和“典型论”为基本要素，先后经历了一个从对苏联文艺思想体系的机械模仿到逐渐实现民族本土化理论建构的历史发展过程。革命现实主义文学思想的出现，不仅完全主导着中国现代文学的创作实践，而且也客观真实地反映了中国现代作家对于文学本质的认知水准。

“反映论”是社会实践哲学的产物，是十八九世纪西方现实主义文学思潮的灵魂。它从文学创作自身规律的角度出发，强调文学对于社会生活的依赖关系，因此而提出了文学是“再现”而非“表现”的美学主张。上个世纪初，受西方启蒙主义人文精神的影响，几乎所有的新文学作家都不同程度地接受了“反映论”文学观的“镜子说”、“模仿说”、“再现说”等美学理论主张。他们坚信不疑地认为：“文学是社会生活的表示”①，是“时代的反映，社会背景的图画。”② 在这明快而又简洁的价值判断中，社会生活、时代背景以及现实人生作为文学创作源泉的价值被凸现了出来，中国古典文学传统的乐感审美方式却遭到了彻底扬弃。文学需要与现实生活直接进行对话，自然就会要求作家以公正客观的社会视角，去艺术地再现现实生活中的真实场景，所以“反映论”的文学理念，很快便被转化为一场新文学的现实主义文学运动。“反映论”文学观对“五四”新文学运动的健康发展，的确曾起到过积极有益的促进作用，这是不言而喻的了。但是在其中国化过程中所暴露出来的一些问题，也值得引起我们的深切关注：一方面，新文学作家要求文学反映社会生活是无条件的、全方位的，既包括“上流社会的堕落”，也包括“下层社会的不幸”，并希望通过文学形象的艺术魅力去促使其社会感化功能的实现（客观性）；另一方面，他们又以急功近利的实用主义态度，将思想启蒙与文学审美人为地加以整合，并赋与“反映论”以具体实践的可操作性，这无疑又使其具备了直接参与现实政治的社会实用功能（主观

① 胡适：《答觉僧君》，《胡适文存》第1集卷一，上海亚东图书馆1924年版。

② 沈雁冰：《创作的前途》，《文学研究会资料》（上）第171页，河南人民出版社1985年版。

性）。前一个问题是属于文艺美学的范畴，后一个问题则是属于意识形态的范畴。这种思想认知上的混乱与主客观之间的矛盾，恰好为革命现实主义对于“反映论”文学观重新进行理论定义，提供了极好的时代机遇。

从20世纪20年代末期开始，左翼文学运动通过大量的创作实践和一系列重大理论命题的思想论争，用无产阶级政治意识形态的价值观，对革命现实主义的“反映论”做了最初概念的理论释义。

“革命文学”的倡导者最先对“反映论”的原有内涵发出了质疑，他们认为：“文学，与其说它是社会生活的表现，毋宁说它是阶级的实践的意欲”；[①] 它自始至终都是站在一定阶级的立场上，去“理解历史的进行和社会发展的真相”。[②] 他们明显是以唯意志论的思维方式，把阶级实践与社会生活区分开来，认为泛指的社会生活是抽象和不确定的，而特定的阶级实践才是具体的和实在的。由于他们对文学本质的认定是政治的而非是审美的，因此他们必然要对“反映论”文学观，做出完全符合于无产阶级意识形态价值理念的强化性解释。作为思想转向后的鲁迅和茅盾等人，对此问题的认识也表现出了高度的一致性。鲁迅在谈及文学与生活之间的相互关系时，便曾指出：社会生活的主体是“人”，“文学不借人，也无以表示‘性’。一用人，而且还在阶级社会里，即断不能免掉所属的阶级性。”既然“我们是人，所以以表现人性为限，那么，无产者就因为是无产阶级，所以要做无产阶级文学”。[③] 茅盾也附和说：“文学实是一阶级的人生的反映。”[④] 将社会生活具

① 李初梨：《怎样建设革命文学》，1928年2月15日《文化批判》第2号。
② 《中国左翼作家联盟的成立》，1930年《拓荒者》第1卷第3期。
③ 《鲁迅全集》第4卷，第204页，人民文学出版社1998年版。
④ 茅盾：《告有志研究文学者》，载《茅盾文艺杂论集》，上海文艺出版社1998年版。

体化为人的现实行为，同时又将人的现实行为进行阶级分类，这是革命现实主义“反映论”文学观的本质所在。我们应充分注意到，在“反映论”文学观将文学艺术意识形态化的理论建构方面，瞿秋白的努力和贡献是不可忽略的。这位艺术哲学思维天赋远高于其政治革命实践能力的历史风云人物，在20世纪30年代撰写了大量的理论文章，对“反映论”文学观的根本属性，做了极其精辟而透彻的理论阐述。瞿秋白首先强调了文学艺术是上层建筑意识形态的一个重要组成部分，它“不但反映着生活，并且还影响着生活。文艺现象是和一切社会现象联系着的，它虽然是所谓意识形态的表现，是上层建筑之中的最高一层，它虽然不能决定社会制度的变更，它虽然结算起来始终也是被生产力的状态和阶级关系所决定的——可是，艺术能够回转去影响社会生活，在相当的程度之内促进或者阻碍阶级斗争的发展，稍微变动这种斗争的形势，加强或削弱某一阶级的力量。”在瞿秋白的理论见解中，文学既然是属于上层建筑意识形态领域，它所反映的内容必然就体现着一定阶级的思想意志；那么阶级的本质取代社会生活的客观本质，文学也就自然而然地成为了阶级斗争的宣传工具。所以，他断言说：“文艺——广泛的说起来——都是煽动和宣传，有意无意的都是宣传。文艺也永远是，到处是政治的‘留声机’。问题是在于做哪一个阶级的‘留声机’。”① 可以说，这种观点在当时的左翼文学阵营中，是很具有思想代表性的。到了20世纪40年代，中国现代革命史上的另一位关键性人物毛泽东，在对左翼文学运动的经验做了认真总结的基础上，发表了著名的《在延安文艺座谈会上的讲话》，全面而详尽、具体而通俗地阐释了革命现实主义“反映论”文学观的本质特征。他指出：“一切种类的文学艺术的源泉

① 《瞿秋白文集》第3卷，第58—59页，人民文学出版社1998年版。

究竟是从何而来的呢？作为观念形态的文艺作品，都是一定的社会生活在人类头脑中的反映的产物。革命的文艺，则是人民生活在革命作家头脑中的反映的产物。”毛泽东在这里巧妙地使用了一个“革命”的修饰语，将“文艺”与“革命文艺”、“人类”与“人民”做了明确的区分，从而导引出这样一种理论上的假定性：“在现在的世界上，一切文化或文学艺术都是属于一定的阶级，属于一定的政治路线的。”而“真正人民大众的东西，现在一定是无产阶级领导的”。那么，一切进步作家“就必须站在无产阶级的立场上……必须长期地无条件地全心全意地到工农兵群众中去，到火热的斗争中去，到惟一的最广大最丰富的源泉中去，观察、体验、研究、分析一切人，一切阶级，一切群众，一切生动的生活形式和斗争形式，一切文学和艺术的原始材料，然后才有可能进入创作过程。否则你的劳动就没有对象。”这应是革命现实主义“反映论”文学观最根本的理论基础。纵观《讲话》全文，毛泽东首先把文学艺术的本质看成是一种意识形态，然后再去讨论其所谓的创作“源泉”问题。他无疑是将“反映论”的能动主体——人的主观意识形态看作是首要的、根本的，而把“反映论”的被动客体——社会生活的源泉看作是次要的、从属的。正是基于这样的思想认识，毛泽东从对经济基础和上层建筑之间辩证关系的推导中，确立了政治是经济的集中表现的统治地位；并特别强调作为意识形态的文学艺术，必须通过反映政治来实现其反作用于经济基础的社会使命。因此，毛泽东的《讲话》虽然多次提及文学艺术创作的生活源泉问题，但他论述的重点则是作家艺术家的政治态度或意识形态立场问题。毫无疑问，在毛泽东的政治艺术思维中，“反映”的主体远比“反映”的对象重要得多。瞿秋白和毛泽东对于文学意识形态属性的界定，都曾对革命现实主义的“反映论”文学观产生过深远的历史影响。特别是由于毛泽东在中国现代政治革命中具有的崇高社会威望，他的《讲话》从20世纪40年代以后，就被视为是无产阶级文学理论的神圣经典，不仅在很长的一段时间里完全决定着中国现当代文学的命运，而且至今仍在产生着巨大的现实效应。只要我们仔细去翻一翻80年代末、90年代初出版的那些具有权威性的高校文学理论教材（如钱中文先生的《文学原理》、童庆炳先生的《文学概论》等），其对“反映论”文学观的理论描述，都未能超越毛泽东《讲话》的基本思想框架。而建国以来一直高扬的主旋律文学创作，也都彻头彻尾地反映着《讲话》的精神实质和政治意志。

“真实论”是“反映论”文学观最基本的内容，同时也是它最重要的审美尺度。20世纪的中国作家，在文学应真实地反映社会生活这一问题的认识方面，基本达成了一致的共识：文学应是客观真实的人生写照，文学也惟有以求真写实为目的，才会具有社会存在价值和艺术审美价值。但是，在“真实”的具体着眼点——也就是社会生活所应涵括的范围上，则因时代的不同而产生了一定的认识上的差异。“五四”前后，受西方近代写实主义和自然主义文学理论的影响，“真实”是作为一种文艺美学的范畴，被理解为是对社会生活层面的全景扫描；作家只要客观而忠实地去反映现实人生，他所表现的内容自然也都是“真实”的。所以胡适最早用“实写”等于“真”（《文学改良刍议》）的公式，奠定了新文学真实观的基本内涵。由于现实生活中到处都充满着黑暗和压迫，所以写出人生的“血与泪”（郑振铎语），意在“揭出病苦，引起疗救的注意”（鲁迅语），从而使文学成为“于人生很切要的一种工作”（沈雁冰语）；这种创作理念，实际上是新文学作家对于生活“真实”的一种群体审美认识，它原本并不十分强调作家的思想意识和世界观方面的问题。

20世纪30年代以后，左翼文学批评家对于“真实观”的原有内涵，则重新加以界说。他们从文学的意识形态属性出发，将生活的本质和时代的本质做了严格的区分，认为时代的本质是生活的本质的最高表现，因而使文学的“真实”性逐渐脱离了艺术审美的范畴，并与作家的政治立场发生了直接的关系。从瞿秋白、周扬到胡风、毛泽东，他们都自觉地站在阶级斗争的立场上，认为“真实”是文学本质性的东西；“真实”虽然是一种客观的存在，但却不是一种普遍的存在。瞿秋白认为：“艺术是一种特别的上层建筑，一种特别的意识形态，它反映实质而且影响实质；意识是实质‘镜子里的形象’，实质不受意识的‘组织’，而是在‘组织’意识，然而意识并不是消极的，它的确会影响到实质方面去，阶级是在改变看世界而认识世界。”[①] 瞿秋白这里所说的“实质”，并不是指社会现实的原生状态，而是指它的政治本质或阶级本质。在一个阶级矛盾和阶级斗争都十分激烈的革命时代，文学作品的“真实”性必须是进步作家以其鲜明的态度，“来表现他的政治立场，他的深刻的对于社会的观察，他的热烈的对于民众斗争的同情”。[②] 没有鲜明的阶级立场或政治态度的文学作品，自然也就没有什么“真实”性可言。周扬还专门就此问题撰写了《文学的真实性》一文，他在全面论述了“现实和认识，客体和主体”的辩证统一关系之后，又从政治意识形态的认识高度，把文学的“真实”性原则与作家的党性原则联系起来，强化了无产阶级党性原则对“真实”性的绝对制约作用。他认为作家对“代表阻碍历史发展属于过去的力量”与“代表推动历史前进的拥有未来的力量”所持的不同态度，是衡量其作品“真实”性的惟一正确标准。[③] 胡风虽然对此说得比较委婉一些，但他在阐释“真实”性应

---

① 《瞿秋白文集》第 2 卷，第 270 页，人民文学出版社 1998 年版。

② 同上，第 96 页。

③ 《周扬文集》第 1 卷，第 58—60 页，人民文学出版社 1984 年版。

该是生活的丰富多样化的同时，又特别指出：文学的“真实”性必然带有作家一定的主观性和意识的前瞻性，它“能够说出生活里的进步的趋势，能够说出在万花缭乱的生活里面看到或感觉到的贯穿着过去、现在以及未来的脉络者，才是有真实性的作品。所以，文艺并不是生活底复写，文艺作品所表现的东西须得是作家从生活里提炼出来和作家的主观起了化合作用以后的结果”。①实际上，他的见解仍未能突破意识形态论的思维框架。到了毛泽东《在延安文艺座谈会上的讲话》，“真实论”完全被纳入到了思想意识形态的范畴，成为了一种阶级观念的代名词或象征，频繁出现在他所表述文学见解的话语当中。毛泽东认为：政治信仰决定文学的“真实”性，这是一个不争的历史事实，“我们所说的文艺服从于政治，这政治指阶级的政治、群众的政治，不是所谓少数政治家的政治……革命的思想斗争和艺术斗争，必须服从于政治的斗争……正因为这样，我们的文艺的政治性和真实性才能完全一致。”毛泽东十分坦率地承认，“我们是无产阶级的革命的功利主义者”，而无产阶级绝不承认文学的真实性是什么“超阶级的爱，抽象的爱，以及抽象的自由、抽象的真理、抽象的人性等等”。如果“你是资产阶级文艺家，你就不歌颂无产阶级而歌颂资产阶级；你是无产阶级文艺家，你就不歌颂资产阶级而歌颂无产阶级和劳动人民：二者必居其一”。毛泽东的文学“真实观”，以其通俗易懂的生活逻辑和功利主义的实用性质，从社会政治学的角度将“真实”淡出了文学的审美领域，使其完完全全成为了一个“文艺工作者的立场问题，态度问题，工作对象问题”。这种认识论其本身存在有一定的理论局限性，因为它自始至终都在形而下讨论文学的外延，根本未涉及到文学作为一种艺术审美对象所

① 《胡风评论集》（上）第300页，人民文学出版社1984年版。

应具有的基本内涵；但随着无产阶级政治革命在全中国的彻底胜利，毛泽东的文学“真实观”也如同他所有的政治革命理论主张一样，变成了是经过社会革命实践检验过的客观真理，神圣不可动摇。在建国以后的具体文学实践中，“真实”一直都被视为作家政治思想观念正确与否的意识准则，被视为现行政治体制权力意志的集中体现。虽然从50年代起就有人开始对此提出过理论上的质疑，但文学界内一次又一次政治大批判式的思想清算运动，始终是将纯粹学术性的理论探讨，夸张性地上升到意识形态领域中阶级斗争的认识高度去加以理解，从而完全扼杀了中国现代文学审美意识的自我张扬。我们应该清醒地看到，政治意识形态化的“真实论”对于中国现代文学的影响，要比政治意识形态化的“反映论”的影响，更为具体化和更有文学实践的实用意义。它不仅是对“反映论”本质的高度抽象，而且也是建国后制定文学行动纲领的决策依据。既使是到了改革开放的新时期，人们对于文学“真实观”的理解虽已呈现出多样化的发展趋势，但是由于种种主客观方面的原因，“真实论”的政治意识形态化观念，仍然根深蒂固地影响着中国作家的文学思维活动，使他们无法真正回到文学的本体立场上去思考问题。这也是目前学术界正在全面反省和深刻思考的一个理论问题。

“典型论”在西方近代文论中，是现实主义文学的创作方法论问题，主要涉及文学创作过程中对生活原型的加工与提炼，以便使文学作品所反映的生活内容更为集中、更具有读者阅读的真实感和艺术形象的丰富性。从现有的资料来分析，“五四”时期新文学作家对于“典型论”的认识比较肤浅，基本上是处于一种理论的模糊状态。一方面他们是在艺术审美的范畴内，探讨文学“典型”的构成要素和具体表现手法，强调作家的创作应以严肃认真的态度，去对现实生活进行高度的概括，以求得作品艺术上的真实。如胡适认为：一个作家从事文学创作，仅有丰富的生活阅历是远远不够的，还“必须有活泼精细的理想（imagination），把观察经验的材料，一一体会出来，一一整理如式，一一组织完全；从已知的推想到未知的，从经验过的推想到不曾经验过的，从可观察的推想到不可观察的。这才是文学家的本领。”[①] 胡适由推崇文学的“真实性”而注重“典型”的美学意义，他在很大程度上是将“典型”视作文学“真实”的艺术本质，这是对西方现实主义理论主张的一种自觉的认同行为。当然，这种见解在“五四”新文学时期是很有代表性的，无论是鲁迅、茅盾还是郑振铎、周作人，他们对于这一问题的看法也都大致相同。不过另一方面我们也应该注意到，由于受传统文化实用主义哲学思维的影响，新文学作家在对“典型”性质的理解上，明显又存在着一种超越艺术方法论而刻意追求其社会功能价值的思想倾向。比如，他们认为“典型”作为“真实”的最高表现形式，它绝不仅仅是一种文学的审美对象；它更应该成为“时代的肖像”，[②] 并应具有“激励人心的积极性”。[③] “五四”新文学作家对于“典型”意义的这种解读方式，实际上已开始初步显露其鲜明的社会功利性，并为“典型论”后来的政治意识形态化阐释铺平了道路。“左联”时期，随着无产阶级价值观对文学领域的全面浸透，“典型论”的实际意义已发生了质的变化。与“五四”新文学淡化“典型化”的态度截然相反，左翼文学运动则十分看重“典型化”的政治功能作用。在革命现实主义的文艺理论体系当中，“典型化”的概念不仅是“反映论”文学观的核心本质，而且也是衡量文学“真实”性的惟一标准。因为左翼作家认为，革命文学所反映的生活，应是“真

① 胡适：《建设的文学革命论》，《新青年》杂志第4期第4号。
② 《鲁迅译文序跋集》第172页，人民文学出版社1981年版。
③ 《茅盾杂文集》第115页，三联书店1996年版。

正能够表现现代中国社会的生活，捉住时代的心灵”。[①] 而“我们的时代是黑暗与光明斗争极热烈的时代”，“无产阶级革命文学”就是要“把这种斗争的生活表现出来”。[②] 所以，左翼文学理论家必然要对“典型化”的原则，提出符合自己价值观念的具体要求。他们从文学是政治意识形态的附属品的认知立场出发，强调“为着青年的读者，为着我们对于时代的任务，也是为着无产阶级文艺的前途”，[③] 广大革命作家一定要站在阶级斗争的最前沿，用文学的形式“去批判一切反动意识”，去集中“表现革命战斗的英雄”。[④] 尤其是在错综复杂的现实斗争面前，“进步的作家要在历史的运动中去看现实，从现实中找出时代的发展上具有积极意义的方面，而且要把那方面的未来的轮廓表现出来。他不仅要描写现实中已经存在的东西，而且他要描写现实中可能存在的东西。”[⑤] 在这里，“战斗的英雄”自然是作为典型的艺术形象开始受到人们的青睐，而现实生活中具有时代本质性的未来型因素也开始逐渐受到人们的重视。左翼作家对于“典型化”功能意义的理论倡导，无疑是毛泽东《讲话》思想的重要理论基础。毛泽东在《讲话》中首先申明，他反对从教科书的定义去讨论文学艺术的本质与特征，而是主张从实际斗争的政治需求出发，去理解“作为观念形态的文艺作品”与其生活源泉之间的客观差异。毛泽东指出：“人类的社会生活虽是文学艺术的惟一源泉，虽是较之后者有不可比拟的生动丰富的内容，但是人民还是不满足于前者而要求后者。这是为什么呢？因为虽然两者都是美，但是文学艺术作品中反映

① 华希理（蒋光慈）：《论新旧作家与革命文学》，《太阳月刊》1928 年 4 月号。

② 李初梨：《怎样地建设革命文学》，《文化批判》1928 年第 2 号。

③ 钱杏邨：《张资平的恋爱小说》，《现代中国文学作家》第 2 卷，第 88 页，上海泰东书局 1930 年版。

④ 《瞿秋白文集》第 3 卷，第 31 页，人民文学出版社 1988 年版。

⑤ 《周扬文集》第 1 卷，第 127 页，人民文学出版社 1984 年版。

出来的生活却可以而且应该比普通的实际生活更高，更强烈，更有集中性，更典型，更理想，因此就更带普遍性。”毛泽东强调艺术的真实性应高于生活的真实性，实现两者之间关系转换的根本途径，就是“典型化”的加工过程。从文字表面来看，毛泽东似乎仍是在将“典型化”的问题，归入到文学创作方法论的范畴来加以讨论，其实则不然。由于毛泽东《讲话》的整个逻辑推理的大前提，是文学艺术属于上层建筑意识形态，那么他认为文学艺术的“典型化”原则必然要服从党的中心工作，而“党的文艺工作，在党的整个革命工作中的位置，是确定了的，摆好了的，是服从党在一定革命时期内所规定的革命任务的”。故毛泽东要求“革命的文艺，应根据实际生活创造出各种各样的人物来”，把“日常的现象集中起来，把其中的矛盾和斗争典型化，造成文学作品或艺术作品”，“使人民群众惊醒起来，感奋起来”，以便“帮助群众推动历史的前进”。进而“使文艺组成部分，作为团结人民、教育人民、打击敌人，很好地成为整个革命机器的一个消灭敌人的有力武器”。毛泽东关于“典型化”的基本理论观点，大致可分为这样几层意思：其一，文学艺术的真实不等于生活的真实，它具有作家主观意志的可塑性。其二，社会生活中客观存在着不同的阶级群体，每个作家对于艺术作品真实性的价值认同，必然代表着不同阶级的审美态度。其三，作家主观意志的客观阶级属性，不可避免地决定着艺术审美态度的政治功利目的。其四，因为“真正人民大众的东西，现在一定是无产阶级领导的”，所以革命作家必须“站在人民的立场上”，“以写光明为主”，以表现无产阶级的革命理想为主。毛泽东从职业政治革命家的角度，非常顺畅地将“典型化”的审美原则转向了它的政治实用原则，并最终使其成为了革命现实主义“反映论”和“真实论”文学观的核心内容和基本原则。

“反映论”、“真实论”和“典型论”由艺术审美形态向政治意识形态的转化，恰好反映着主流价值观影响20世纪中国文学的完整历史过程，自然也在一定程度上代表着中国作家对于文学现代性的理解水准。但是，当我们冷静而理性地去反思这一历史过程时，便不难从中发现这样一个令人感到十分尴尬的客观事实：主流价值观所精心营造的革命现实主义文学思想体系，其基本理论框架都是由政治革命家来完成的，文艺理论家对此几乎是无所作为。他们承担的全部使命，只不过是以文学艺术的通用术语，去诠释或论证政治革命家对于文学见解的科学性和正确性，仅此而已。尤其是建国以后，所有出版的有关文学艺术理论方面的书籍，无一例外都是《讲话》精神的翻版或展开，文艺理论家无一例外的都自觉自愿地放弃了自己运用文学话语去进行艺术思考的神圣权力。这种不负责任的文学放逐行为，是促使新中国文学与政治一体化结盟的根本原因之一。惨痛的历史教训已经告诫人们，中国文学的现代化，首先还不是一个现代文论体系的创建问题，而是一个文学基本观念的理论还原问题；只有彻底断裂文学与政治的非理性联盟关系，恢复文学纯粹的艺术审美功能，我们才能运用独立的文学话语去建构真正属于艺术范畴的文学理论体系。这是我们对于未来中国作家和理论家的热切期待，也是我们对于21世纪中国文学的真诚寄语。

第三节　百年主流意识形态文学的展现形式

随着中国现代作家思想的转向和新的文学理论体系的形成，主流价值观对于20世纪中国文学创作实践的巨大影响，也逐渐地显现出来。从30年代开始，左翼文学运动便以全面超越的思维态势，首先用集体理性意识对“五四”新文学的个性独立意识进行了全面的修正，并通过阶级斗争人生哲学的高扬，充分展示了无产阶级改造世界征服人类的政治理想。而解放区文学在集中消解人的个性意识的同时，则对改造世界的社会主体力量做了重新的价值认定：他们把农民群体作为中国无产阶级革命的惟一载体，赋予农民——尤其是被认为具备了无产阶级世界观的新型农民，以彻底的革命精神和思想的前卫性；在艺术上精心去营造未来美好的人类家园，追求英雄主义的完美意识与理想主义的浪漫情愫。而50年代后的新中国文学，不仅全面强化了左翼文学和解放区文学所有的政治理念，而且也开始以一种极强的政治偏见，将知识分子视为是人格上存在着巨大缺陷的社会弱势群体，并彻底消解和否定了他们自“五四”以来所形成的思想先驱者的原有身份。这一切艺术审美特征，随着时代的发展逐渐被演绎成了一种固定不变的创作模式，从而使20世纪中期以后的中国文学创作，呈现出一种畸形发展的历史局面。

当我们把目光投向历史，去寻找主流价值观的具体艺术实践行为时，我们自然不能忽视早期无产阶级革命作家的存在意义。如蒋光慈、洪灵菲、华汉、殷夫、胡也频、柔石、叶紫、蒲风等人，这些为政治信仰而进行写作的年轻作家，他们不仅是作为历史的亲历者，而且更是作为历史的参与者，甚至不惜用生命为代价去实践自己崇高而神圣的社会理想。他们的艺术构思带有高度自觉的政治使命意识，追求“客观”表现重大的时代背景，生动展示无产阶级革命运动的蓬勃发展，充分肯定阶级斗争的现实意义。如胡也频的《光明在我们的前面》，表现的是上海“五卅运动”的宏大场面；蒋光慈的《少年飘泊者》，表现的是京汉铁路工人大罢工的雄伟壮举；而叶紫的《丰收》、《火》和蒲风的《茫茫夜》，则是描写农民不堪忍受地主阶级的压迫而奋起反抗的农村革命风潮。这些文学创作题材，都与当时中国无产阶级政治革命的中心工作，保持着息息相关的内在联系。在早期无产阶级革命作家的创作中，他们已经开始注重新型革命英雄人物的艺术形象塑造和典范意义推广，如蒋光慈笔下的李尚志（《冲出云围的月亮》）、胡也频笔下的施洵白（《到莫斯科去》）和叶紫笔下的刘翁妈（《向导》）等，他们已不再是“五四”时代的“愚民庸众”式的社会公众形象，而是被赋予了极高的政治素质——出身贫寒苦大仇深且具有强烈的革命要求，属于无产阶级革命的基本力量；他们自愿接受马克思主义或无产阶级革命思想的影响，都具有崇高的政治觉悟和坚定的阶级立场；他们的理想奋斗目标十分明确，并且愿意为此而自我牺牲。这些理想主义色彩极浓、精神境界高尚的艺术形象，基本上确立了后来无产阶级革命文学英雄史诗的完美法则。与此同时，早期的无产阶级革命作家，他们本人虽然都是知识分子出身，但他们却自觉地站在工农大众的立场上，反复强调小资产阶级知识分子世界观改造的必要性，似乎以此来表明自己已经获得了无产阶级革命意识。因此，在他们的笔下，知识分子明显被置于游离社会政治革命中心的边缘地带，他们（如《冲出云围的月亮》中的王曼英，《光明在我们的前面》中的白华，《二月》中的陶岚和肖涧秋等）思想上虽然也具有向往革命的主观要求，但是生性喜好空谈，情感十分脆弱，当然不可能自然转变成为真正的革命者；必须让他们经过挫折与磨难（个人英雄主义神话的破灭），并接受无产阶级的政治启蒙和精神洗礼（在作品中体现为共产党人的耐心启发教育），才能使他们走上正确的革命道路。因此，在早期无产阶级革命文学的艺术画廊里，知识分子假若未被明确其无产阶级的政治身份，原则上只能是作为工农革命英雄形象的衬托而存在。左翼革命作家的创作，虽然忠实地贯彻了革命现实主义“反映论”文学观的指导思想，但他们作品所表现出的“革命+恋爱”式的浪漫主义审美倾向，又同时受到了来自社会方方面面的严厉批评。尤其是"左联"内部的批评意见，显得更为尖锐激烈。按照常规的道理，左翼人士本不应该对自家阵营所发生的"革命的浪漫谛克"进行责难，因为它毕竟是无产阶级政治革命理论在中国最早的艺术实践。当人们纷纷去严厉指责它"把现实的残酷的革命斗争神秘化、理想化、简单化、公式化、抽象化，甚至庸俗化"，并认为它在政治上与艺术上都表现了极为幼稚和不成熟时①，我觉得左翼批评家的理论基点，大体上是在遵循着这样一种逻辑思维方式："革命"属于无产阶级的集体主义精神理念，而"恋爱"则属于小资产阶级的个人主义情调，两者之间是一种无法调和的矛盾对立关系。左翼理论家一再反复强调，无产阶级革命作家不是不能去描写"恋爱"，而是他们必须正确区分知识分子个人的"恋爱"与无产阶级群体的"革命"，在特定时代背景下的主从关系；如果过分张扬个人情感体验在文学创作中的重要性，势必会从客观上误导广大读者对于无产阶级革命性质的理解和对于阶级斗争残酷性的认识。这恐怕才是左翼革命理论家也加入到批判"革命的浪漫谛克"行列的根本原因之所在。

解放区文学是左翼革命文学的一个合理发展，同时也是主流价值观的一种区域性的广泛艺术实践。它不仅全面强化了文学对于无产阶级政治革命的绝对依从关系，而且还以其巨大的影响改变了中国现代文学的历史进程。众所周知，解放区在中国现代史上是一个独立存在的行政区域，它所实行的制度本身就是无产阶级政治意志的集中体现；那么它对文学创作的政治意识形态化要求，自然要比"左联"时期更为强烈，并且具有更大的现实背景和自由空间。解放区的本土作家（如赵树理、李季、孙犁、柳青等）以其对于革命文学的质朴理解，率先在创作实践方面进行了一种

① 参看华汉：《地泉·序》，1932年湖风书局重印版。

作家与革命全面对话的艺术试验；与此同时，深受早期无产阶级革命文学影响的大量左翼作家（如丁玲、肖军、周立波、草明等人）也纷纷投奔解放区，他们在经过了无产阶级世界观的改造（无论是主动的或被动的）之后，则从质量和数量上大大加强了解放区文学创作的基本队伍。因此，解放区文学与左翼革命文学相比较，已呈现出以下明显不同的特点：

首先，解放区文学的创作立足点，已由左翼革命文学时代那种主要反映大都市中轰轰烈烈的工人运动，完全转向了对农村土地革命斗争的生动描绘和艺术再现，开启了农民作为革命文学绝对表现主体的历史新纪元。如赵树理的《小二黑结婚》和《李有才板话》、李季的《王贵与李香香》、阮章竞的《漳河水》、丁玲的《太阳照在桑干河上》、周立波的《暴风骤雨》、康濯的《我的两家房东》、柳青的《土地的儿子》、袁静与孔厥的《新儿女英雄传》、马烽与西戎的《吕梁英雄传》等作品，就是这一特定历史时期的杰出产物。解放区作家不同于左翼革命作家，他们不是简单肤浅地表现农民群体不甘忍受屈辱的盲动造反意识，而是深刻反映了在中国共产党的正确领导之下，中国农村所发生的翻天覆地的巨大变化，生动展示了农民——尤其是新一代农民阶级意识的觉醒和革命热情的高涨，以及他们奋起反抗恶霸地主和反动势力的剥削压迫，自觉参加无产阶级的革命斗争并成为其中坚力量的历史必然性。毫无疑问，解放区作家对于农村生活题材的重视，与毛泽东的《讲话》有关。毛泽东反复强调革命的文学艺术要为工农兵大众服务，并将其视为一个作家的世界观和阶级立场问题。然而，20世纪中期的中国社会，现代工业文明极不发达，产业工人少得可怜，解放区就更不用说了。据有关资料统计，到1944年为止，陕甘宁边区只有小工厂102个，从业工人7388人，且他们都是些小手工业生产者，基本上是由农村的剩余劳动力转化而来，并未彻底改变他们原有的农民属性。[①] 而“兵”的主体成分（尽管毛泽东对于士兵所隶属的不同阶级集团，使用“革命”和“反革命”的词语来加以区分）只不过是农民的一种特殊角色的临时转换，用毛泽东的原话来说，就是“武装起来的农民”。因此，“文艺为工农兵大众”服务的最终落脚点，实际上就变成了文艺为农民大众服务。既然农民是中国无产阶级革命和文学毫无争议的客观主体，那么对于农民的思想态度便成为了一个政治原则性的立场问题。所以，解放区作家对于农民题材所表现出来的群体创作热情，从一个侧面深刻地反映了主流价值观在中国现代文学发育过程中的带有决定性意义的审美导向作用。

其次，解放区文学创作也推崇革命的英雄主义，注重革命英雄形象的典型示范效应。但与左翼革命文学因缺乏真实革命斗争的生活体验，只能以主观理念去凭空创造理想化的完美英雄人物有所不同，解放区的本土作家绝大多数人都是工作在革命一线的基层干部，他们往往从自己所亲见闻的现实生活入手，去发掘普通人物身上存在的英雄素质，追求革命英雄主义理想的阶级群体化行为。在解放区作家的笔下，英雄人物的思想品质是完全相同的，但按其职业分工大致可被划分为两种类型：一类是党在农村工作中的基层干部，如《李家庄的变迁》中的铁锁、《李有才板话》中的老杨同志、《高乾大》中的高生亮、《太阳照在桑干河上》中的张裕民、《暴风骤雨》中的郭全海、《种谷记》中的王加扶等艺术形象，他们有着复杂的人生阅历：全都是贫苦农民出身，饱受反动地主的压迫和欺侮，在黑暗的旧社会妻离子散家破人亡；参加革命以后，接受了党的教育，开阔了自己的政治视野；他们忠诚于党的革命事业，焕发了极大的工作热情，积极投身于尖锐复杂

① 参看《抗日战争参时期陕甘宁边区的公营工业》，《西北大学学报》1981 年第 2 期。

的现实阶级斗争；他们的文化水平不高（有的根本就没有文化），但却能够很好地掌握贯彻党的农村政策，完成自己所承担的政治使命；无论遇到什么样的困难或紧急危难关头，他们总是能够以坚韧不拔的超凡精神力挽狂澜，带领人民群众走向最后的胜利。另一类是富有传奇色彩的战斗英雄，如《洋铁桶的故事》中的吴贵、《吕梁英雄传》中的雷石柱和孟二楞、《新儿女英雄传》中的牛大水、《腹地》中的辛大刚、《荷花淀》中的水生、《王贵与李香香》中的王贵、《一颗未出枪膛的子弹》中的红军小战士等艺术形象，他们也都是贫苦农民出身，虽然年轻但却英勇无比足智多谋，每个人身上都有着一个令人感叹的动人故事：或来无影去无踪神机妙算把敌人打得魂飞魄散惶惶不可终日（如吴贵、雷石柱、牛大水、水生），或面对敌人的严刑拷打面无惧色大义凛然视死如归（如孟二楞、王贵），或大智大勇聪明过人以一当百神奇解难转败为胜（如辛大刚、红军小战士）。在解放区作家的笔下，无论是党的基层干部还是富有传奇色彩的战斗英雄，都是他们不折不扣地贯彻《讲话》精神、逼近革命斗争实际、亲自体验生活，并把思想的立足点移到农民立场上的实际行动的具体表现。他们所塑造的这些艺术典型，在火热的革命战争年代，客观上以其艺术宣传的社会示范作用，对于无产阶级取得全国革命的彻底胜利，起到了一定的积极促进作用，这是一个不可否定的历史事实。但是，我们从解放区文学作品中也不难发现，那些原本就是些普普通通的农民被升华为完美的革命英雄形象之后，他们身上所承袭的传统文化的种种致命弱点，明显被人为地加以削弱和淡化，而他们思想上的所谓革命优良素质和现代性前卫意识，则被主观地拔高与强化了。与此相反，知识分子几乎被解放区作家完全排除在革命英雄的表现群体之外，即使偶尔涉及也是作为被批判和否定的对象（如《太阳照在桑干河上》中的工作组长文采），他们存在的全部意义，也仅仅是以其小资产阶级思想意识的落后性，去衬托农民革命英雄形象的高远精神境界。

最后，解放区文学创作以其强烈的理想主义浪漫色彩，向世人昭示着无产阶级革命文学艺术审美风格的日臻成熟。与左翼革命文学的感伤浪漫主义倾向完全不同，解放区文学以一种健康活泼、乐观向上的激扬格调，生动表现了根据地人民崭新的精神生活面貌和思想道德情操。解放区文学的理想主义浪漫色彩，有着强大的政治背景和坚实的生活基础：革命根据地的全新景象与国统区的黑暗现实所形成的巨大反差，为广大革命作家描写未来新生活提供了极其广阔的艺术想象空间；另外，革命现实主义“反映论”文学观的审美原则，又使他们完全可以根据自己对于现实生活的主观理解，去创造艺术感觉上的“真实”。因此，生活的原有状态已不再是他们主要关注的创作焦点，而历史的必然性和未来的可能性才是他们真正的艺术追求。正是在这种思想认识的支配之下，解放区作家对于浪漫主义表现出了极大的创作热情。孙犁就曾公开指出：“今天要不要浪漫主义的渲染？在我们有了基础，有了技术，同时又有适合浪漫主义的题材是可以的。当然，我们的浪漫主义是积极的浪漫主义，我们渲染的目的是要加强人民的战斗意志。浪漫主义适合于战斗的时代、英雄的时代。这种时代，生活本身就带有浓烈的浪漫主义色彩。”① 孙犁的观点在当时是很有代表性的，也可以说是对解放区文学创作的一个高度的总结。比如《小二黑结婚》的故事原型，是边区发生的一桩守旧势力迫害青年男女自由恋爱的现实生活悲剧，则被赵树理按照自己对新型农民所应具有较高政治觉悟和思想素质的主观理解，改编成了一对青年男女在人民政府的支持下，战胜了老一辈的封建迷信观念和社

① 《论战时的英雄文学》，《孙犁文集》第6卷，百花文艺出版社1982年版。

会上的丑恶势力，使有情人终成眷属的政治喜剧，并在解放区和国统区的广大读者中产生了极其强烈的社会影响。究竟应该怎样去看待赵树理的这种任意“曲解”生活本真的做法？周扬于兴奋感叹之余，对此作了这样的解释：“作者是在这里讴歌自由恋爱的胜利吗？不是的！他是在讴歌新社会的胜利……讴歌农民中开明、进步的因素对愚昧、落后、迷信等因素的胜利，最后也是最关紧要，讴歌农民对封建恶霸势力的胜利。”① 十分显然，周扬是从典型化的创作原则出发，对赵树理的“曲解”行为进行辩护的。既然悲剧写成喜剧可以从理论上得到支持，那么将革命战争的残酷性写成英雄主义的抒情性也就未尝不可了。故《王贵与李香香》、《我的两家房东》、《无敌三勇士》、《洋铁桶的故事》、《吕梁英雄传》、《暴风骤雨》等作品，无一不散发着浓浓的浪漫主义气息；而孙犁的《荷花淀》和《芦花荡》对战争场面极端理想化的描绘，更是代表了解放区文学革命浪漫主义艺术表现手法的最高成就。

主流价值观在解放区文学创作中的成功实践，仅就40年代中国社会特定的历史背景而言，它无疑是具有积极的时代意义的。因为从政治的角度来讲，残酷的革命战争需要英雄主义作为人们坚强的精神支撑，解放区文学正是以艺术形象的审美方式，反映了这种革命时代的政治要求。另外从文学自身的角度而言，“五四”以来中国作家一直都是在以人文主义的启蒙精神，集中精力对中国人几千年来的传统农民意识进行批判和否定，这不仅使中国现代文坛呈现出一派压抑和沉闷的悲凉气氛，同时也使文学创作的艺术风格十分单调；解放区文学所表现出的清新质朴乐观向上的浪漫主义文风，客观上促进了中国现代文学艺术追求的丰富多样性。对此我们应该站在公正的学术立场上，给予实事求是的

① 《论赵树理的创作》，1946年8月26日《解放日报》。

科学评价。建国以后的新中国文学则完全不同了，新中国文学虽然从题材、主题、表现方法等方面都全面继承并拓宽发展了解放区文学的创作路子，但无产阶级政治革命的全面胜利不仅使它从在野文学迅速转变成了官方文学，同时也从客观上证明了它的文学理想与艺术追求的正确性。所以作为胜利者它必然要以其强烈的排他性和权威性，来维护自己创作信念的惟一正确性和历史永恒性。当它最终彻底清除了文学上的一切非无产阶级的思想观念，并将革命的理想主义和革命的浪漫主义发展到了极端化的地步时，主流价值观文学也便逐渐走向了僵化和衰落的绝路。

新中国文学是解放区文学的合理发展和纵向延伸。沉浸在胜利喜悦之中的新中国作家，他们对主流价值观已不再存有任何怀疑。艺术“工具论”的思想此时完全征服了整个中国文坛，文学创作的政治话语模式也基本形成。新中国文学的一个最重要的主题，是革命英雄史诗的艺术建构，所以描写革命战争和革命英雄主义题材的作品，在数量和质量上都表现得异常繁荣。这是由于建国以后，人们已经渐渐地远离了烽火硝烟的革命战争年代，胜利者一方面出于自己怀旧情绪的客观需要；另一方面也需要后代铭记他们开国建业的丰功伟绩。因此，新中国文学创作就必须责无旁贷地承担起维系历史与现实对话的新的历史使命。如梁斌的《红旗谱》、杜鹏程的《保卫延安》、吴强的《红日》、峻青的《黎明的河边》、雪克的《战斗的青春》、曲波的《林海雪原》、刘知侠的《铁道游击队》、李英儒的《野火春风斗古城》、冯德英的《苦菜花》、刘流的《烈火金刚》、冯志的《敌后武工队》等作品，表现的都是些革命英雄主义的传奇故事，他们以丰富的艺术想象力，尽情地讴歌了时代胜利者的主观意志。从表面上来看，这些英雄传奇与解放区文学的英雄传奇并无质的差别；但解放区文学的英雄主义创作动机，只是追求一种鼓舞革命斗志的形象化艺术。而新中国文学大肆营造革命英雄史诗的艺术审美体系，则是要以一种艺术形象化的形式来创造和凝固无产阶级革命的过去历史。正是出于巩固新生政权的政治需要，新中国文学作家以其对政治革命的虔诚信仰，极力去表现革命英雄从落后农民到革命战士再到无产阶级政治革命家的人生成长道路，尽可能将他们的思想道德人格塑造得完美无缺（《红旗谱》在演绎朱老忠革命人生的发展历程时，便是遵循这样的创作思路），并使革命英雄的艺术形象也由民间的“传奇”发展到了阶级的“神话”（《林海雪原》中的杨子荣，就是现代英雄神话传奇氛围中最成功的典型范例），直至完全脱离了现实生活的原有基础，最后变成了令人仰望的完美圣人。以“反思”极左思潮起家的新时期文学，似乎并没有完全消解革命英雄主义的传奇神话，如蒋子龙的《乔厂长上任记》、柯云路的《新星》、陆天民的《苍天在上》等作品，主旋律文学所精心创造出来的种种清官形象，都是革命英雄史诗建构的现代表现形式。又如主流意识形态极力推荐的大量以无产阶级政治革命家非凡的人生经历为题材的文学作品，同样也是一种革命英雄神话传奇的历史延续。不同的只是革命英雄已不再是新时期文学艺术表现的惟一形象主体，个人英雄主义和民族英雄主义题材的作品也大量涌现（如莫言的《红高粱》、张承志的《心灵史》、张炜的《九月的寓言》等）。如果我们将新中国文学史诗建构的本质还原为对现代农民革命的历史复述，它自然是属于一种历史的过去时态；而对于新中国农村和农民问题的强烈关注，则必然又成为摆在广大作家面前的全新课题。新中国前三十年的文学，从充分肯定农民在中国革命过程中的绝对领导地位的认知立场出发，也极力展现他们对于中国现代化的全面推动作用。作家们按照自己对于农民思想境界的主观理解，刻意去表现翻身得解放后的中国农民自觉追求社会主义理想信念的伟大壮举。如赵树理的《三里湾》、柳青的《创业史》、周立波的《山乡巨变》、陈登科的《风雷》、胡正的《汾水长流》、李准的《李双双小传》、浩然的《艳阳天》和《金光大道》等作品，都曾在五六十年代产生过极其强烈的社会反响。这些作品赋予了农民很高的政治觉悟，他们性格淳朴敦厚思想完美无缺，不仅是党的方针路线的热烈拥护者和坚决执行者，并且清醒地意识到只有走社会主义集体合作化的道路，才是中国农民彻底摆脱贫困状态的根本出路。从梁生宝、刘雨生到萧长春和高大全，作家似乎在告诉人们这样一个简单的道理：新中国的农民已永恒地诀别了传统农民的落后形态，他们作为“党的忠实儿子”，身上都凝聚着“当代英雄最基本、最有普遍性的性格特征”。[①] 纵观建国后三十年的文学创作，无论是革命战争年代中的农民战斗英雄，还是现代生活中的农村改革英雄，作家基本上都是在营造一种艺术化的政治理念，甚至于不惜以牺牲他们的个人情感和人性真实作为代价，这必然会使其缺乏文学形象的真实感和审美张力，所以新中国前三十年的文学创作，就其总体特征而言，它的政治导向意义要远大于它的艺术审美意义，这已是一个不争的历史事实。一直到了新时期高晓生的《陈焕生上城》问世，农民思想人格的完美性和前卫性的革命神话才又被打破，“五四”时期启蒙教育农民的落后意识，探索农民文化与传统文化之间无法割裂的内在血缘关系的文学创作主题，也开始重新受到广大作家的高度重视。

探讨当代中国文学农民革命英雄史诗的同时，我们自然不能忽视这样一个令人难以置信的历史现象：在新中国前三十年的文学创作中，真正从正面去描写知识分子主题的作品总共只有两部，一部是杨沫的《青春之歌》，另一部是汉水的《勇往直前》；前者

① 柳青：《提出几个问题来讨论》，《延河》1963 年 8 月号。

往往被划入革命历史题材的范围，而后者则又显得十分的不成熟，几乎可以说是个艺术表现的空白点。知识分子在文学创作领域中被正面表现权利的历史缺席，固然有着众多政治上的复杂原因，但最根本而又最直接的原因，则是中国现代农民政治革命取得了最终胜利以后，作为他们思想对立面的知识分子阶层自然要受到胜利者的冷嘲热讽和政治歧视。所以《青春之歌》能以其题材的惟一性进入到无产阶级革命文学的红色经典作品之列，也许多少能给我们一些必要的启示。杨沫本人就是一个出身于大地主家庭的知识分子，她以自己的生活经历为原型，成功地塑造了林道静这一知识分子的叛逆形象。《青春之歌》的故事题材本身并无什么太特别的地方，基本是“五四”以后中国现代文学个性解放创作母题的自然延续；但杨沫却将林道静置放于中国现代革命历史变迁的大环境中，去表现小资产阶级知识分子是怎样经过痛苦的抉择，最终成长为无产阶级革命战士的艰难思想历程。值得注意的是杨沫通过对林道静世界观转变的清晰描绘，自觉地将知识分子革命意识的获得与无产阶级（主要还是农民群体）的政治启蒙联系在一起，全面反映了集体理性意识对个性独立意识的彻底征服。杨沫和林道静对于无产阶级革命的理想追求应该说是绝对真诚的，人们不必因对政治抱有这样那样的看法而去对其严加斥责。但恐怕连杨沫自己本人也未曾料到，林道静由知识分子立场彻底转向工农大众立场的革命壮举，一夜之间竟成了所有知识分子学习的榜样。而一部《青春之歌》的客观政治效应，也使启蒙者和被启蒙者的社会位置发生了根本性的变异。直到新时期文学人文精神的全面复苏，知识分子的价值和作用才又重新得到社会的正面认识与公正评价。尤其是徐迟的《歌德巴赫的猜想》和谌容的《人到中年》等作品，以沉重压抑的笔调书写了知识分子的社会责任感和悲剧命运，以及他们在极其恶劣的环境下攻克世界尖端科学技术的顽强拼搏精神，终于使人们明白了知识分子在中国现代化过程中所应具有的历史地位。新时期文学对于知识分子精英意识的重新确立与理解，是与对农民英雄神话的深层次解构同时进行的。宽泛的人文主义价值观与狭隘的主流意识形态价值观的撞击交流，大大消解了政治文学一统当代中国文坛的原有能力；文学艺术思维的空前解放，则直接促进了新时期文学多样化局面的形成。主流价值观思想意识形态体系，最终在世纪之交的历史转折点上，还原为文学多样性精神生态领域中的一种价值观念形态，并在中国文坛上重新寻找到了属于自己合理的生存空间。

全面探讨主流价值观与20世纪中国文学之间的内在关系，认真分析中国文学现代转型过程中的经验教训，这在当前无疑是具有极为深刻的现实意义的。因为它毕竟是中国现代文学发展史的主体部分，对它的公正评价就意味着我们对百年中国文学性质的科学认识，学术界对此问题的重要性自然是十分清楚的。但是由于种种主客观方面的原因，人们一直都在逃避对于这一问题的深入探讨，致使目前流行的各种版本的《20世纪中国文学史》，在描述百年中国文学发展演化的整体历史进程时，都缺乏必要的理论深度和内在逻辑性。这不能不令人感到深深的遗憾。我个人认为，主流价值观与20世纪中国文学发展史的结盟前行，既然是一种无法回避的客观存在，那么就必然有着它自己的充足理由；文学理论家应该以实事求是的学术态度，去对这段已经发生过的历史做出科学与理性的解释。我们已经为此而等待了太久的时间，我们现在必须打破沉默，用自己的真诚和个性去重新解构历史，认真总结它的功过是非与经验教训。只有这样，我们才能为21世纪中国文学的健康发展，为中国文学的迅速走向世界，打下坚实而牢固的基础。因为一个凝固历史不思反省的民族，绝不会成为一个文明进步的民族。

第四章

百年中国文学批评的思想理论体系

20世纪中国文学批评，是在西方近现代文学思潮的影响和引导下，逐渐走出古典主义的封闭体系，不断寻求自身现代化并走向世界的一种过渡转型期文学现象。20世纪中国文学批评，不是中国古代文学批评的自然流变或自然进化过程，无论是哲学基础或文学观念，它都表现出强烈的反传统色彩和超越意识，从这一特定含义来讲，它无疑具有现代性因素。但20世纪中国文学批评，也不是西方近现代文学批评体系的简单移植，由于近百年来中国社会文化背景的特殊性与复杂性，它对传统的超越以及对西方的接纳是有针对性和选择性的，这在很大程度上又决定了它所具有的现代性，其本质仍是一种不完全、不彻底的现代性。所以，传统的与西方的、近代的与现代的、外在的与内在的等等矛盾因素的对立组合，便构成了20世纪中国文学批评的基本性质和显著特征。

第一节　百年文学批评理论的精神资源

20世纪中国文学批评之所以呈现出复杂而矛盾的本质特征，首先是由本世纪中国的特殊国情所决定的。

20世纪的中国，的确是以一种全方位开放的姿态去拥抱世界，并且在不断克服自身局限性与狭隘性的过程中，试图实现与世界现代文明体系的对接并轨。然而，这种历史性的转变又因缺少与西方平等对话的现实条件，即我们一直都是以思维的滞后性去诠释西方的现代性，进而发展到以强调自身现代性的特殊性来对抗世界现代性的普遍性标准。其结果是中国人虽然已经“睁开了眼看”世界，但却始终难以真正立足于世界；主观上想要赶超西方，客观上却一直落后于西方。中国社会的现代文明程度是如此，中国的现代文学与文学批评也是如此。近百年来，中国现代化的历程反反复复几经挫折，究其根因，正是我们对于时代发展的演化规律缺乏深刻而清醒的理性认识。因为中国社会的转型与西方完全不同。西方社会的转型自文艺复兴运动以来，有着五百年时间的历史经验积累，它在取得了反封建的彻底胜利和完成了工业化革命以后，自然而然地进入到20世纪的现代社会形态。中国则不然，它的起步伊始，便面对着一个已经现代化了的西方世界，现代化也以一种给定的方式成为效法的硬性标准。由于我们缺乏历史的过渡性，全盘照搬西方的现代化模式绝无可能，但按部就班自我进化，也因外界强大的推动力而变得不现实。所以，中国社会的转型是在模仿与借鉴西方的基础上，补课与超越同时并举，近代与现代因素共容并存，其总体特征，与文艺复兴以后的欧洲社会更为相似。尽管在历史共时性的原则作用下，20世纪的中国也充满着许多真正属于现代性的东西，但作为社会主体的人的现代化仍远未实现，这必然会影响到中国现代化的速度与进程。这也决定了20世纪的中国，并未进入到真正意义上的现代社会阶段，它的过渡转型期仍在继续和延伸。长期以来，理论界所争论过的所有重大命题，都应归结到这一焦点上加以解决。

20世纪中国社会形态的复杂性，从根本上限定了人们的思维方式与认知态度，并促进了本世纪中国哲学的实用主义品格的形成。而这一哲学的实用主义品格，又反过来成为20世纪物质文化生活的精神支柱，以及社会意识形态的理论基础。

从20世纪初开始，伴随着西方哲学思潮的大量涌入，以“儒、道、释”为核心的中国古代哲学体系发生了根本性动摇。特别是“五四”新文化运动的彻底反叛精神，使中国哲学告别了传统转向了西方。可以毫不夸张地说，20世纪中国哲学并没有形成自己的理论体系，几乎全都是西方近现代哲学的移植或变体。近百年来，西方各种近现代哲学思潮都曾传人我国，无论是康德、黑格尔、达尔文、马克思，还是尼采、杜威、弗洛伊德、萨特，都为中国知识界与理论界所熟悉、所引用。但是，真正对中国社会生活发生深刻影响的，还是那些实用性质极强的社会哲学，而不是那些具有超越性质的纯理念哲学。造成这种现象的主要原因，一方面是中国传统哲学中的实用主义特性余情未尽；另一方面是转型期社会浮躁心态的必然选择。所以，20世纪中国人的思维认知方式，都以直观感性为基点，去观察研究事物的外部结构特征，而无法切入人的精神世界，去从主体精神的内部结构分析判断事物的本质。这无疑会影响我们对于客观世界与宇宙自然认知的深度和广度，严重阻碍着以主体意识高度自由为标志的现代意识的生长与发展。尽管也曾有人试图在主体哲学与社会哲学之间做些调和，但贫瘠的文化土壤所培育出来的中国人的思维认知能力，使其不可能深层次地介入主体哲学的崇高境界，20世纪中国社会的精神生活领域，也因缺少纯理念的主体哲学体系的支撑，而变得单调和乏味。

20 世纪中国哲学的实用主义品格，其形成和发展经历了一个自然演化的变革过程。根据不同的时代需要，选择不同的社会哲学作为理论基础，从而形成不同时代的文化风貌。晚清至“五四”期间，是中国思想界大变革和大开放的时期，各种哲学思潮纷纷涌入，但真正为中国思想界所接受的，却是达尔文的进化论。1898 年严复编译的《天演论》的出版发行，在中国社会产生了巨大的轰动效应。康有为、梁启超、胡适、鲁迅等先驱者，正是受进化论思想的启示，彻底打破了“天不变道亦不变”的千古训条。康、梁在政治领域中提出了“变法维新”的改良主张，陈独秀、胡适、李大钊等在文学领域中发动了“文学革命”的启蒙运动。中国的传统哲学也正是在全国上下一致呼“变”的呐喊声中，退出历史舞台的。梁启超的《变法通议》与《新民说》，其理论依据是进化论哲学；胡适、陈独秀的“文学革命”主张，其发难动议也是进化论哲学；鲁迅早期的杂文与小说，其思想内涵更是进化论哲学。中国人之所以对进化论哲学表示出强烈的认同感，是因为它完全符合 20 世纪中国社会变革的实际要求。“五四”时期“科学”与“民主”的思想、“个性解放”的主张，甚至于“改造国民性”的启蒙主义要求，都只有从进化论的角度才能得到合理的诠释。20 年代末至 30 年代初，苏俄式的马克思主义社会实践哲学系统传入我国，并逐渐发展成为 20 世纪中后期的中国哲学主潮。对于马克思主义社会实践哲学的接受与消化，也是出于中国社会革命实践的实际需要。因为在进化论哲学的引导下，中国的社会历史形态完成了它的转型启动工作。然而，推翻了封建政体，中国将向何处发展？当时社会各界没有形成统一的见解，而马克思主义的社会实践哲学，则以其通俗性、适用性和可操作性，受到思想界和知识界的青睐。马克思主义的社会实践哲学，原本是人类社会文明遗产的高度概括与总结，是一种开发性结构体系，但它在中国化的过程中，却被演变成绝对永恒性与绝对排他性。从阶级斗争的原则立场出发，无产阶级的思想（一种理论的抽象）是绝对真理，资本主义社会的一切文化遗产均被冠以唯心主义的名号加以排斥，或被视为腐朽没落的东西遭到抛弃；从集体主义的原则立场出发，个人的解放应与全阶级、全民族的命运联系起来才有意义，个性意识逐步被群体意识所消解。显然，这种苏俄式的马克思主义社会实践哲学，在一个很长的时间里对中国人的精神生活起了极为重要的支撑作用，但它却以顽固的封闭性和狭隘性，人为地中断了中国社会现代转型的合理进程。几十年来，中国思想界与文化界的历史斗争运动，均根生于此；中国与世界距离的拉大，也是根生于此。直到新时期，马克思主义的社会实践哲学才被恢复它原有的面貌。它不再是作为惟一或绝对而存在；相反，它以其宽容性和开放性兼容了世界一切优秀的文明遗产。近二十年中，随着中国化的马克思主义社会哲学的自我修正，西方其他各种流派的哲学观念也开始真正进入到中国人的精神生活领域，从而形成了自“五四”新文化运动以来，中国思想界与文化界又一次空前生动活跃的新局面。西方各种哲学观念的介入，极大地拓展了中国人的思维空间，同时也极大地提高了中国人的认知能力与创造能力。由于这次思想解放运动的社会文化背景是中国的全面走向世界，所以更加加深了中国人对于现代化的基本内涵——主体意识现代化的理性认识，没有人的现代化，其他一切无从谈起。这是对“五四”人文意识的弘扬和深化。哲学的品质在于它的超越性和纯粹理论性，它是对物质世界和精神世界感悟体验的精华；任何一种新的哲学思潮的兴起，都会预示着一场思想革命的到来。从这一意义上讲，新时期对西方各种哲学思想的引进，仍是出于加速社会转型的实际需要；它不是也不可能是自我创新的产物，滞后的模仿必然决定着它的实用主义品格。这也是本世纪中国哲学未能完全摆脱近代性的重要原因之一。

第二节 百年文学批评理论的核心命题

20 世纪中国哲学的实用主义品性，直接导致了中国文学观念的实用主义倾向。近百年中，文学观念的最大转变，是用现代的社会文学取代了古代的士大夫文学。人们对于文学性质与功能的认识，也在社会革命的实践过程中逐渐形成系统走向深化。20 世纪中国文学批评，在西方近代写实主义与苏俄模式的现实主义影响下，从一开始就奠定了它的实用主义审美标准，并以“反映论”、“真实论”、“典型论”等基本范畴，建构起20 世纪中国现实主义文学的理论框架。

“反映论”是社会实践哲学的派生产物，也是中国社会革命对文学提出的客观要求。所以，从 20 世纪初开始，文学批评的价值尺度与审美标准便将文学定位于社会，使其成为现实生活的一种艺术性再现模式。“反映论”的理论依据，先是西方的“镜子说”、“模仿说”、“再现说”，后是马克思主义关于文学起源于劳动的理论推断。“反映论”的基本内涵，是强调文学对于现实的绝对依赖关系，文学不能脱离现实而孤立存在，它来自于生活又反作用于生活，故现实生活对文学创作起着决定性的作用。“五四”前后，人们对于文学与社会生活关系的认识，受西方近代写实主义文学观念的影响，以泛人道主义的同情心，将文学的视角扩大到了社会生活的各个领域。它要求文学反映生活是无条件的、全方位的，既包括“上流社会的堕落”，也包括“下层社会的不幸”，这无疑使 20 世纪中国文学顺从了启蒙主义的时代要求，从它的始发阶段便具备了强大的社会批判功能。30年代以后，随着马克思主义阶级斗争学说的输入和苏俄模式的现实主义文学观念的确立，“反映论”的基本内涵逐渐被缩小。文学不再是对社会主体的反映，而是转向对阶级主体的反映；文学反映现实不再是无条件的了。阶级意识的参与使文学审美的实用主义品格更加突出，文学的社会批判功能也因阶级集团的对立而被转化为批判与歌颂两种截然相反的倾向性。以后，又因批判功能为歌颂功能所消解，“反映论”的视角也变得狭隘与肤浅起来。当文学完全被演化成某一特定阶级意识形态的传声筒和宣传工具时，“反映论”的内涵则发生了质的变化——它脱离启蒙主义的使命，丧失了其社会批判功能，几乎又返回到了“文以载道”的传统老路，形成了新古典主义文学的典型特征。新时期文学批评界在对文学反映社会生活这一命题的认识上，表现出了相当大度与宽容的姿态，文学所反映的社会生活，也呈现出多元化与丰富性。尽管受意识形态的制约，文学反映现实生活在某种程度上仍还有一定的政策导向加以限定，但随着人的主体意识的进一步深化与升华，人们对于社会生活内容的判定也由物质层面进入到了精神领域，更加自由地去表现自己对现实生活的认识与理解。新时期文学的现实主义，也因此而更加具有开放性和富有弹性。

“真实论”是“反映论”的基本要素，同时也是它最重要的审美尺度。20世纪中国文学批评，在文学应该真实地反映社会生活这一问题的认识方面，基本达成了一致共识：文学应该是客观真实的人生写照，文学也惟有以求真求实为目的，才会具有社会存在价值和艺术审美价值。但在“真实”的具体着眼点——也就是社会生活所应涵括的范围上，则因时代不同而产生了一定认识上的差异。“五四”前后，受西方近代写实主义和自然主义理论的影响，“真实”被理解为对社会生活层面的全景扫描，只要是客观地、不加粉饰地去反映现实人生，自然都是“真实”的。诚如茅盾所强调的那样：“表现社会生活的文学是真文学”（《社会背景与创作》）。由于现实生活中到处充满着黑暗与压迫，所以写出人生的“血与泪”（郑振铎语），意在“揭出病苦，引起疗救的注意”（鲁迅语），从而使文学成为“于人生很切要的一种工作”（茅盾语），这可以说是对“五四”新文学的“真实论”的最好注释。20年代末30年代以后，“左联”批评家对于“真实论”的内涵又重新加以界说，并形成了一种定型规范延续了几十年。从瞿秋白、周扬到胡风、冯雪峰，他们都自觉地从阶级斗争学说的角度出发，认为“真实”是一种本质性的东西，“真实”虽然是一种客观存在，但却不是一种普遍性的存在。所以，作家、批评家必须具备先进的世界观和方法论，才能用敏锐的眼光从生活现象中披沙拣金，抓住生活的本质。同时，由于一个先决条件的介入，即无产阶级的世界观与方法论是最先进和最革命的，其他一切阶级的文学艺术作品，自然也就被视为是虚伪的、非历史本质性的东西并加以批判和扬弃。尤其是建国以后，“真实”被严格限定为既成事实而不容怀疑，从而“真实论”变得僵化教条，形而上学色彩极浓。这种真实论的思维方式，虽然表面上也强调真实的客观性，但其真实的客观性归根结底又是由人的主观意识来判定的，故其仍摆脱不了主观唯心主义的片面性缺陷。新时期的文学批评家，尤其是90年代的中青年批评家，已不再轻易提及“真实论”这一范畴，偶尔提及也是非常的谨慎。因为他们已经意识到“真实”的相对性和丰富多样性是难以穷尽的；文学所能真正表现的“真实”，也只是作家自身情感的“真实”。这种认识上的转变，无疑是20世纪中国文学批评的一个长足的进步。

“典型论”是“真实论”赖以安身立命的根基所在，同时也是“反映论”命题的必然归宿。因为文学作品无论是反映现实生活或揭示社会本质，最终还是要通过典型来完成的。因此，从某种意义上讲，“典型论”是20世纪中国现实主义文学的精髓和灵魂。典型这一概念，在西方近代写实主义文学思潮中，是指对西方工业化进程中所出现的各种类型人物的高度概括与提炼，是特定现实生活环境的艺术浓缩或再现。它仍从属于“模仿说”、“镜子说”的美学范畴。“五四”新文学对于典型的认识与理解，基本上是沿袭西方，即强调典型的社会现实意义，并希望通过典型的示范效用，使文学达到启蒙主义的实用效果。20年代末30年代以后，人们对于典型的定位则大不相同。出于社会革命的实际需求，典型已往往不再是对现实的概括或提炼，而是变成了一种对未来理想的昭示。特别是在苏俄模式的现实主义理论的影响下，革命文学完全脱离了客观现实环境，在“可能性”及“可预示性”的前提下，按自己所属阶级的意识形态的要求去创造典型环境、塑造典型人物，以此来鼓舞人的斗志，树立人的信念，从而使典型成了英雄主义或理想主义的代名词。典型的意识形态概念化，曾使20世纪中国现实主义文学一度带有鲜明的浪漫主义特征，并远离了现实生活。建国以来那些充满着英雄史诗色彩的理想主义作品，大都因其缺乏现实生活的原本质素而被人们所冷落。新时期文学的批评术语中，典型已不再作为文学的基本范畴加以使用，而是更加注重对作家作品的个性分析。因为随着中国人主体意识的不断成熟，个性意识已变得越来越明显，典型的共性原则及典型的理想化将伴随着群体意识的自然解体而成为历史。与此同时，现实主义的逐步退潮与现代主义的迅速崛起，一种全新的审美规范或审美标准也已在中国文坛悄然兴起，这无疑是中国文学转型过程中思想观念上的一次重大突破。

20世纪中国文学的实用性品格，从一开始就严重地制约着人们对文学的认识。近百年来，人们的视野一直停留在文学的表层现象，更多地强调文学外在的东西；尤其是只注意到了社会对于人的被动性作用，而忽视了人对于社会的主动性作用，文学几乎变成了消解人的个性的一种特殊工具。这完全是一种与文学本质相悖逆的非理性倾向。当然，由于历史的共时性原则，西方的现代批评观念也必然会以渗透的方式，对20世纪中国文学批评产生一定的积极影响，从而驱使一些批评家敢于在强大的时代话语面前寻求批评个性的独立。尽管他们未能成为批评的时代主流意识，但却为中国现代文学批评终将走向自由自为的存在，奠定了坚实的基础，同时也构成了20世纪中国文学批评近现代性双重组合的复杂特征。

由于受20世纪中国文学观念实用主义原则的影响，近百年来的文学批评也并不是一种成熟的文学批评。批评既缺乏独立品格，也缺乏完备的理论体系，往往依附于意识形态的倾向性并成为意识形态的牺牲品。批评对于时代的自我献身精神，在其具体实践过程中，主要表现为以下三个基本方面：

首先，是批评的外延对内涵的限定与制约。文学批评的宗旨，是对作家、作品、文学思潮、文学流派等一切与文学有关的现象进行科学分析与科学评判。批评对于文学现象的介入，主要的理论依据还是文学的审美特征而不是它的认知特征；批评虽然不排除对作家作品的背景分析，但背景只不过是一种参照，而不是一种“必然”的或本质性的东西。这是由文学的内涵所决定的。20世纪中国文学批评，在社会实践哲学和实用主义文学观念的主导下，从一开始就形成了社会学文学批评对艺术审美批评的绝对优势，批评应有的审美内涵也被其动能外延所代替。纵观本世纪的中国文学批评实践，批评的兴趣主要在文学的内容（思想意义或文化意义），而不在文学的形式（美学趣味或情感方式）。因此，文学批评原本复杂的工作变得相对的简单——只要判定出作品是否符合时代的要求、人物是否有典型性或代表性、作品的表现形式是否通俗易懂为民众读者所喜闻乐见，批评便完成了自己的使命。这的确是一种十分简单却非常适用的标准批评模式。它不仅具有强烈的主观随意性，更因它只注重作品的外延表层结构分析，不用花多少精力与学识便可得出结论，所以流传了几十年并培养出几代具有斗争意识而缺少审美意识的批评家。当然，在近百年的批评实践中，我们也曾多次强调“内容与形式的统一”，但又明确规定了“内容决定形式”。这种将内容与形式截然分开的做法，实际上是消解了形式的作用而仅存内容，从而使批评文本呈现出这样一种矛盾现象：在阐释作品的内容（主题思想、人物形象）时，文笔流畅、神采飞扬；在分析作品的形式（艺术个性、文体风格）时，则单调乏味、力不从心。可以实事求是地说，在很长的一段时间里，批评实际上丧失了它原有的审美内涵，而被作为一种思想或文化批判的武器加以使用，虽然也曾有一些批评家，为扭转这种局面而致力于纯粹的审美批评，如晚清的王国维、“五四”的“学衡派”、30 年代的李健吾、建国以后的钱谷融等，但一方面他们根本无法与强大的社会学文学批评势力相抗衡，另一方面则又在不同程度上接受了时代大气候的影响，难以伸展拳脚以求得更大的作为。直到 80 年代中后期，随着西方现代哲学思潮与文学思潮的再度涌入，批评观念才发生了彻底的转变。批评逐渐远离了意识形态，回到自身独立的位置；批评的审美内涵也得以重新确立，内容与形式已不再被无谓地进行分割；批评摆脱了枯燥无味的政治说教色彩，正以多元化、丰富性预示着批评的新时代即将到来。

其次，是批评的群体意识对个性意识的抑制与干预。文学批评是一种不受外界干扰的独立思考的审美过程，同时也是一种个性意识的自我张扬或自我展现。批评对于文学现象的诠释过程，同样是充满着想象力和创造力的艰苦工作，它也集中反映出一个批评家的综合素质（包括人格修养、审美趣味、理论水准、学识程度等诸方面）。批评的个性独立而拒绝趋同媚俗，是文学批评走向成熟的表现。然而，从20世纪初开始，中国文学批评总是寻求群体意识的认同而排斥和压制个性意识的独立，从而严重制约了20世纪中国文学批评的健康发展。“五四”前后，批评的群体认同意识的形成，还是一种自发的社会现象。出于启蒙主义的思想要求，几乎绝大多数的批评家都自觉地选择了社会学文学批评，并理所当然地认为文学的主体功能就是社会教育功能。但在大前提下，他们也基本保持了人格的独立和批评个性的独立。即使在批判“创造社”的纯艺术观与“学衡派”的新人文主义学说时，也是因人而异不强求同，显示了这一时代批评的大家风范和宽容意识。但从“左联”时代开始，批评的群体意识已不再是一种自觉的行为，而是一种强制性的行为。从阶级观念出发，批评的立足点已失去了个人的特征，而具有阶级性的特征。所以，批评的群体意识转换为鲜明的阶级意识，批评的个性意识必然要受到强烈的敌视和批判。比如，关于“革命文学”之争，后期的“创造社”和“太阳社”对鲁迅、茅盾的批判，说穿了就是一种批评群体意识对个性意识的规范行为，其结果是以鲁迅与茅盾放弃了“五四”启蒙精神、皈依集体主义理性意识而告终。“左联”同“新月派”、“自由人”及“第三种人”的斗争，其本质仍是批评的群体意识对于个性意识的围剿行动，由于对方不肯轻易就范，便被贴上“反动”的标签打入历史的冷宫。建国以后，文艺界对于胡风、巴人、钱谷融等人的批判，又从群体意识的内部扼杀了个性意识的萌芽。从此以后，中国文学批评便以一个模式、一种思维、同一腔调，掌握着文学的生杀大权。尽管新时期以来，这种现象有所好转，批评的个性意识也逐渐形成风气，但批评的群体意识的制约因素仍客观存在，批评的自由时代还没有真正到来。这也是20世纪中国文学批评未能现代化的一个重要原因。

最后，是批评的感性成分远大于理性成分，使20世纪中国文学批评未能建立起自己的理论体系。批评毕竟不能等同于创作，它在审美思维中的所有感性活动，都是受制于一定的理念的。所以，理论体系的完备与否直接决定着批评水平的高下。20世纪中国文学批评在彻底反叛传统以后，并没有形成自己新的理论体系，几乎全是借鉴吸纳西方的东西。但是，20世纪以来我们对于西方近现代批评理论的引进，又是复杂的缺乏系统性的。由于社会文化背景的不同以及社会的不稳定因素，近百年来的中国文学批评也基本上处在一种幼稚的状态。它具体表现为：第一，对于西方近现代文学理论消化不良，只吸收了它的外延方面的东西，即社会学意义上的东西，而未能吸收其纯理念的东西，即对人的精神世界的深层解构（这与本世纪中国缺少纯理念哲学有关）。故在批评实践中，对于文学现象的社会层面意义的分析解释，往往是运用西方近代写实主义或苏俄模式的现实主义理论去加以透视。而对于文学现象的精神本质方面的探源解密，则又往往返归中国传统文论的基本范畴，呈现出一种理论的拼凑组合状态。第二，出于变革社会的实用主义功利目的，批评的使命只注重对作品的文本阐述，对于作品文本表现出绝对依赖的倾向；批评不是作为独立自为的文体而存在，而是作为文学作品的依附而存在。故20世纪中国文学批评的主体，是大量的作家作品评论，而不是理论的阐述或体系的创造。第三，20世纪以来，中国文学批评界也曾试图从两种途径来建立起自己的理论体系。一种是想通过具体批评实践的经验积累，形成自己的理论体系，但这种努力因其社会意识形态色彩太浓且缺少真正的文学品位而宣告失败；另一种是想通过对西方近现代批评理论加以翻造，使其直接成为中国文学批评的理论基石，但这种努力又因时代意识与文化背景的巨大差异而难以一下子被人们所理解和接受。特别是80年代中期以后，西方的各种现代主义批评理论体系全被引入，使中国文学批评界感到无所适从。我们究竟应该接受哪些而扬弃哪些，没有人能够主宰沉浮。中国文学批评界的心态再次失衡与浮躁，正是我们的文学批评缺乏坚实的理论根基所致。同时也使我们真切地感受到，20世纪中国文学批评虽然走向了世界，却并未走向成熟，更没有走向现代。

20世纪已经成为历史。我们必须清醒地意识到，随着20世纪的终结，中国文学的过渡转型期却仍未结束，它还有很长的路要走。在过去的百年中，我们虽然并没有营造出现代文学乃至批评生长发育的良好环境与条件，但进行了必要的历史补课。中国文学批评与西方现代文学批评之间虽然仍存在着很大的差距，但这种差距正在逐步缩小。只有实事求是地承认这一点，我们才能够有足够的信心与耐心去完成中国文学转型的后期任务，才能以饱满的热情去迎接中国真正的现代文学批评的新时代的到来。

第三节　百年文学批评理论的发展阶段

20世纪的中国文学批评，按其自身的演变形态，可以划分为五个不同的逻辑发展阶段。

第一个阶段，是从晚清的文学改良运动至"五四"文学革命前。这20年的时间，是中国文学批评自觉意识的觉醒期。出于变革社会现实的时代需求，黄遵宪、梁启超等人所发起的文学改良运动，受西方近代写实主义文学观念的影响，从一开始就有意识地利用文学作为社会启蒙的宣传工具，来参与变革中国政治制度的实际行动，由此而首开了20世纪中国社会学文学批评的先河。

从某种意义上讲，这一时期的文学批评主要还是体现为小说批评。尽管黄遵宪、汪笑侬等人也对诗歌与戏剧提出了社会功利主义的要求，但就其影响而言，远不如小说批评来得强劲有力。梁启超在其著名的论文《论小说与群治之关系》中，视小说为文学之最上乘，并突出强调了小说具有改良社会、改良人生、改良政治的巨大社会功能。王无生在《论小说与改良社会之关系》一文中也认为："吾以为吾侪今日，不救国也则已；今日诚欲救国，不可不自小说始，不可不自改良小说始。"在他们的带动下，社会给予小说以空前的重视和厚望，人们也以一种新的视角，去重新评价中国古典小说的社会价值。不可否认，梁启超等人对于小说社会功能的强化性宣传，无疑是对中国古典批评注重文学隐性功能理论的背叛或扬弃，从而导致了中国古典批评与近代批评的历史分野。

不过，这一时期的文学批评显然还不是一种纯粹与成熟的批评。它虽然以其对现实社会变革的强劲干预，向人们展示了批评的巨大魅力和存在价值，而这种魅力和价值在某种程度上甚至远远超过了当时文学创作的本身，但它还不是一种独立的或自觉的文学形态。文学批评的价值取向与标准尺度，往往不是取决于文学发展的内在规律，而是取决于社会政治文化变革的客观要求，如果脱离了这个大前提，文学批评也就变得毫无价值可言。虽然，王国维、徐念慈、黄摩西等人受康德和黑格尔的美学思想的影响，曾试图自觉地去创立一套纯粹的文学审美理论体系，梁启超也曾提出过"熏"、"浸"、"刺"、"提"的文学观，在一定程度上注意到了文学的审美性。但由于这些论点与强劲的社会功利主义文学思潮相比较，显得太弱不禁风，几乎变得微不足道了。另外，晚清文学改良运动的指导思想，从根本意义上讲，仍旧是"中学为体，西学为用"，因此，他们的文学批评理论，也明显带有一种进退两难的矛盾心理。无论是黄遵宪还是梁启超，他们的社会学文学批评理论，还并不完全是西方近代批判现实主义的舶来品，其中也掺杂有“经世致用”的传统文学观念。这种转型期的复杂心态，严重阻碍着他们对自身认识的超越。

第二个阶段，是“五四”文学革命到 1927 年，也就是人们常说的新文学的第一个十年。这一时期文学批评最为突出的特点，就是“西方化”——即在彻底反传统的基础上，全面接受了西方 18 世纪至 19 世纪“为人生”的文学主张，并初步建立起了一套比较完备的社会学文学批评理论体系。

胡适、周作人、茅盾等人的文学批评观，几乎代表了这一时期文学批评的社会风尚。胡适在其《文学改良刍议》一文中，率先以“写实”等于“真文学”的公式，导引着中国新文学从重主观真实转向了重客观真实。他还以西方的“镜子说”、“模仿说”、“再现说”为参照系，最早从理论上界定了“文学是社会生活的反映”这一 20 世纪中国现实主义文学的最根本的命题。周作人则从人的主体性出发，提出了“人的文学”、“平民文学”的主张，强调文学应以发扬人性为目的，以宣扬人道主义为使命，关怀人类的生存状态以及促进人类精神世界的高尚。他还认为，平民文学必须经过贵族化（指精神的贵族化），才能上升为人的文学。这种见解，无疑是从文学的内在发展规律入手，为改造国民性的启蒙主义文学提供了坚实的理论依据。茅盾是“五四”时代比较成熟的职业批评家，尽管他在这一时期所接触的西方近代文论思想比较庞杂，但主要还是受写实主义的影响。茅盾根据个人的理解和认识，从文学的发生、文学的性质、文学的功用、文学与环境、文学与时代以及文学创作过程的基本要素等诸方面，对西方近代批判现实主义的理论做了比较详细的介绍。特别是他对于“反映生活”、“创造生活”思想的提炼，对于当时以及后世的创作实践影响很大。

“五四”时代对于西方批评理论的引进是全方位的，除了写实主义之外，“创造社”的作家群体从反对文学社会功利主义的立场出发，提出了文学艺术的“自我表现说”，认为艺术创作就是作家个人情感的真实表现，是无所谓目的的。“文学研究会”中的一些作家，如王统照、冰心等人，也极力主张“爱”与“美”，并希望通过“爱”与“美”实现人性的净化。此外，李金发对于象征主义理论的倡导，洪深对于表现主义理论的介绍，虽然浮光掠影，毕竟使人感受到了一点现代文学批评的理论信息。遗憾的是，中国文学整体上滞后的现实，是不可能一下子全部消化西方自文艺复兴运动以来所形成的各种文艺思潮的。历史无捷径可走，加之时代变革的社会需要，中国文学转型的全面启动，其指导性理论只能是启蒙主义的写实文学，其他“主义”也只好无条件地接受这种历史的必然选择。

这一时期的文学批评，有几个显著特点格外引人注目：首先，批评的主体性质显然仍是社会功利主义，但批评本身已不再是社会政治活动家的文学批评，而是转变为学者或文学家的文学批评。批评相对脱离了对于社会政治的依赖性，变为一种较为自由的文学行为，初步形成了一种独立的文学形态以及一批职业化的批评家，基本上完成了它由古典主义向近代化的过渡启动。其次，批评家对于文学本质的认识逐步走向深化，不再是简单地受社会政治需求的驱动，单一强调文学的外部功能作用，而是注重对外部与内部双重因素的整体性规律的探讨，并在模仿西方的基础上，初步建立起一套比较完备适用的批评理论体系。特别是人的主体性思想的确立，使文学干预社会的职能，由直接的参与变为对人的启蒙，这是近代批评观念的一个重要标志。最后，受社会动荡时局的影响，批评家的心态极不稳定，急功近利倾向十分严重。尽管对于文学特性的理解和认识，都有长足的进步，但仍未能彻底摆脱晚清以来的实用主义心理阴影，对文学的社会功用仍抱有过高的期望值；一旦启蒙主义在短时期内没有发生明显的效应，人们便立刻失去应有的耐心，再次把文学推向片面与狭隘的极端。主张“为艺术而艺术”的创造社是如此，主张启蒙主义的鲁迅也是如此。失去耐心的代价，是导致文学批评自觉意识的再度失落，教训是惨痛的。

第三个阶段，是从1927年至新中国成立以前。这一时期文学批评的基本特征，是社会学文学批评的两极分化；文学批评多元格局的初步形成，批评的近代性因素与现代性因素同时并存，最终因无产阶级政治革命的胜利，渐渐由纷繁多样走向单纯统一。

从20年代末期开始，随着阶级斗争、民族矛盾的日益激化和马克思主义文艺思想在中国的广泛传播，“五四”时代社会学文学批评，由最初的同情于被压迫者和被剥削者的思想动因，直接演化为为无产阶级革命事业服务的政治功利主义批评。“太阳社”和后期“创造社”的成员，首先从阶级斗争的原则，确立了文学为无产阶级政治服务的合法地位。“左联”的批评家，又从世界观和方法论的辩证关系出发，强化了政治因素对于作家作品的制约作用。周扬等人直接套用苏联现实主义的文艺理论模式，明确地提出了文学的典型化和真实性原则，必须以政治倾向去加以衡量。毛泽东《在延安文艺座谈会上的讲话》，对社会学文学批评进行了高度的概括总结，其真正的核心思想，就是确立了文学批评政治标准第一的价值尺度。这种带有功利主义色彩的社会学文学批评，带有强烈的排他性质。先是拿鲁迅、茅盾等人开刀，清算“五四”启蒙主义文学指导思想上的错误；接着又展开对“新月派”、“自由人”、“第三种人”和“《论语》派”的文艺思想斗争，其目的是要肃清文艺自由化的流毒，维护社会学文学批评的霸主地位。尽管胡风提出了“主观现实主义”的理论，试图在力所能及的范围里，对政治功利主义的缺陷做一些适当的补救工作，尽量使其靠近文学自身的内在规律，但在强大的“时代批评话语”面前，只能招来种种误解和非议。

“五四”时代社会学文学批评的另外一种因素，即“文艺为人生”的理论口号，在这一时期也转化为人文主义的批评形态。虽然“新月派”、“自由人”与“第三种人”的文学批评观，因强调文学应表现人的共同特征——超越阶级范畴的共通人性，而受到“左联”批评家的猛烈批判，但从理论与实践的双重意义上讲，却是“五四”人文精神的延展和深化。尤其是他们对于文学主体意识的自觉强化，标志着中国近代文学批评的日臻成熟。作为人文主义批评最有影响和最杰出的人物，梁实秋的理论观点具有广泛的代表性。他认为：“文学发于人性，基于人性，亦止于人性。”(《文学的纪律》）归根结底是一种人性的艺术，是一种情感和审美的结晶。在梁实秋的“人性论”学说当中，其核心是要求文学表现普遍意义上的人性，而不是孤立的自我意识，这是他对“五四”时期人文精神认识上的升华。所以，他既反对文学阶级性的片面看法，同时亦对新文学个性解放的倾向颇多微辞。他指出，只有表现人性的文学作品才具有永恒的价值，那种只注重社会需求而未经过时间沉淀和选择的作品，则因其无法定性而难以界说。梁实秋对于文学本质的认识，尽管同特定的“时代话语”唱反调，但不失其深刻性和启迪性，其潜在的影响我们在80年代关于文学主体性的讨论中，仍能清晰地感受到。

由于特殊的背景和环境所决定，30年代的中国文坛并不仅仅局限于社会学文学批评与人文主义批评之间的矛盾对立，同时也出现了一些明显属于西方现代文学批评范畴的活跃因素，如克罗齐的直觉主义批评、弗洛伊德的精神分析学批评以及40年代对于西方存在主义美学的介绍与阐释，都曾对文学创作实践产生过一定程度的影响。尤其是李健吾的纯粹审美批评，受克罗齐直觉主义的影响，把批评看作是“叙述灵魂在杰作中的探险”，不仅从纯粹的审美感受中探讨了文学的性质、目的和特征，而且还以优美动人的文笔和结构，使人们真正看到了批评作一种独立存在的文学形态，具有和文学作品同等的艺术魅力和欣赏价值。这是一种真正具有现代品位的文学批评。当然，这一时期的文学批评，其总体发展趋势呈现一种极不平衡的状态，丰富多样但主次分明。社会学文学批评完全符合蓬勃高涨的时代需要，而无产阶级革命的成功实践，又为社会学文学批评的高扬提供了有力的支撑。在这样的形势下，无论何种信仰的批评家，最终都是以自己观念的彻底转变，情愿或不情愿地接受了历史给予的既成事实。20 世纪的中国文学批评，也由此开始进入到一个滞后徘徊的退化期。

第四个阶段，是从 50 年代初至 70 年代末。其主要的特征是：文学批评在新的历史条件下，进行了全面而深刻的自我反省，其目的是要彻底清除“五四”以来的西方影响，用毛泽东的社会实践哲学思想，来建立中国式的无产阶级文学批评理论体系。经过文艺界无数次的政治运动和思想斗争，文学批评完全丧失了自由意识和相对独立的自身形态，并在极端僵化教条的束约桎梏下，渐渐走上了新古典主义的道路。

建国后，文学界先后展开过一系列的政治清算运动。通过开展对胡适实验主义哲学和形式革命论思想的批判，反省了“五四”启蒙主义文学脱离社会革命实践的唯心主义倾向，确立了新文学为“无产阶级领导的、人民大众反帝反封建”的社会性质；通过开展对于胡风“主观唯心主义”文艺思想的批判，否定了文学创作的自主地位，将文学强行纳入到政治意识形态的监控之下；通过开展对巴人、钱谷融等人“文学是人学”的理论主张的批判，强化了文学阶级性的党性原则，从而彻底扫荡了西方人道主义思潮在中国文坛的残余影响；通过开展对丁玲、肖军等人暴露文学的批判，规定了文学批评只能引导文学创作去写“光明的、正面的事物”的神圣使命，剔除了与之相悖的社会职能。“文革”期间，又通过开展对于正统的马克思主义批评家周扬等人“修正主义”文艺观的批判，试图运用毛泽东的文艺思想，来取代苏联的社会主义现实主义理论模式。这一系列的大批判运动，毫无半点文学自身的因素可言。偶尔有人涉及一点文学创作规律的东西，也是小心翼翼地将其纳入到政治的范畴中去加以解释。“批评”为“批判”所代替，完全丧失了自我存在的可能。

批判的本身是一种破坏性行为。然而，有“破”必有“立”，因此，建国以来，人们一直在寻求建立一种新的理论批评模式，毛泽东以其绝对政治权威的身份和对文学的特殊爱好，从40年代起，就对文学艺术问题提出了一些自己的看法。其核心思想，除了阐述文艺与政治之间的隶属关系之外，主要体现在文艺大众化、文艺民族化和“两结合”的创作方法三个方面。毛泽东同中国历朝历代的政治领袖一样，也十分重视文学艺术的社会“教化”作用。从政治革命的视角出发，他认为文学教育感化功能的实现，首先必须以文学作品被人民大众所接受为前提条件，因此他提倡文学艺术的大众化或通俗化。若使文学作品真正为人民大众所接受，就必须充分考虑到民族的审美心理和审美习惯，所以他主张用人民大众“喜闻乐见”的民族传统表现形式去进行文学创作。有了民族化的形式还需要具有教化民众的理念支撑，故他崇尚古典文学的理性精神，提出了“革命现实主义与革命浪漫主义”相结合的创作方法。毛泽东具有良好的古典文学修养，这是众所周知的，至于他对西方现代哲学和文学思想（包括马克思主义的哲学和文艺思想）究竟了解多少，却并无具体的资料加以说明。如果作为一家之言，毛泽东的文艺主张，自有他理论的支撑点及合理性。但不幸的是，当人们将其视为是神圣不可撼动的永恒真理，进而把它演化为某种绝对的极端时，便形成了“文以载道”、“经世致用”、“乐感形式”等古典主义文艺思潮在现代社会的回潮。这种理性精神极强的新古典主义批评形态，最终只能因其狭隘到失去所有的弹性而被社会与历史所抛弃。

第五个阶段，是从70年代末至今。应该说，这一时期的文学批评以人文主义哲学为基础，开创了20世纪中国文学批评史上最为活跃、最为辉煌、最富有进取精神的全新时代。随着思想意识形态领域“实践是检验真理的惟一标准”讨论的展开和“改革开放”国策的确立，文学理论界也以有关现实主义的创作原则问题为核心，全面拉开了反思与清算建国以来极左文艺思潮运动的悲壮序幕。短短的十几年时间里，“五四”时代的人文精神再次得到学术理论界的肯定，中国文学与世界现代文学迅速接轨也成为文坛的一致共识，西方各种现代批评理论被学院派的理论家所普遍接受和广泛使用，文学批评不仅逐渐恢复了自觉意识而且也正在努力成为一种自为的存在。尽管社会学批评的余威犹在，但实际上却失去了对文坛的控制能力。种种迹象表明，中国文学批评经过短暂时间的自我调整，即将告别它的近代形态，并呈现出早期现代批评的朦胧特征。其具体表现为：

首先，是现实主义的现代化阐释。80年代初，学术理论界通过开展现实主义创作方法的讨论，改造和发展了原有的现实主义的内涵，深化了现实主义的精神，变现实主义的封闭体系为开放体系，并注意吸收世界上其他现实主义（如魔幻现实主义、心理现实主义、结构现实主义等）的创作经验，理论批评家们用现代的眼光来审视现实，用现代意识来诠释现实，从而使现实主义具备了现代意识。与此同时，“再现说”、“反映论”等思维模式被打破，“表现”、“感应”、“幻想”等方式更多地被作家和批评家所吸纳接受。现实主义不再把自己描绘成包容一切的创作方法，不再把其他的创作方法纳入到现实主义的规范，而是把自己看成是和其他创作方法并列的、并承认其他创作方法的合理性地位的一种创作方法。现实主义的现代化解释，打开了批评界关闭已久的禁锢大门，为批评理论多元化趋势的出现扫清了障碍。

其次，是文学主体性地位的确立。80年代中期关于文学主体性的学术争论，其深刻的本质意义是对“五四”以来人文主义文艺思潮的高度评价和历史衔接。人作为文学主体性的观点，受到了学术理论界的格外重视。人们普遍认识到，人的能动性、自主性和创造性使人具有一种超越性的本能，而只有实现了主体对于客体的超越，才能真正达到主体的“自我实现”。由于现实是有缺陷的，人们在创作和欣赏文学作品时，可以超越社会现实的限制与束缚，实现其“自由本质”。强调文学的主体性，是要把人看作是目的而不是手段，充分肯定人的价值与尊严、高扬“超我的、超血缘的、超宗族的、超国界的、超意识形态的”泛人道主义思想。无可否认，文学主体性理论的确立，不仅使文学重新获得了原本就属于自己的自由意识，同时也为中西方文学平等对话交流，奠定了理论基础。

最后，是西方现代批评理论的广泛输入和运用。从80年代初起始，随着国门的大开，各种西方现代批评理论也蜂涌而入，既开拓了人们的思维，又活跃了文坛的批评气氛。“信息论”、“系统论”、“控制论”等西方现代科学理论对文学批评的指导与参与，使人们不再一味单调地去强调民族文学的独特性，而是更加注意世界各民族文学之间的整体性关系。精神分析学和原型批评理论，促进批评家抛弃了对文学层面表象的研究，而深入到作品的内在结构，去探索文学的精神本质和文化渊源；结构主义和解构主义批评，从作品语义密码的破译入手，去分析词汇与语汇之间所包含的人的思维程式，进而真正解读文学作品的深刻内涵。当然，各种西方现代批评理论的传播与影响，呈现出一种不平衡、不稳定的状态，时间的短暂和变更的频繁，难免出现消化不良的现象。但这股潮流必定将文学批评引向文学的内在本质，引向了绝对的自为状态；从泛人道主义的同情心，走向了关注人在现实生活中的生存状态与生存困境的现代文明意识。

这是一种认识上的质的飞跃。

中编

现代文学的断代分析

第五章
新文学作家思想转型的历史必然性

在20世纪中国文学发展史上，1926至1930年是中国现代作家思想的转型期。因为随着“五四”新文化运动的退潮和中国社会形势的变化，新文学作家几乎是以思维意识的群体连动行为，强烈表达了他们这一思想集体“左”转的主观愿望，并最终导致了中国现代文学价值观念的彻底转换。如果仔细分析一下这一时期中国作家的思想状况，我们发现用集体主义的精神理念去取代个人主义的价值追求，完全是他们的一种自觉自愿的社会行为。因为从晚清的文学改良运动到“五四”的新文学运动，虽然使中国文学告别了古典主义的历史时代，但却并没有建立起符合中国国情的现代文学价值观念体系，所以在经历了轰轰烈烈的短暂辉煌之后，“五四”新文学作家都表现出了一种精神苦闷和思想困惑。正是在这样的历史背景下，“革命文学”口号的提出以及“左联”社团组织的成立，无疑是对已经步入了现实困境的“五四”新文学运动，进行了一次成功的拯救——它以无产阶级革命的政治信仰，全面规范整合了中国现代作家自由涣散的思想状态，同时，也以强烈的时代社会责任感牢固地奠定了中国现代文学的发展方向。如果我们对于这一问题没有足够而清醒的理性认识,那么我们将无法从本质上去研究论证中国现代文学发展过程的历史独特性。

第一节　嬗变前夜的躁动：后“五四”时期作家思想的抽样分析

谈到“五四”新文学作家思想的集体“左”转，首先我们应该充分注意到他们的这种社会行为，并不是由外界压力的驱使所造成的，而是由他们内在的思想动因所引发的。换一种说法，“五四”新文学运动在其发展过程中，本身就客观存在着一种思想“左”转的潜在动能。

从历史发展的宏观角度来加以分析，晚清与“五四”时期的文学变革运动受西方现代人文精神的影响，在其逐渐地走出了古典主义的愚昧时代之后，都明确地表现出了启迪民众觉悟、传播西方思想的高度社会使命感。中国近现代作家这种主观上的思想倾向性，无疑是有所寄托的，他们是希望能够像西方社会的现代转型期那样，以文化启蒙的软性浸透方式去开启中国人的现代意识。只要我们稍加回顾一下“五四”前后中国文坛上思想解放与个性解放社会呼声的热烈高涨，就不难发现中国作家无论是钟情于何种表现风格或何种表现形式，他们的价值追求和精神渴望却都表现出了惊人的一致性，即：对于传统文化群体理性意识的深刻反省，以及对于西方人的主体性价值观的强烈认同。所以，从晚清文学改良运动“呼唤国魂开通民智”①、“欲新一国之民”② 的

① 《小说林之旨趣》，《中外小说林》第 1 期。

② 梁启超：《论小说与群治之关系》，《新小说》1902 年创刊号。

文学主张，到“五四”文学革命运动“以为必须‘为人生’，而且要改良这人生”[1] 的创作宗旨，其实际上所产生出来的客观社会效果，也是思想文化方面的意义明显要大于文学本体方面的意义。当然我们并不否认，无论是晚清的文学改良运动还是“五四”的新文学思潮，它们对于中国文学现代转型的启动和新文学初期创作的繁荣，的确都曾做出过不可磨灭的巨大的历史贡献。

但是令人感到遗憾的是，由于对思想文化启蒙长期性的认识不足，“五四”前后的文学革命与新的思想文化运动，都没有延续多长时间便沦为沉寂，启蒙者反抗叛逆的时代呐喊，也随之转变为悲愤凄凉的痛苦呻吟。为什么中国新文化与新文学的思想启蒙运动会在如此短暂的时间里，便出现这种大起大落极不稳定的社会躁动现象呢？追根溯源，是因为中国社会的现代转型，缺少一个像西方文艺复兴运动那样长达五百年之久的思想过渡期。再加上中国人急功近利的文化传统的内在影响，错误地将思想启蒙与社会革命混为一谈，所以面对苦难深重黑暗依旧的中国社会现状，无论是新文化运动的先驱者还是“五四”新文学精英群体，他们很快便对自己所曾经信仰过的、以个性解放思想为核心内容的西方现代人文主义价值观产生了怀疑与动摇。经历了两次思想启蒙运动的鲁迅，后来在总结“五四”文学革命失败的历史原因时，便以一个亲历者的身份，非常清晰地表述了自己当时内心的真实感受。他说：“那时觉醒起来的知识青年的心情，是大抵热烈，然而悲凉的。即使寻找到一点光明，‘径一周三’，却更分明地看见了周围的无涯际的黑暗……他们是要歌唱的，而听者却有的睡眠，有的槁死，有的流散，眼前只剩下一片茫茫白地，于是只好在风尘澒洞中，悲哀孤寂地放下他们的箜篌了。”[2] 对于鲁迅的这段话，

---

① 《鲁迅全集》第 4 卷，第 511 页，人民文学出版社 1998 年版。
② 《鲁迅全集》第 6 卷，第 244 页，人民文学出版社 1998 年版。

研究者多有引用且各有心解。但我个人则认为，鲁迅这段颇为凄楚苍凉的叙述话语中的“歌唱”，意思当然是指新文学创作中所反映出来的人文主义启蒙意识，而“听者”自然就是指思想愚昧不思醒悟的落后国民群体。当“五四”新文学的启蒙主义并没有取得原先主观预想的实际效果时，放下“箜篌”也就暗示着新文学作家对其最初所选择的西方人文主义价值理念的绝望和放弃。这决不是刻意的曲解或夸大其词。“五四”新文学后期的创作实践，已经十分明确地表现出了这种思想倾向性。比如鲁迅的《彷徨》和《野草》、郭沫若的《星空》、闻一多的《死水》、叶圣陶的《倪焕之》、茅盾的《蚀》和《虹》、丁玲的《梦珂》和《莎菲女士的日记》等作品，男女主人公面对苦难的现实人生所表现出来的困惑与焦虑，已不仅仅是新文学作家对于当时社会上所谓小资产阶级知识分子精神苦闷的一种艺术描述，而是新文学作家群体借助并通过自己笔下所创造的艺术形象，真实而生动地展示他们本人灵魂深处内在的思想矛盾和情感磨难。诚如“五四”新文学另一位巨子郭沫若在其狂热激情严重受挫后所哀鸣的那样：“我们内部的要求和外部的条件不能一致，我们失却了路标。”① 从坚定地信仰西方人文主义的启蒙精神到“失却了路标”，“五四”知识分子精英群体思想理念的极不稳定性，就其本质意义而言，实际上已向社会发出了新文学价值观正面临着重新选择的暗示信号。由于受20世纪中国文学与中国政治一体化历史进程的内在逻辑关系所规定，随着席卷全国的无产阶级革命运动的迅猛崛起与发展，必然会导致无产阶级意识形态价值观对于中国现代文学的全方位介入。而这种全新价值观的及时介入，无疑是成功地拯救了当时正处在停滞状态并失去了前进方向的新文学运动。

---

① 郭沫若：《孤鸿——致成仿吾的一封信》，《郭沫若研究资料》上册，海峡出版社1984年版。

无产阶级意识形态价值观与20世纪中国文学运动之间错综复杂的结盟关系，我个人始终认为是中国现代文学发展过程中的一种历史必然性。如果我们从时间概念的角度来做一分析，1926年前后，中国新文学运动出现了一种带有普遍性质的嬗变，十分值得引起学术界的高度重视与深刻思考：当时那些具有时代象征意义的新文学代表性作家，他们在逐步放弃了先前的思想信仰并开始自我深刻反省时，几乎都对文学崇高而神圣的思想启蒙使命产生了强烈的逆反心理（这也可以说是一种十分明显的“五四”精神自我矛盾的思想裂变现象）。与此同时，在急功近利传统文化观念的支配之下，他们对于文学本质与功能的认知态度，也一步一步地走向了非理性的情感偏执——即：从文学“决定论”走向了文学“无用论”。比如，一向被研究者所认为是“五四”新文化运动退潮后，仍然坚定地断守着人文主义启蒙精神的文学巨人鲁迅，此时却主动放弃了对文学创作的原有激情（事实已经证明，1926年以后，鲁迅基本上脱离了文学创作的具体实践，其主要精力基本转向了思想意识形态领域的政治斗争），愤然发力向社会大声疾呼道：“文学文学，是最不中用的，没有力量的人讲的。”“中国现在的社会情状，只有实地的革命战争，一首诗吓不走孙传芳，一炮就把孙传芳轰走了。”[①] 又如，先前一直主张“为艺术而艺术”并一再声明将艺术视为是生命惟一的郭沫若，此时也逃离了象牙之塔的艺术宫殿（无独有偶，郭沫若也是从这个时候起终止了他对缪斯的青睐，目的明确地加入了意识形态领域里的政治斗争。他40年代的历史剧创作，也多是出自于政治斗争的实际需要，而并非是出自于真正自觉的艺术追求），并公开改变了以前对于文学的神圣信念，他斩钉截铁地认为：“要解决人类的痛苦，那不是姑

① 《鲁迅全集》第3卷，第417、423页，人民文学出版社1998年版。

息的手段可以成功的。”使用文学的方式根本不可能发生任何效率，最终只能“用武力来从事解决”。[1] 众所周知，鲁迅与郭沫若的人生观和艺术观，一直都存在着很大的差异性，但是到 1926 年前后，他们对于文学功用的认识以及对于中国社会前途命运的思考，却表现出了惊人的相似性。应该说，他们对于文学自主意识的全然放弃，是因为他们已清醒地意识到了文学缺乏改造社会现实的直接效应。而他们对于政治革命和武力崇拜的自觉认同，则从更深层次的意义上反映出了他们对于“五四”人文主义启蒙精神的潜在否定。在这一特定的历史时期里，几乎“五四”新文学的所有重要作家，都朦朦胧胧地意识到了“无产阶级”这一新生社会政治力量的出现与存在，他们在苏俄社会主义革命取得成功的具体实例的感召下，纷纷由衷地表达了自己对于无产阶级政治革命的理解和向往。不仅鲁迅与郭沫若反复地在他们的文章里阐述了见解相同的上述观念，茅盾也在此时对“为人生而艺术”的文学主张发生了质疑，他强调“在我们这时代，中产阶级快要走完了他们的历史的路程，新鲜的无产阶级精神将开辟一个新时代，我们的文学者应该认明了他们的新使命，好好地负荷起来。”[2] 而诗人气质颇浓、个性意识极强的郁达夫，虽然对中国社会现状大为不满，但他对中国未来发展前景的预测则更为大胆而直率：“我对于中国无产阶级的抬头，是绝对承认的。所以将来的天下，是无产阶级的天下，将来的文学，也必然是无产阶级的文学。”[3] 无论以鲁迅等人为代表的新文学作家在当时的历史条件下，对于“无产阶级革命”的人生观和价值观的理解程度如何，但是他们所

---

① 郭沫若：《由经济斗争到政治斗争》，《郭沫若佚文集》上册，四川大学出版社 1988 年版。

② 茅盾：《文学者的新使命》，《茅盾杂文集》，三联出版社 1996 年版。

③ 《郁达夫文集》第 6 卷，第 63 页，花城出版社 1991 年版。

自觉萌生的这种内在思想情感的倾向性，其本身就已经向世人表明了他们有对此深表认同的主观要求。我们应该实事求是地承认，鲁迅、郭沫若、茅盾、郁达夫等人在“五四”中国文坛上，客观存在着一种巨大的社会影响力和精神号召力。他们思想的急剧变化，必然会波及到整个新文学阵营，并使之迅速转变成为一种新文学作家的社会群体行为。否则仅仅凭着“创造社”与“太阳社”的几个热血青年，运用从国外贩来的一些抽象理论概念在那里尽情地加以鼓吹，中国的无产阶级革命文学运动决不可能“自此就成了中国文学的主潮”。① 对此我们不必加以怀疑。

第二节　文学思维的错位：新文学作家功利文学观的意义解构

“五四”后期新文学作家的躁动心态，固然是他们思想“左”转的一个重要原因，但这还不是最根本、最直接的原因。如果我们进一步展开分析便可发现，“五四”新文学作家对于文学本质的认识，明显存在着一种功利主义的实用心态。“五四”新文学的主将如鲁迅、郭沫若等人都不是这场运动的发起者，而是“听将令”的追随者。他们原本也都不是学文学的，而是半路改行转向文学的。这就在客观上使“五四”新文学面临着一种两难境地：作为“文学革命”发动者的陈独秀、李大钊和胡适等人，他们从社会政治学的角度拉开了新文学运动的序幕，明确地规定了它启蒙主义的务实使命，那么作为现代中国思想启蒙运动的直接受惠者，新文学当然要以牺牲自己的独立性去回报中国现代思想革命的客观需求。这就必然会使新文学作家们以实用主义的功利态度，去思

① 徐懋庸：《文艺思潮小史》第4页，上海生活书店1936年版。

考有关文学自身规律的诸问题。与此同时，新文学作家易辙改行的主观目的，是要借助于文学创作的形象思维功能，去从事启迪国民现代意识的思想改造工作。这种先入之见的功利主义艺术追求，无疑又主观限定了新文学作家对文学艺术规律的深度认识。鲁迅自己就曾毫不讳言地讲过："说到'为什么'做小说吧，我仍抱着十多年前的'启蒙主义'，以为必须是'为人生'，而且要改良这人生——所以我的取材，多采自病态社会的不幸的人们中，意思是在揭出病苦，引起疗救的注意。"① "启蒙主义"是"五四"新文化运动最显著的思想特征，而"为人生"则是它对新文学提出的具体创作要求。当新文学全面继承和发扬了晚清文学改良运动的"社会功能说"，并以强大的时代话语支撑着新文化运动的"启蒙主义"时，它的确创造了中国现代文学运动发展史上的一个奇迹。而"文艺为人生"的功利主义思想作为新文学现实主义牢固的理论基础，也对20世纪中国文学的文论体系和创作实践，产生了极为深远的历史影响。

"文艺为人生"的文学主张，是新文学作家对于西方自文艺复兴运动以来所形成的人道主义文学观的中国式理解。在西方近代文明发展史上，曾出现过两次人道主义文艺思潮：一次是文艺复兴时期从传统宗教的统治之下重新认识人的价值；另一次是19世纪西方工业化阶段从社会"异化"倾向中去解放人性。如果说第一次人道主义文艺思潮充满着人类对于现代文明的热切期盼，那么第二次人道主义文艺思潮则以清醒的理性意识对现代文明保持着强烈的批判态度。从"五四"时期新文学的具体实践来看，"为人生"的理论主张主要是受西方19世纪批判现实主义文学的影响。由于中国当时还没有真正展开它的工业现代化历史进程，故

① 见《鲁迅全集》第4卷，第512页，人民文学出版社1998年版。

而西方批判现实主义文学轻物质重精神的人文理念，在中国却被误解为是轻传统而重现代的现实追求。这种文学价值观念的认识错位，直接导致了中国新文学运动对于文学本体论中主观性因素的人为忽略，以及对所谓客观性的文学外在因素的过分看重。胡适在《文学改良刍议》一文中就曾指出："惟实写今日社会之情状，故能成真文学。"① 可以说他是最早用"写实"等于"真"的公式，为新文学制定了现实主义的美学规范。包括胡适在内的"五四"文学革命的发难者，他们在"五四"初期对于文学本质的认识基本都是形而下的。他们虽然一方面也极力推崇文学创作过程中的绝对自由化主观想象力，主张文学创作的非功利化原则，并将文学活动的过程视为是"心里有什么，笔下写什么，此时此地只有'我'——或者连'我'都没有——前无古人，后无来者，宇宙啊、美物啊，除了那一刹那融在我脑海中的印象以外，无论是过去的、现在的、将来的，都屏绝弃置，付之云烟"。② 但另一方面他们却又反向表示："文学应当反映社会的现象，表现并且讨论人生的一般问题。"③ 他们不仅强调文学与社会生活的直接对应关系，而且还对文学创作中所应表现的"人生"内容也做了明确的规定："不是那想象的人生，是那实在的人生，民间实在的痛苦，社会的实在问题，国家的实在情况，人生的实在希望与恐惧。"④ 因此，当"文学研究会"作家群体以共同宣言的方式，向全社会表达了他们"将文艺当作高兴时的游戏或失意时的消遣的时候，现在已经过去"⑤ 的态度，并认为新文学应具有表现人生、指导人生的能力时，新文学作家对文学实用功能的价值认同已成

---

① 载《新青年》1917年1月第2卷第5号。

② 谢冰心：《诚实的，自己的话》，《小说月报》1924年第15卷第1号。

③《文学研究会宣言》，《小说月报》第12卷第1号附录。

④ 胡适：《白话文学史》第59页，上海新月书店1928年版。

⑤《文学研究会简章》，《小说月报》第12卷第1号附录。

为了一个不争的事实。落实到具体的创作实践上，“他们每一篇，都是‘有所为’而发，是在用改革社会的器械——虽然也没有终极的目标”。[①]“五四”新文学作家一再声称他们“为人生”文学观的理论核心，是西方近代社会的人道主义思想，“人道主义的理想是他们的信仰，人类的意志便是他们的神”。[②]“为人生”而积极入世，其目的也就是为了从现实苦难的重压之下彻底解放人性。为了证明注重文学艺术的实用功能是近代世界文学发展的共同趋势，他们还把19世纪的西方文学统统看作是“趋向于政治的或社会的”[③]，并以此作为新文学实用功能化的重要客观依据。当然，“五四”新文学作家对于向西方学习也是具有一定保留的，比如他们推崇人道主义的价值理念，但却不赞成西方文学对于工业化文明的批判立场，甚至认为这绝不是西方近现代文学的主流。所以他们将“科学方法，实验精神，自由解放的思想”[④] 等物质与精神两个层面的东西，概括总结为西方文学人文精神的象征并对其进行了全面的模仿和效法。这不仅客观上造成了中西现代文学对于“现实主义”认识上的巨大差异，同时也造成了中西方现代文学具体艺术实践上的截然不同。我们只要稍微转换一下思维视角，便可以从“五四”作品的文本中发现这种差别的赫然存在。鲁迅等新文学作家的创作取材绝大多数是农村生活，他们所表现的主体对象也多是农民。如鲁迅对浙江农村生活的描写、王统照对山东农村生活的描写、蹇先艾对贵州农村生活的描写、冯文炳对湖北农村生活的描写等，都曾在中国现代文学史上引起过极大的反响。作为率先觉醒了的中国知识分子，新文学作家明显是将自己视为

① 见《鲁迅全集》第6卷，第239页，人民文学出版社1998年版。

② 周作人：《新文学的要求》，1920年1月8日北京《晨报》副刊。

③ 沈雁冰：《文学与政治社会》，《小说月报》第13卷第9号。

④ 沈雁冰：《近代文明与近代文学》，《时事新报》附刊《文学旬刊》1922年第30期。

是现代意识的获得者，他们对于农民落后文化的猛烈批判，也意味着他们对于西方现代工业化文明的强烈渴望。以“立人”为宗旨、以改造“国民性”为己任的鲁迅，他的小说创作可以说是代表了那个时代的思想风范。尤其是他的《故乡》，通篇都充满着悲凉压抑的感伤情调。作品在其开篇这样写道：“从蓬隙向外一望，苍黄的天底下，远近横着几个萧索的荒村，没有一些活气。我的心禁不住悲凉起来。”从故乡的破败到润土的落魄，鲁迅的艺术观感显然是进入了这样一种逻辑思维程序：中国的落伍是由农村经济的落后造成的，而农村经济的萧条又是因农民愚昧意识的局限性造成的。因此，鲁迅将改造“国民性”或农民文化的狭隘性纳入到了他的文学实践当中，并以鲜明的功利主义倾向性向世人展示了他作品极为深刻的思想魅力。对于鲁迅而言，批判传统农民文化的本身并不是他和新文学作家的根本目的，而提升人的价值进而为迎接中国现代工业化文明时代的到来进行必要的思想准备，才是他们从事文学创作的真实意义。尽管它是以一种艺术化的隐喻方式来加以表现的。这充分说明了“五四”新文学对于“人”的强烈关注，借鉴西方而又游离西方、标榜个性而又致力社会、批判传统（“文以载道”）而又回归传统（功利主义），其最终导致了它对文学自主意识的全然放弃和对社会政治责任感的沉重承载。

也许，因为我们脱离那段曾经发生过的文学历史过于久远，根本无法与其进行思想平行的沟通与对话，而只能凭借纯粹的抽象理念去推测历史。但在当时实用主义风气强劲的社会背景下，人们对于文学本质的认识的确也存在着一种完全不同的声音。当鲁迅和“文学研究会”作家群从功利主义的目的出发而极力倡导“文艺为人生”的文学主张时，“创造社”则喊出了“为艺术而艺术”的口号来与之进行抗衡。“创造社”反对文学艺术的现实功利主义，他们强调文学创作乃“如春日的花草，乃艺术家内心之智慧的表现”，因此作家必须真实地表达自己“内心的要求”。[1] 他们一致认为，“文学上的创作，本来只要是出自内心的要求，原不必有什么预定的目的”，故而“除去一切功利的打算，专求文学的全与美，有值得我们终身从事的价值”。[2] 在“创造社”作家的群体思维中，“文艺是天才的创造物，不可以规矩来测量的”。[3] 他们坚决反对为文学附加自身以外的任何东西，并主张文学艺术家作为灵魂的冒险者，应该更多地关注文学内在的情感因素和审美因素，“打破一切客观束缚，在自己的内心找寻出一个纯粹的自我来”，[4] 这才是文学应有的本分。“创造社”作家对于创作主体的主观情感因素十分看重，甚至将其视为是文学艺术的生命源泉，“文学始终以情感为生命的，情感便是它的始终”，如果“没有真挚的热情，便已经没有了文学的生命”。[5] 正是基于对文学本质的这种认知态度，“创造社”一再声称他们“为艺术而艺术”文学观的实质，是崇尚自我、崇尚情感、崇尚主观、崇尚创造、崇尚唯美。追忆这段令人颇感心灵震撼的往昔历史，我们不能不佩服“创造社”作家为了捍卫文学自身的尊严，所表现出的敢于反抗社会主流话语的叛逆勇气。同时也正是由于他们的存在，为新文学带来了一股真正隶属于文艺美学范畴的纯正文风。“创造社”的实践创作无论是诗歌或小说，基本上都是以符合文学内在规律的价值尺度来进行的，即使以现今的审美眼光来看，“创造社”的作品尤其是穆木天、冯乃超的象征主义诗歌和郁达夫的感伤浪漫主义小说，仍具有相当高的艺术审美价值。这里需要说明一下，其实“五四”新

---

① 郭沫若：《文艺之社会的使命》，1925 年《民国日报·文学》第 3 期。

② 成仿吾：《新文学之使命》，1923 年《创造周报》第 2 期。

③ 郁达夫：《文艺私见》，1922 年《创造》季刊第 1 卷。

④ 郭沫若：《印象与表现》，1923 年《时事新报》副刊《艺术》第 33 期。

⑤ 成仿吾：《批评与同情》，收入创造社出版社 1928 年版《使命》。

文学时期不仅只有“创造社”反对文学艺术的社会功利主义倾向，“新月诗派”的作家群体也抱有同样的看法。即使是信奉“为人生而艺术”的“文学研究会”中，有些成员也对于自己社团的理论主张深感忧虑。周作人就曾提醒过新文学作家应该充分注意，过分强调“为人生而文艺”，“容易讲到功利里边去，以文艺为伦理的工具变成文坛上的说教”。[①] 周作人的警告不是没有道理的，在全社会文化启蒙呼声一片高涨形势的影响下，“创造社”等社团的纯文学主张就像流星划过夜空一样，很快便消失了它耀眼的光芒。他们不仅自己没有坚守纯艺术的“象牙之塔”，反倒率先走向了功利主义的极端。新文学创作由文化启蒙到政治启蒙的整体转变，不幸之中应验了周作人的预言。

第三节　碰撞中的交流对话：“革命文学”口号之争的重新诠释

在“五四”新文学作家思想整体转向的过程中，发生于1928年的那场“革命文学”口号之争，是一个十分重要的历史事件。“革命文学”的倡导者与“五四”文学精英通过一场大规模的思想碰撞交流，彻底摧毁了新文学作家的个人主义思想信仰，并顺利实现了中国现代文学价值观念的全面转型。

谈到“革命文学”口号之争，我个人有些与众不同的看法。在中国现代文学发展史上那段最为艰难的时间里，后期“创造社”与“太阳社”的一些成员，他们率先高举起了无产阶级革命文学的醒目大旗，并以革命时代急先锋的身份亮相于中国现代文坛。他们中间绝大多数人都是二十多岁的热血青年，青春期的情感躁

① 周作人：《新文学的要求》，载1920年1月8日北京《晨报》副刊。

动结合浪漫主义的政治理想，使他们强调文学创作的主观战斗精神和直接作用于社会革命的政治功利目的。反抗叛逆的时代情绪借助于一种全新的政治理念，又使他们表现出了比“五四”新文学更为强烈的反传统倾向。他们将除郭沫若以外的所有“五四”新文学作家，全都视为是历史变革时期的思想落伍者，并以讥笑和嘲讽的狂妄语言，对“五四”人文精神作了虚无主义的全盘否定。总而言之，他们就是要以一种脱胎换骨的激进形式，凭借自己彻底清除现代文坛沉闷气氛的主观意志，去刻意营造一个狂飙突进的革命浪漫主义的文学时代。用现在的眼光来看，他们当时的思想行为不免有些幼稚和莽撞，但却正是由于这些年轻人幼稚与莽撞的大胆举动，才为已经陷入了困境的“五四”新文学带来了希望的曙光。至于为什么他们会同鲁迅等新文学主将发生激烈的思想冲突，我认为这绝不是一个简单的“意气用事”或“门户之见”的个人成见问题，而是一个对于现代文明意识见解完全不同的认识角度问题。“五四”新文学作家主张以纯粹“客观”的人生写实态度，去真实地描写主体人性的思想情感，进而通过对个体事例的艺术再现，去生动地反映中国社会的真实现状。而“革命文学”口号的倡导者则强调说，任何所谓的“客观”性，其实都只不过是一种创作主体主观意志的集中表现，所以他们主张以无产阶级集体主义的政治革命理想，去分析中国社会的现实状况，反映劳苦大众的革命要求，并通过对阶级意识与阶级斗争的艺术写意性，去揭示无产阶级政治革命的美好前景。我们不妨先去听听“革命文学”口号的倡导者本人对于这场论争的原始表述：

> 中国社会革命的潮流已经到了极高涨的时代，在这个时代里，无处不表现着新旧的冲突。在实际的社会生活中是如此的现象，因之在表现社会的文学上，也不得不起了分化。一般先进的分子及一切被压迫的阶级，因为要走向自由的路上去，不

得不起来反抗旧的势力，因之我们很显然地看出革命与反革命的争斗。同时，在我们的文坛上，一般激进的文学青年，为着要执行文学对于时代的任务，为着要转变文学的方向，所以也不得不提出革命文学的要求，而向表现旧社会生活的作家加以攻击。这一种现象，在表面上观之，似乎只是文坛上的论争，似乎只是新旧作家的个人问题，其实这种现象自有其很深刻的社会的背景，若抛开社会的背景于不问，而空谈什么革命文学，那是毫无意义的事情。①

从"创造社"与"太阳社"成员的所有理论文章中，我们可以清楚地发现，他们提出"革命文学"口号的主观意图，就是要以无产阶级革命的政治信仰，去统一中国现代文坛上的思想混乱局面；以革命理想主义的艺术追求，去规范作家文学创作中的无政府主义个体行为。正是基于这样的思想认识，"革命文学"口号的倡导者对于"五四"新文学自由涣散的精神状态大表不满。他们指出："五四"新文学作为"中国的资产阶级的文化革命运动"的一个组成部分，它所狂热追求的"资产阶级的个人主义，一切种种资产阶级性的自由主义和人道主义"思想，完全是落后时代的精神产物。②而作为小资产阶级个人主义的代言人，新文学作家"他们历史的任务，不外一个忧愁的小丑"。③他们的创作无一例外都因其思想意识的灰暗性，而根本"没有现代的意味"。④比如他们称叶圣陶"是一个静观人生的作家，他只描写个人（——当然是很寂寞的有教养的一个知识阶级）和守旧的封建社会，他和新

---

① 蒋光慈：《关于革命文学》，载1928年2月《太阳月报》第2期。

② 《瞿秋白文集》第三卷，第22—23页，人民文学出版社1998年版。

③ 冯乃超：《艺术与社会生活》，《文化批判》1928年创刊号。

④ 钱杏邨：《死去了的阿Q时代》，载1932年上海亚东图书局版《现代中国文学作家》一书。

兴的资产阶级的社会的‘隔膜’。他是中华民国的最典型的厌世作家，他的笔尖只涂抹灰色的‘幻灭的悲哀’”。而“鲁迅这位老先生——若许我用文学的表现——是常从幽暗的酒家的楼头，醉眼陶然地眺望窗外的人生”。他的小说创作，“反映的只是社会变革期中的落伍者的悲哀，无聊赖地跟他弟弟说几句人道主义的美丽的话”。[①] 他们甚至还把鲁迅的文学创作统统视为是小资产阶级灰色人生观的消极产物，并强调说它只具有作为旧社会挽歌的存在意义，而无法给人指出理想和希望。“鲁迅所以陷入这样的状态之中，我们可以说完全是所谓自由思想害了他，自由思想的结果只有矛盾，自由思想的结果只有徘徊，所谓自由思想在这个世界上只是一个骗人的名词，鲁迅便是被骗的一个”。[②] 无论人们如何去评价这段历史公案，但有一点是任何人都无法否认的，那就是这场论战的客观效果，无疑加快了鲁迅等“五四”文学精英思想“左”转的时间进程。

“革命文学”口号的倡导者们，都是沐浴着“五四”人文精神的阳光雨露成长起来的年轻一代，但他们却都以对“五四”精神的彻底背叛而昭示着他们对于前人的大胆超越。所以谈及“革命文学”口号之争，我的兴趣点并不是鲁迅等人思想“左”转的事实本身，而是那些热血青年是如何促使鲁迅等新文学巨匠毫无条件地接受了他们全新的革命文学理想，并最终导致了中国现代文学价值观念发生了根本性的历史转变。如果我们进一步去分析研究“革命文学”口号倡导者的原始理论主张，便能够发现他们是以马克思主义的现代革命哲学为武器，用强大的政治理论攻势无情地摧毁了鲁迅等“五四”人文主义作家所做的无谓抵抗。首先，

① 冯乃超：《艺术与社会生活》，《文化批判》1928 年创刊号。

② 钱杏邨：《死去了的阿 Q 时代》，载 1932 年上海亚东图书局版《现代中国文学作家》一书。

"革命文学"口号的倡导者根据中国社会形势的新变化，敏感地意识到20世纪20年代末期的中国社会已经进入到一个无产阶级革命的历史时代。那么在这个新时代里，"革命文学，不要谁的主张，更不是谁的独断，是由历史的内在的发展——联络，它应当而且必然地是无产阶级文学"。[①]其次，他们认定现代无产阶级革命的价值理念，已经发生了"由个人主义趋向到集体主义"的根本性变化，那么中国现代无产阶级政治革命的历史使命，就应"是要打破以个人主义为中心的社会制度，而创造一个比较光明的，平等的，以集体为中心的社会制度"。作为现代政治意识形态附属品的现代文学，它同样应该以自己独特的思维方式，在创作上表现出崇尚集体主义、反对个人主义的鲜明政治态度。再次，革命文学因其具有了无产阶级的政治属性，所以它必须"完成他主体阶级的历史使命，不是以关照的——表现的态度，而是以无产阶级的阶级意识，产生出来一种斗争的文学"。这就要求"我们的文学家，应该同时是一个革命家。他不仅在关照地'表现社会生活'，而且实践地变革'社会生活'。他的'艺术的武器'同时就是无产阶级的'武器的艺术'"。[②]最后，无产阶级革命文学的宗旨是要描写"中国的被压迫群众对于帝国主义的反抗"和"旧社会制度的反抗"，"它的主人翁应当是群众，而不是个人主义"。"革命文学的任务，是要在此斗争的生活中，表现出群众的力量，暗示人们以集体主义的倾向"。[③]"文学革命"的倡导者正是以他们政治革命理论的严密逻辑性，将鲁迅等"五四"文学精英无情地推到了严酷的阶级斗争现实面前，并明确地告诉他们，现在"摆在每一个人底面前的，只有两条路径：走革命的大道呢？否则，就陷落在反革命

---

① 李初梨：《怎样地建设革命文学》，载1928年2月《文化批判》第2号。

②③ 蒋光慈：《关于革命文学》，载1928年2月《太阳月报》第2期。

的泥坑之中”。[1] 究竟是赞成革命并站在无产阶级和人民大众的集体主义精神的立场上，还是不赞成革命并站在与无产阶级和人民大众为敌的立场上？鲁迅等人实际上已无可选择。当鲁迅等人在这场论战的过程中，被逼无奈不得不去潜心研究马克思主义的文艺观时，实际上已预示着这场论战的结束和“革命文学”理念对于“五四”新文学人文精神的彻底胜利。

需要特别强调指出的是，鲁迅和其他“五四”文学精英对于“革命文学”基本理论的最后无条件的接受与认同，还有一个非常关键性的中介因素我们不能加以忽视：从“五四”新文学的崇尚文化功利主义，到“革命文学”的崇尚政治功利主义；从新文学的“文艺为人生”主张，到“革命文学”的文艺为劳苦大众服务的宗旨，新文学作家的认识转变其实并没有遇到什么根本性的思想障碍，这中间只不过是文学实用对象而不是文学实用目的发生了变化。而这种变化的客观结局，无非是使文学实用主义的目的与对象都变得更加具体化了。所以“革命文学”的倡导者用他们青春的理想与叛逆的勇气，不仅没有将鲁迅等人排除出“革命文学”的阵营，反而却重新激活了他们参与变革现实社会的巨大政治热情。当鲁迅等人与“革命文学”口号的倡导者握手言和，并联合其他进步作家共同于1930年3月2日组成了“中国左翼作家联盟”时，也即宣告了“五四”新文学运动的历史终结，同时也宣告了中国无产阶级革命文学运动的开始。

---

[1] 《中国社会科学家联盟底成立及其纲领》，载1930年7月1日《新思想月刊》（即《新思潮月刊》第4期）。

第四节　规范整合的完结：中国现代文学价值观的最终确立

鲁迅等“五四”文学精英加入了“左联”，与“左联”接纳鲁迅等“五四”文学精英，应该说这是一个双赢的结局。因为鲁迅等新文学作家借加入“左联”的机会，彻底摆脱了“五四”后期的精神苦闷，并寻找到了新的思想增长点，而“左联”则因鲁迅等人的加盟，使得自己完全获得了精英文化的社会表现形态。两者合二而一的最后结局，使中国现代进步作家以一个强大的群体声音，形成了一个无产阶级革命文学的话语时代。

“左联”并不是一个纯粹文学意义上的社团组织，而是中国无产阶级在文学领域中传播自己政治意识形态的一个“斗争机关”。[①]当它的成员初步完成了思想意识的规范整合之后，“左联”内部在涉及文学与政治之间关系的几乎所有重大问题上，都达成了基本一致的思想共识。“左联”组织以鲜明的政治态度，向社会公开宣称自己政治功利主义的文学主张：“我们——普罗列塔利亚——的队伍正向着万恶的资本主义社会进攻！我们要从资产阶级手里夺取政权，我们要从资产阶级手里夺取生产机关！我们更要把这些实际的斗争和我们阶级的意识反映到艺术上去，摧毁资产阶级的艺术！”[②]当然，“左联”成员也清醒地意识到：“我们的斗争，是流血的斗争。我们的生命，是冒着极大的危险。”[③]从这些铿锵有力且火药味十足的文字词汇中，我们所感受到的不仅是左翼革命

---

① 《无产阶级文学运动新的情势及我们的任务》（“左联”执委会决议），载1930年8月15日《文化批判》第1卷第1期。

② 《普罗诗社底成立》（宣言），载1930年5月1日《萌芽月刊》第1卷第5期。

③ 《中国左翼作家联盟为国民党屠杀大批革命作家寄给高尔基的呼吁书》，转引自《新华月报》1961年第8期。

作家对于无产阶级政治革命理想的虔诚信念，而且也十分直率地表露出了他们渴求参与现实“战斗”的主观愿望和创作冲动。如果我们以平和的阅读心态进入30年代左翼革命文学的话语体系，仅凭直观感觉便能发现在文学从属于政治观念的支配下，左翼作家所使用的关键性词语都发生了观念上的明显变化：“阶级性”淘汰了“人性”，“我们”取代了“我”——个体形象的阶级群体化特征和艺术典型化意义，直接构成了左翼革命文学与“五四”新文学完全不同的审美价值取向。正是从关注社会大多数人的人性（主要体现为是被剥削与被压迫者的政治权利和生存权利）立场出发，左翼作家坚信“阶级性”是“人性”的合理发展，是“人性”的最高体现与千古永恒的价值准则，因此他们以前所未有的政治激情与极度亢奋的精神状态，由衷地表达了他们“与人奋斗”的政治理想和奋发向上的乐观情绪。为了实现这一崇高的政治信仰，“左联”还要求它的成员，必须以深刻的政治眼光和正确的阶级立场，去真实地反映中国现实社会生活的本质特征——不但要揭示“资本主义的崩溃”与“地主阶级的崩溃”的历史必然趋势，同时还“必须描写农村经济的动摇和变化”以及工农革命运动的兴起；[①] 不仅要生动而艺术地再现现实生活中“人”与“人”之间的阶级对立与阶级斗争，而且还要形象化地描述无产阶级政治革命的未来美好前景。在左翼革命作家的艺术思维中，文学的社会价值只有经过现实阶级斗争“血与火”的洗礼才会得以实现，艺术创作的生命乐趣也只有在充满着政治理想主义的青春激情中才会具有实际的意义。正是基于这样一种艺术思维方式，30年代的中国现代文学渐渐褪去了个人主义的喜怒哀乐情调，逐渐加重了它时代政治使命感的主观战斗色彩。从此以后，中国现代作家

① 克兴：《小资产阶级文艺理论之谬误》，载1928年12月《创造月刊》第2卷第5期。

已不再是作为文学创作上独立自为的个体存在，而是集体转变成了被剥削者、被压迫者的意识形态代表以及无产阶级革命的先锋战士。

左翼革命作家主观战斗精神的获得，使他们以高度的政治警觉性，随时准备去应付各种各样自由主义文学思想的公然挑战。在中国现代文学发展史上，“左联”时期发生的文艺论战次数最多，既有外部的，也有内部的，论争的焦点则都是所谓的文学自由问题。由于左翼革命作家思想的规范整合刚刚完成，“左联”的基础还比较脆弱，再加上国民党执政当局的政治绞杀，因此左翼革命文学运动所面临的形势也非常严峻。这不能不使左翼革命作家以极其强硬甚至于有些武断的态度，去面对一切危及自身生存的社会异己力量。尤其是当“新月派”、“第三种人”和“自由人”试图用个性自由意识同“左联”所倡导的集体主义精神相抗衡，并对其进行纯粹文学意义上的理论解构时，“左联”文学阵营为了维护自己价值观念的正确性和权威性，势必要以思想斗争的强硬姿态做出群体的回应。一场大规模的理论交锋也就因此而在所难免。综观这几次大的思想论战，左翼革命作家几乎是以前所未有的思想一致性，向“左联”组织内外的一切资产阶级自由化的文学观念发起了猛烈的攻击。他们的共同理论见解是：每个人都不可能脱离他所客观隶属的阶级群体而独立存在，个人只不过是不同阶级群体中的一分子。强调抽象的个体“人性”，无非就是要将作家个人的狭隘利益凌驾于人民大众的根本利益之上，这无疑是同无产阶级集体主义价值观相对立的。因此，他们主张“批判一切个人主义、人道主义和自由主义等类的腐化的意识”，①牢固树立无产阶级革命的人生观与价值观；并要求广大作家充分认识到民族

---

① 蒋光慈：《关于革命文学》，载1928年2月《太阳月报》第2期。

群体的全面解放乃是个人获得解放的首要条件，民族现代意识的全面确立乃是独立人格健康发展的必要保障。如果仅仅关注个人的精神痛苦而忽略了社会群体的公众利益，那是典型的没落腐朽的资产阶级世界观。在这一次次的思想论争过程中，左翼革命作家向社会显示了一种不可抗拒的话语霸权意识：无产阶级革命文学“所要的是全般，不是一角的地位”。[①] 由此可以看出，“左联”正是以其外向扩张的战斗姿态，不仅捍卫了自己政治理想的神圣尊严，而且也扩大了自己的政治影响。毫无疑问，“左联”时期所有文艺论战的层面意义，都直接体现为无产阶级集体主义精神对于“五四”人文精神的批判和取代。但我们也必须承认这样一个事实——由于批判与取代者（如鲁迅等人）大多都曾是“五四”人文精神的传播者或信仰者，所以论战的本质意义又间接地体现为“五四”人文精神的传播载体，在新的历史形势下对“五四”人文精神的自我否定。“左联”以其强烈的主观战斗精神，全面压倒了一切反对者的微弱呼声，并在进一步巩固了“革命文学”口号之争已取得的胜利成果的基础上，为中国现代文学的全面无产阶级意识化，扫清了最后的思想障碍。

左翼革命作家思想的规范与整合，使得他们对无产阶级革命文学的创作主题与创作方法，也形成了相对统一的看法。从服务于无产阶级政治革命大局的前提出发，“左联”在其组织决议中，明确要求它的成员应以广阔的艺术视角去反映大的革命时代背景：既要表现“帝国主义统治下的旧世界，因为内部矛盾日益发展，经济危机加速的深化，现在无处不是饥饿，杀戮，镲铸，无处没有斗争，愤懑，革命，一切惨淡残酷黑暗的光景证实资本主义第三时期的腐败崩溃的特质”；同时也应表现“社会主义建设的成果

---

① 《鲁迅全集》第4卷，第208页，人民文学出版社1998年版。

日益显著，广大劳苦群众的生活，益向上改善，充满着和平，建设，协力，幸福，热心和一切光明的要素”。[1] 为此，“左联”还特地对无产阶级革命文学的创作题材，做出了以下五个方面的硬性规定：

> （1）作家必须抓取反帝国主义的题材——描写帝国主义对于中国劳苦民众残酷压迫和剥削，分析帝国主义和中国农村经济及中国民族资本主义的关系，分析帝国主义和封建势力，军阀地主资本家的政权，以及各派资产阶级的利害关系。分析各帝国主义在中国的利害冲突。暴露帝国主义瓜分中国和以中国作军事根据地进攻苏联的阴谋，中国民众反帝国主义的各种英勇的斗争，等等；（2）作家必须抓取反对军阀地主资本家政权以及军阀混战的题材——分析这些和帝国主义的关系，分析中国社会的阶级关系，描写广大群众的数重的被压迫和被剥削的痛苦情形，广大的饥饿，巨大的灾祸，描写军阀混战的超过一切大灾祸也造成一切大灾祸的战祸，描写农民和士兵对于军阀混战的憎恶及其反抗的斗争和兵变，等等；（3）作家必须抓取苏维埃运动，土地革命，苏维埃治下的民众生活，红军及工农群众的英勇的战斗的伟大的题材；（4）作家必须描写白色军队“剿共”的杀人放火，飞机轰炸，毒瓦斯，到处不留一鸡一犬的大屠杀；（5）作家还必须描写农村经济的动摇和变化，描写地主对于农民的剥削及地主阶级的崩溃，描写民族资产阶级的形成和没落，描写工人对于资本家的斗争，描写广大的失业，描写广大的贫民生活，等等。[2]

---

① 《无产阶级文学运动新的情势及我们的任务》（“左联”执委会决议），载1930年8月15日《文化批判》第1卷第1期。

② 《中国无产阶级革命文学的新任务》（“左联”执委会决议），载1931年11月《文学导报》第1卷第8期。

“左联”对其成员所提出的具体创作要求，无论是描写现实斗争还是展示未来理想，字里行间都充斥着强烈的主观战斗精神。而左翼革命作家也以高度自觉的组织原则，忠实地执行了“左联”关于革命文学创作的组织决议：他们以“无产阶级的观点，从无产阶级的世界观”出发，[1]“在文艺上表现中国社会关系和阶级关系”，[2]深刻地反映了中国民族资产阶级的软弱性和妥协性，以及他们与西方资本主义和中国封建势力千丝万缕的错综复杂关系（如茅盾的《子夜》）。以“一个纯粹农民的眼光来看中国的农村”，[3]揭示“那边郁积着要爆发的感情”，[4]“真实”而艺术地生动再现了中国工农民众阶级意识的空前觉醒和奋起反抗（如蒋光慈的《短裤党》、胡也频的《光明在我们的前面》、茅盾的《春蚕》、叶紫的《丰收》、洪深的“农村三部曲”等）；以“辩证法为工具，去从繁复的社会现象中分析出它的动律和动向”，并“从这些现象中指示出未来的途径”，[5]用革命的理想主义去教育和鼓舞人民大众的革命斗志以及增强他们的革命信心（如胡也频的《同居》、华汉的《尘影》、洪灵菲的《前线》、欧阳山的《竹尺与铁锤》等）。左翼革命文学的创作实践，以乐观向上的革命浪漫主义情调，强劲支撑着左翼革命文学的政治理想，并由此开创了中国现代文学革命英雄主义的红色经典时代。

全面回顾中国现代作家思想转型的历史过程，我们可以清楚地发现，无产阶级意识形态入主中国现代文学运动，乃是一种时代发展的必然趋势。无论人们是以什么样的眼光去看待这段历史，

---

① 《中国无产阶级革命文学的新任务》（“左联”执委会决议），载1931年11月《文学导报》第1卷第8期。

② 乐雯：《〈子夜〉和国货年》，载1933年4月3日《申报·自由谈》。

③⑤ 艾青：《献给乡村的诗·序》，北门出版社1947年版。

④ 《无产阶级文学运动新的情势及我们的任务》（“左联”执委会决议），载1930年8月15日《文化批判》第1卷第1期。

无法回避这样一个客观事实：解放区文学与新中国文学的理论架构与创作模式，几乎都能从这里找到它最初的思想源头。这也从另一个侧面说明了1926至1930年，仅仅四年多的时间里，中国现代作家的思想律动，凝聚了整个中国现代文学的影子。这不能不引起我们理论研究者的广泛关注与高度重视。

第六章

左翼文学运动的政治精英意识

在中国现代文学史上，曾经发生过两次启蒙运动：一次是“五四”时期的文化启蒙运动；另一次就是“左联”前后的政治启蒙运动。尤其是从20世纪20年代后期开始，无产阶级意识形态价值观的理论倡导和左翼革命文学运动的影响扩张，实际上已形成了主导中国现代文学发展不可逆转的历史必然趋势。鲁迅甚至在1931年便公开断言：“现在，在中国，无产阶级的革命的文艺运动，其实就是惟一的文艺运动。”① 如果我们不带有任何偏见去回顾已经发生过的历史，便可以发现鲁迅的见解无疑是正确的。因为迅速崛起的左翼革命文学运动，以其无产阶级意识形态的巨大社会影响力，创造了中国现代文学的主流话语形式，并使中国现代作家独立自由的思想状态，得到了有效的规范与整合。从此以后，中国现代作家摆脱了“五四”后期的彷徨心态，以强烈的主

① 《鲁迅全集》第4卷，第285页，人民文学出版社1998年版。

观战斗精神和知识分子的政治精英意识，彻底终结了“五四”新文学的历史，并最终导致了中国现代文学价值观念的根本转变。

第一节　左翼文学运动的主观战斗性

用现在的眼光去分析左翼革命文学运动，人们至少可以感觉到它所表现出来的政治理想主义的思想倾向性，集中体现着现代中国知识分子无产阶级意识精英化的价值追求。对于这一问题的理解与认识，我们首先应该从“左联”的基本宗旨说起。

1930 年 3 月 2 日“中国左翼作家联盟”的成立，既标志着“五四”文化精英意识的结束，同时也标志着左翼政治精英意识的开始。“左联”并不是一个纯粹文学意义上的社团组织，它对自己的定义是无产阶级“真正的斗争机关”。① 因此，“左联”成员几乎都是以无产阶级先锋战士的政治身份，用同一种声音向全社会公开表明了他们这样的无产阶级文学主张：“我们——普罗列塔利亚——的队伍正向着万恶的资本主义社会进攻！我们要从资产阶级手里夺取政权，我们要从资产阶级手里夺取生产机关！我们更要把这些实际的斗争和我们阶级的意识反映到艺术上去，摧毁资产阶级的艺术！”② 他们甚至不无自豪地宣称：“我们的斗争，是流血的斗争。我们的生命，是冒着极大的危险。”③ 从这些铿锵有力且火药味十足的文字词汇中，我们所感受到的不仅是左翼革命作家对于革命文学的虔诚信仰，而且更表露出了他们渴求参与“战斗”的主观愿望，以及通过融入时代政治斗争而获取人生乐趣的情绪

① 《无产阶级文学运动新的情势及我们的任务——“左联”执行委员会决议》，《文化斗争》1930 年 8 月 15 日第 1 卷，第 6 页。

② 《普罗诗社底成立》，载 1930 年 5 月《萌芽月刊》第 1 卷第 5 期。

③ 《中国左翼作家联盟为国民党屠杀大批革命作家寄给高尔基的呼吁书》，转引自《新华月报》1961 年第 8 期。

躁动。正是从这一时间起，左翼革命作家彻底转变了“五四”人文主义的思维方式，用他们所理解的马克思主义阶级斗争学说，展开了大规模的社会政治启蒙运动。同时，也以革命理想主义的艺术审美方式，直接配合了当时中国无产阶级革命运动的政治要求。

左翼文学作家之所以会从文化启蒙完全走向了政治启蒙，其根本原因就在于他们对当时中国社会的基本性质，形成了比较一致的思想看法。他们断言30年代的中国已经“是世界资本主义统治最薄弱的一环，也是主要帝国主义矛盾集中的地方”。[①]那么它“在国际资本主义日趋崩溃而世界无产阶级起来争求解放的现在，当然是求无产阶级革命的成功”。[②]左翼革命作家也十分清楚，“产业落后的中国因封建势力的萎缩，民族资本主义没有健全独立发展的可能，因此没有强固的统治的观念形态。资本主义文化没有形成的时候便夭折了，反转来，封建的思想依然还有它相当的作用。”[③]中国现代产业工人极其薄弱的落后现实，在很大程度上使他们所主张的“无产阶级革命”，缺少如马克思所要求的那种以工人阶级为主体的革命中坚力量。为了弥补这一历史缺憾而不使中国成为世界无产阶级革命的缺席者，从20世纪30年代初起，左翼思想家和文学家便使用“工农大众”的名词来替代单一的“工人阶级”概念，并逐渐使其成为中国无产阶级的代名词。但由于中国特殊的国情所决定，“工农群众”的主体重心又落在了“农”字上（早在1925年毛泽东就已把贫苦农民划为是“半无产阶级”，而“左联”时期也将农民当做“劳动民众”来看待）。[④]所以，只有将

①③ 《无产阶级文学运动新的情势及我们的任务——“左联”执行委员会决议》，《文化斗争》1930年8月15日第1卷，第6页。

② 《“无产阶级文艺俱乐部”底发起》，《巴尔底山》1930年5月21日第1卷第5号。

④ 毛泽东在《湖南农民运动考察报告》和《中国革命和中国共产党》两篇文章中，对此问题曾做过极为详尽的阐述。可参见《毛泽东选集》人民出版社1991年6月版，第1卷，第18页、第2卷，643页。

农民阶级原有的非理性群体意识上升到无产阶级集体主义精神理念的高度给予充分的肯定，才能确立他们在未来中国社会历史发展中的主体地位。这就必然涉及到一个使农民的非理性“群体意识”，如何过渡到无产阶级“集体主义精神理念”的理论转换问题。

农民意识是中国几千年封建文化最直接的精神温床，是非理性“群体意识”的社会根基和生活载体。对此不仅“五四”新文学的精英们有着深刻的认识，左翼革命作家也同样有着深刻的理解。但与“五四”文学精英不同的是，左翼革命作家在承认农民意识的狭隘性和落后性的同时，更注重去发掘他们身上潜在的革命性和进步性。他们认为“人民大众也是有缺点的”，然而这种缺点只不过是剥削者和压迫者“在人民大众中所遗留的恶劣影响”。只要彻底推翻了国民党反动政权的现行统治，人民大众的思想缺陷也就会随之而自动消除。[①] 因此，左翼革命作家主张运用文学艺术的形象性功能，从正面去表现以农民为主体的“工农大众”，努力“提高他们的文化水准，政治教育，使他们起来为苏维埃政权而斗争”。[②] 正是从这样的认知基点出发，他们强调要彻底“批判一切个人主义，人道主义和自由主义等类的腐化的意识”，[③] 并率先完成了中国现代文学从对农民落后思想的猛烈批判，到对农民革命觉悟的高度颂扬的艺术实践的转变过程。左翼文学运动运用知识分子的政治精英意识，造就了一个富有生机活力的无产阶级革命话语时代。它不仅以强大的社会感召力迅速波及到整个中国现代文坛，并以左翼作家群体的思想共鸣压倒了一切反对者的微弱呼

① 《毛泽东选集》第3卷，第872页，人民出版社1991年版。

② 《无产阶级文学运动新的情势及我们的任务——“左联”执行委员会决议》，《文化斗争》1930年8月15日第1卷，第6页。

③ 《瞿秋白文集》第3卷，第23、16页，人民文学出版社1998年版。

声。尤其当“新月派”、“第三种人”和“自由人”试图用个性自由意识同“左联”所倡导的集体主义精神相抗衡时，“左联”阵营为了维护自己的价值观念的正确性和前卫性，势必要以思想论战的强硬姿态做出群体的回应。一场大规模的理论交锋也就因此而产生。依照现代人的眼光来看，左翼作家同他们对手论争的主要焦点，就是如何理解作家个体与阶级群体之间的社会主从地位关系。左翼文学阵营认为，在现实社会生活中，每个人都不能脱离他所客观隶属的阶级群体而独立存在，个人只不过是不同阶级群体中的一分子。而反对者则认为，人性具有共性原则和个性原则，而共性与个性之间关系的自然属性，是不能简单用阶级群体的社会属性来加以界定的。虽然这两次论争的层面意义直接体现为左翼革命文学对于“五四”人文精神的批判和取代，但由于批判与取代者（如鲁迅等人）几乎都是“五四”人文精神的传播者或信仰者，所以论争的本质意义又间接地体现为“五四”人文精神载体的自我否定。这无疑使左翼革命文学运动的发动者和参与者不得不面临着这样一种尴尬的局面：一方面他们必须不断地进行自我批判，目的是为了彻底肃清“‘五四’的自由主义的余毒”[①]；另一方面他们又必须以时代先锋的社会身份，去承担传播无产阶级思想信仰的艰巨使命。那么左翼作家究竟是否已真正成为了无产阶级革命文学运动的法定代言人了呢？在当时特定的时代背景下，左翼作家对此显然缺乏足够的自信心。“左联”刚一成立，鲁迅便一针见血地指出：“除了个人的胜利，即以无产文学而论，究竟胜利了多少？……在无产阶级的社会地位很低的时候，无产文学的文坛地位反而很高，这只能证明无产文学者离开了无产阶级，回到旧社会去罢了。”[②] 鲁迅这一番直率而又坦诚的质疑，实际上

---

① 《瞿秋白文集》第3卷，第23、16页，人民文学出版社1998年版。

② 《鲁迅全集》第4卷，第236页，人民文学出版社1998年版。

是向人们提出了一个左翼革命文学是否就代表着无产阶级革命文学的致命性问题。甚至更有个别左翼人士极其悲观地喟叹道："可怜的很，中国无产阶级出身的作家，至今还没有一个，并且甚至还没看到他们产生的预兆。"①

这使我们无形之中解开了一个历史的谜团，即：为什么"左联"时期的文学理论与创作实践，都只正面强调无产阶级集体主义精神的宣传和普及，而并不涉及作家个性如何转变为阶级共性的内在机制问题。因为他们还没有真正认识到自身思想上的政治精英意识，与无产阶级政治革命所追求的大众平民意识，客观存在着一种巨大的内在矛盾性。所以左翼作家虽然在文学语汇上发生了用词的变化，但他们仍旧保持着"五四"时代知识分子那种高高在上的救世主意识，甚至认为这种"救亡图存"的入世精神是中国知识分子的传统品德。当左翼作家把自己视为是工农劳苦大众思想的全权代表，并坚信为民代言的过程就是作家个体融入阶级群体的自然过程时，其实他们并没有真正走向无产阶级劳动大众，而只是营造了一种知识分子政治精英意识的时代风尚。启蒙者同时又是被启蒙者的双重社会身份，使得脱离无产阶级革命具体实践环境的中国左翼文学运动，只能在包容个体与群体并使其共同存在的基础上，寻求个体与群体、现代与传统思想认识方面的相对平衡。简言之，就是左翼文学运动用知识分子的精英意识诠释了无产阶级政治革命的思想理念，同时又以无产阶级意识获得者的政治身份去担当人民大众的思想启蒙导师。这就是左翼文学运政治精英意识的基本内涵。

① 李平等：《"无产阶级文艺俱乐部"底发起》，《萌芽月刊》1930 年第 1 卷第 5 期。

第二节 左翼文学运动的历史延续性

左翼文学运动的政治精英意识，就其本质特征而言，它与“五四”新文学运动的文化精英意识并无太大的差别，它们都是知识分子改造中国社会主观意志的集中体现。但是两者之间在社会启蒙的表现形式上，却又明显存在着一定的区别：“五四”新文学作家所关注的社会焦点，是“人”的精神状态及其历史文化成因，并希望通过对个体“人”的思想启蒙途径，最终实现改变中国落后面貌的人文主义崇高理想；而左翼文学作家的思维重心虽然仍是以现实生活中活生生的“人”为客体表现对象，但他们却更加关注“人”在现实生存境遇中的政治话语权利和物质利益要求，并希望通过揭示和解决由社会分配不公而导致的深刻阶级矛盾，从社会政治学的意义上去寻找现代中国人的心理平衡点。这自然是与马克思主义的无产阶级革命学说有关。左翼作家以他们对于马克思主义唯物史观和阶级斗争学说的肤浅理解，将现实生活中的一切社会矛盾都机械教条地纳入到了这样一种直观的逻辑推理程序：“人”与“人性”已不再是纯粹理念的抽象概念，而是具有实际文化内涵的物质存在；由于现实生活中不同阶级利益集团的客观主体都是由特定而实在的“人”所组成的，因此他们之间无法调和的矛盾也就直接体现为“人”与“人”之间的根本矛盾，他们之间物质利益上的冲突也就直接体现为“人”与“人”之间的阶级斗争。每个人的喜怒哀乐情绪，也都因阶级阵营的明确划分而被视为是不同人群的共性特征。左翼及其后来的中国现代文学作家，他们以反对“人性”的绝对抽象理念化为理由，将人类社会丰富多样的物质与精神生活内容都作了平面图解式的简约化处理；他们以对中国现代政治革命所表现出来的无限忠诚，精心营造出了百年中国文学史上一幕幕"人"与"人"之间,为了争夺政治生存权利与社会物质财富而不懈奋斗的历史艺术画面。这是任何一个中国现代文学史家都无法否认的客观事实。

正是出于对"人"与"人性"的重新理解和认识，直接导致了左翼作家所使用的关键性词语发生了微妙的变化："阶级性"淘汰了"人性"，"我们"取代了"我"——个体形象的阶级群体化特征和艺术典型化意义，构成了左翼文学与"五四"新文学完全不同的审美价值取向。从关注社会大多数人的人性（主要体现为被剥削与被压迫者的政治权利和生存权利）立场出发，左翼作家坚信"阶级性"是"人性"的合理发展，是"人性"的最高体现及千古永恒的价值准则。因此，他们以前所未有的政治激情与亢奋状态，在具体的创作实践过程中充分表达了"与人奋斗"的政治理想与乐观精神。"左联"从其成立伊始，就硬性规定它的所有成员，必须旗帜鲜明地去反映现实社会生活中尖锐对立的矛盾两极："一是新兴阶级的高塔，一是没落阶级的坟墓。"① 如表现城市生活题材的作品，必须要描写"资本主义的崩溃现象"以及工人运动的兴起。② 而表现农村生活题材的作品，"必须描写农村经济的动摇和变化，描写地主对于农民的剥削及地主阶级的崩溃"。③"左联"组织从理论上对"人"进行了泾渭分明的阶级分类，严格凸现"穷人"与"富人"截然不同的阶级立场和思想感情，其本义无疑是要告诉广大作家：文学的社会价值只有在描绘"人"与"人"之间的现实政治斗争中才会得以实现，艺术创作中的人生乐趣也只有在充满着政治激情的血色青春中才会具有实际意义。正

① 《时代美术社的宣言》，载1930年3月10日《拓荒者》第1卷第3期。

② 力竹：《记左联第一次全体大会》，载1930年5月《巴尔底山》第1卷第4号。

③ 左联执委会：《中国无产阶级革命文学的新任务》，载1931年11月《文学导报》第1卷，第8页。

是基于这样一种艺术思维方式，30 年代的中国现代文学渐渐褪去了个人主义的喜怒哀乐情调，逐渐加重了它政治意识形态的革命色彩，作家本人也不再是作为独立自为的个体艺术家而存在，他们集体转变成了现实社会的被压迫者，并进而成为了全体被压迫者根本利益的政治代表或阶级斗士。

左翼文学运动的政治精英意识，在其具体的创作实践过程中，也得到了完美的艺术体现。纵观左翼文学的红色经典作品，比如蒋光慈的《丽莎的哀怨》、胡也频的《到莫斯科去》、洪灵菲的《流亡》、华汉的《地泉》（三部曲）等作品，几乎都运用了高度统一的思维模式和整齐划一的故事情节，明确叙述了“五四”时期知识分子个性主体趋向无产阶级集体主义精神理念的心灵历程。他们甚至更是以简明扼要的话语形态告诉读者：知识分子个体与社会民众群体之间并不存在着什么天然的矛盾对立关系，知识分子个体不可能脱离社会人群而成为一种孤立抽象的现实存在，他们本身就是社会群体的客观构成因素之一。问题真正的关键就在于，知识分子个体必须首先弄明白，他们自己究竟应该归属于现实社会中的哪个阶级群体。因此，在所有红色文学经典作品的叙事模式中，矛盾冲突的根本焦点不是体现在知识分子个体与社会民众群体之间，而是集中在“五四”小资产阶级个性自由意识和无产阶级集体主义世界观之间。我们不妨以胡也频的《到莫斯科去》与《光明在我们的前面》这两部被评论家们公认为是“为现代意识的情爱注入了革命血液，使古老主题焕发出青春”[①]，且一举突破了“革命＋恋爱”模式[②]的代表作品为例，来做一番全景式的文本分析。这两部从头到尾都充斥着浓郁浪漫理想主义色彩的长篇小说，作为中国现代文学新时代到来的风向标，它直接体现

① 许志英、倪婷婷：《光赤式的陷阱——革命加恋爱》，《江海学刊》1988 年第 1 期。
② 孔范今主编：《二十世纪中国文学史》第 650 页，山东文艺出版社 1997 年 9 月版。

着左翼文学运动无产阶级意识精英化价值观形成的全部过程。作品的时代背景被置放在“五四”新文化运动的后期，男女主人公施洵白、素裳（《到莫斯科去》）与刘希坚、白华（《光明在我们的前面》）则仍旧被赋予了知识分子的特定形态。仅凭直观感觉的初步印象，这两部作品的故事情节与人物性格都过于简洁粗糙，叙事风格也同“五四”新文学的舒缓节奏差不多。然而胡也频并没有将知识分子视为无产阶级革命的否定对象，而是将其视为由一个复杂阶级成分构合而成的社会群体。两部作品营造了一种以男性为代表的无产阶级知识分子和以女性为代表的小资产阶级知识分子的活动空间和话语场，并通过男性主人公与女性主人公两种不同世界观的对立冲突，集中展示了小资产阶级思想意识（女性话语）对于无产阶级革命信念（男性话语）的最终臣服。我们姑且不去谈论什么“男权主义”或“女权主义”的高深理论，仅就一个“女性”的概念，在中国民众的世俗观念中，就早已被人们视为是目光短浅、狭隘自私、胸无大志的意义象征了。胡也频将女性弱势群体与小资产阶级知识分子人格形成简单的视觉对应关系，应该说是他于无意识之中形象地演绎了这种民间传统文化的陈旧思维程式（其实蒋光慈的《丽莎的哀怨》、华汉的《地泉》以及茅盾的《子夜》，也都表现出了与胡也频完全一致的思想倾向性）。女性主人公素裳与白华在胡也频的笔下，都呈现出一种极其矛盾的精神状态：她们向往革命具有极大的革命热情，但却又情感缠绵意志动摇缺乏明确的理论指导思想；她们相信无产阶级的集体主义精神理念是中国现代社会革命发展的历史必然趋势，但却又狂热地去追求小资产阶级知识分子所谓的绝对精神自由（白华就曾对刘希坚公然申明说：“自由——无论包含的是一种怎样的成分，总之——都是一概不允许别人侵犯的。”）；她们因受“五四”人道主义思想的影响而同情于劳苦大众的现实悲惨命运（素裳则常常被“叫化子在满街上响着惨厉的叫喊和哭声”所震撼而彻夜不眠），但却又难以放弃现实生活中无比优越的物质生活条件。所以她们只能借助灰色的爱情理想，来逃避脆弱心灵上的极度空虚与苦闷。两部作品文本对于小资产阶级知识分子思想女性意识化的表述方式，客观上似乎存在着一种寓意深刻的潜台词，即：小资产阶级知识分子个性解放的思想追求，只不过是如同女性迷茫的情感幻觉一样，是极其荒谬和不切实际的；两者人格之间的神似性，无疑是导致小资产阶级知识分子自觉走上革命道路的最主要先天性障碍。所以她们（他们）只能作为被拯救者而存在，或者是死守着“五四”个性主义思想而成为旧社会政治体制的殉葬品（如《到莫斯科去》中的徐大齐和《光明在我们的前面》中那群颓废的无政府主义者），或者像素裳与白华那样毫无条件地去接受无产阶级的价值观而重塑全新的自我形象。有被拯救者必然就需要有拯救者的出现，所以胡也频又倾力塑造了施洵白与刘希坚这两个男性主人公的正面形象。他们虽然也曾受过“五四”新思潮的影响，追求过个性解放的时代潮流，但是由于他们都出身贫寒饱受磨难，因而就能很自然地转变为马克思主义思想的忠实信仰者。比如施洵白从十三岁起就去一家布店打工，三年非人生活的经历使他变的意志坚强、爱憎分明，并因此而接受了马克思主义的革命理论，确立了为无产阶级解放事业而英勇献身的志向。正如他本人所说的那样：“我是一个C. P。我时时都有危险的可能。我已经把所有都献给了社会了的——我有的只是我的思想和我的信仰。”胡也频毫不掩饰地用男性形象的勇猛、刚毅、大度和侠义精神，去塑造了施洵白舍生取义的英雄人格，其用意不外乎是要向广大的社会读者阐明这样一个真理：知识分子中的大多数人都出身贫寒、社会地位低下，作为黑暗社会的被压迫者和被剥削者，他们本身就具有追求革命的主观要求；知识分子不是不可以作为中国社会政治革命的精英人物而存在，但前提条件是他们必须要像施洵白与刘希坚那样，出身于无产阶级并代表大多数人的群体利益。而那些小资产阶级出身的知识分子，则只能通过无产阶级知识分子对其进行彻底的思想改造，他们才有可能真正融入到工农大众的革命阵营。

左翼文学创作所精心营造的知识分子通过自我观念的更新而获得无产阶级革命意识的情节模式，不仅使广大知识分子的思想动能得到了空前的释放，同时也在很大程度上推动了整个左翼文学阵营政治精英意识气氛的空前高涨。自认为是已经获得了无产阶级革命意识并成为了劳苦大众代言人的左翼作家，他们以自己对于无产阶级政治革命的理解方式，展开了对劳苦大众大规模的政治思想启蒙。左翼作家在他们的创作中，都对“丰收成灾”农村社会现象给予了高度的关注，如茅盾的《春蚕》三部曲、洪深的“农村三部曲”、叶紫的《丰收》与《火》、叶圣陶的《多收了三五斗》等左翼经典作品，所描写的都是中国南方农村经济发达地区农民丰收却导致破产的怪异现象。其实他们的主观意图非常明确，就是要通过对这种社会现象的政治理性分析，力图去真实地反映中国农民在国内外反动势力的双重压迫下，不得不起来反抗与革命的历史必然性。这与“五四”时期新文学作家只注重展示农民的思想愚昧，而很少去描写他们的反抗行为相比较，在观念认识上确实发生了很大的变化。左翼作家不仅同情农民大众所遭受的深重苦难，甚至公开承认农民大众造反革命的合理性。不过我们也必须承认，左翼作家笔下所展示的农民反抗行为，实际上并没有完全超越中国古代农民起义的群体盲动意识。如茅盾《残冬》中的多多头领导农民去吃大户、洪深《五奎桥》中农民的聚众闹事、叶圣陶《多收了三五斗》中村民不满情绪的借酒发泄等，应该说基本上都是中国古代农民揭竿而起反抗皇权模式的现代翻版。这充分表明了绝大多数左翼文学作家的政治精英意识，仍仅停留在“五四”时期人道主义同情心的意义层面上，他们还没有真正意识到一场完全有别于传统农民造反性质的现代政治革命风暴的悄然来临。只有叶紫的《丰收》与《火》这两部中篇小说，在生动描绘了湖南农民起义暴动的火热场面的同时，又通过阶级意识的觉醒者立秋与其父亲云普叔的谈话，向读者暗示了中国现代农民革命运动的远大政治理想：“不久的世界，一定是我们穷人的。”可惜这位英年早逝的红色革命作家的政治敏感性，并没有引起左翼作家们的足够重视，从而使左翼文学的创作思路仍徘徊在批判现实主义的历史阶段，无法顺利地实现它与真正意义上的无产阶级革命文学的全面对接。

第三节　左翼文学运动的审美激越性

左翼文学运动的政治精英意识，在其审美原则上直接体现为革命理想主义与革命浪漫主义。从“普罗文学运动”开始，左翼文学作家就以一种红色激情主义的主观战斗精神，去刻意营造主体个性意识超越客观现实条件的崇高而完美的艺术审美境界。这些政治思维与艺术思维都十分敏感的时代精灵，他们在从事具体的文学创作之前，因其在思想上已经对于无产阶级革命的政治理念都有所承载，所以他们才会公然声称：“我们并不抽象地理解历史的进行和社会发展的真相。我们知道帝国主义的资本主义制度已经变成人类进化的桎梏，而其‘掘墓人’的无产阶级负起其历史的使命，在这‘必然的王国’中做人类最后的同胞战争——阶级斗争，以求人类彻底的解放。”[①] 正是由于这种先入之见的主观理

① 《中国左翼作家联盟的成立》（报导），1930年3月《艺术月刊》第1期。

念，使他们的文学创作明显带有强烈的乐观主义虚幻性。比如蒋光慈的《短裤党》、《咆哮了的土地》，华汉的《马林英》、《女囚》、《地泉》三部曲，洪灵菲的《流亡》、《前线》、《大海》，胡也频的《光明在我们的前面》、《到莫斯科去》，欧阳山的《七年祭》、《鬼巢》，以及魏金枝的《奶妈》和丁玲的《一颗未出枪膛的子弹》等作品，都是以极度浪漫的政治理想主义色彩，借助于作品中主人公之口直接投射了创作主体反抗叛逆的时代情绪，并以马克思主义的阶级斗争人生哲学，精心营造了一种属于纯粹精神理念的主观创作模式。我们不妨以洪灵菲三部作品中革命主人公的独白话语，用电影蒙太奇式的跳跃剪接方式，对于这种主观创作模式进行一次主体理念的意义还原：现实社会的血腥屠杀和生活苦难，“令我益加了解人生的意义和对革命的决心。我明白现时人与人间的虚伪、倾陷、欺诈、压迫、玩弄、凌辱的种种现象，完全是资本主义社会的罪恶的显证——欲消灭这种现象，非经过一度流血的大革命不为功”（《流亡》）。“我们应该拿出丈夫勇气来，我们应该向着一切侵害我们的敌人复仇——我们有的是力气，有的是健康，有的是智慧，我们可以称王，我们可以征服一切”（《大海》）。“革命的意义在谋人类的解放”，即使“我们都完了！可是真正的普罗列塔列亚革命却正从此开始呢”（《前线》）。这些慷慨激昂的鼓动性语言，虽然都是出自于作品第三人称叙述主人公之口，但实际上却无一不是创作主体当时思想认识的真实传达。无论我们出于何种目的去评价“普罗文学”作家那高度纯真的政治信仰，他们对于中国社会历史发展的前瞻性预言，以及他们用生命为代价去献身自己人生理想的主观浪漫主义艺术追求，都是令后人所由衷敬仰的。它不仅是以鲜红的血色装点了黑暗恐怖的夜空，同时更是以一种超越现实的主观想象力，为沉闷压抑的中国现代文学增添了一道亮丽的艺术风景线。对此，学术界过去往往是批评有余而肯定不足。

左翼文学运动的政治精英意识，不仅认同阶级斗争的人生哲学，而且还崇拜革命的英雄主义。早在“左联”时代，革命作家就被赋予了这样的历史使命感：书写“英雄主义，伟业，对革命的不自私的献身精神，现实的梦想的实现——这一切正是这个时代的非常特征的本质的特点”。[①] 不过左翼文学运动时期的英雄主义理想，在很大程度上还只是个人主义的英雄崇拜，而不是无产阶级政治意志的完美体现。比如蒋光慈的《少年飘泊者》不仅在篇首节录了《怀拜伦》的诗句为序：“拜伦呵！你是黑暗的反抗者；你是上帝的不肖子；你是自由的歌者；你是强暴的劲敌。飘零呵，毁谤呵——这是你的命运罢，抑是社会对于天才的敬礼？”而且还把主人公汪中塑造成了一个虽然浪迹江湖，但却不惜与命运抗争的“拜伦式”的个人英雄。实际上《到莫斯科去》中的施洵白、《女囚》中的赵琴绮、《流亡》中的沈之菲、《奶妈》中的奶妈、《竹尺与铁锤》中的阿菊等知识分子革命者的英雄形象，或多或少都带有“拜伦式”的个人英雄气质。他们的共同性格特点是：人生坎坷居无定所，不满现实敢于抗争，追求自由却无目的，参加革命找到归宿。作者在塑造这类艺术形象时，尽管有意识地在他们的身上主观地附加了明确的无产阶级政治身份，且或明或暗地让他们操持着马克思主义的革命理论语汇，但是这些艺术形象过分鲜明的个性主义人格魅力，使读者很难从他们激进的社会行为当中，真正感受到他们与无产阶级政治革命使命之间的共性关系。其他如茅盾《春蚕》三部曲中的多多头、叶紫《丰收》中的立秋和赖大哥、魏金枝《白旗手》中的乌狗等农民革命者的英雄形象，则更像是民间文学中的草莽英雄——他们杀富济贫、除暴安良、性

① 周扬：《社会主义的现实主义与革命的浪漫主义》，载1933年11月《现代》第4卷第1期。

格刚烈、视死如归。我们并不否认左翼革命作家的主观立意，是要充分地展示革命英雄过人的智慧与优秀的品质，可脱离具体革命实践的抽象幻想，必然会导致他们对革命英雄的任意曲解和无限泛化。

政治精英意识使左翼文学创作，在处理“情”与“理”的关系上，显得过于简单且十分的粗糙，无论是叙事还是描写，“情”与“理”都是以直白的语言直接呈现在读者面前，缺乏应有的艺术内涵和审美张力。如早期的“普罗革命文学”作品，几乎都是以两人对话的空间世界或以主人公的内心独白，在静态的描写中去表现革命者的人格品质。为了避免故事情节的枯燥平淡，作者只好借助于爱情的浪漫抒写去间接地传达无产阶级革命的政治理想。这就是人们常说的“革命 + 恋爱”小说的一个最显著的美学特征。尽管“左联”对于这种创作倾向有所纠正，作家的视角也转向了社会现实生活的本身，使作品的艺术表现空间有所扩大，但是左翼革命文学仍未完全摆脱创作主体政治情感的主观直叙性，这无疑使作品文本过分张扬了政治革命的理想色彩而缺少艺术审美的厚度与张力。如华汉的《深入》和《女囚》、欧阳山的《鬼巢》、胡也频的《同居》等作品，都是比较典型的范例。《深入》不仅描写了老罗伯父子率领农民武装同反动警察浴血奋战的英雄壮举，并且还让负了伤的老罗伯在庆功祝捷大会的主席台上，用政治家的口吻畅快淋漓地抒发了革命者共同的人生奋斗理想：“为了我们自己的衣食住，为了我们大家的衣食住，为了我们大家的子子孙孙的衣食住，为了我们将来的全人类的衣食住，我们用不着怕用不着哭，我们只有拿我们这一点一滴的热血去拼啊！”《女囚》则在描写了女性革命者赵琴绮在遭受凌辱殊死反抗的同时，作者更是让其以主观抒情的方式在监狱中展开丰富的联想，并用幻觉意识的漂浮性去直接投影工农革命武装砸开反动派的牢门，以片片血霞“把满天渲染成新鲜的赤色”的革命暴动场面。欧阳山的《鬼巢》，其本意是想以象征隐喻艺术表现的形式，通过主人公高刚的三个奇异的“梦”，去表现大革命前后中国社会革命运动的波澜起伏，但由于创作主体过分宣泄张扬了自己强烈的主观情绪，从而使主题的“隐喻”性变成了“理念”的直叙性。胡也频的《同居》，则更是以绝对主观化的艺术想象力，为人们虚构了一幅未来美好家园的理想蓝图：

> 从前很愁苦的人们都变成很快乐很活泼的了。妇女们更快乐活泼的厉害。她们从前都是没有出息地关在贫苦的家庭里弄饭，洗衣，养小孩，喂猪，像犯人关在监狱里一样，看不见自己的光明，现在她们是好像在天上飞的鸟儿了。她们的生活自由了没有压迫，没有负担。并且也不害怕丈夫了。她们可以随自己的意思和男子们结识。她们还可以自由地和一个“同志”跑到县苏维埃去签字，便合法的同居起来。她们生下的儿女也由“公家来保管，不用自己来担心”。

左翼文学运动的政治精英意识，正是以这种极度浪漫主义的社会革命理想，向读者传达着知识分子精英群体对于中国无产阶级革命政治使命与美好前景的主观理解。

全面回顾和探讨左翼文学运动的发生与发展过程，我们明显可以感到它实际上只解决了一个无产阶级意识精英化的理论认识问题，而并没有从根本上解决知识分子精英与人民大众群体之间思想对话交流的平等原则问题。当左翼作家以其强烈的政治精英意识充分张扬着知识分子的个性立场时，那么实际从事中国无产阶级政治革命的社会主导力量，必然要对其思想的偏颇和理论的幼稚进行必要的纠正。只有从这一认识角度出发，我们才能真正理解毛泽东《讲话》发表所产生的巨大的时代震撼力。

第七章

《讲话》与解放区文学的思想规范运动

1942 年 5 月 23 日毛泽东《在延安文艺座谈会上的讲话》的发表，在中国现代文学发展史上具有着极其重大的历史意义。我们之所以说它具有重大历史意义，其根本原因就是毛泽东将马克思主义的阶级斗争人生哲学与中国革命的具体实践相结合，全面规范整合了中国现代作家对于文学与政治之间关系的混乱认识，并由此而奠定了解放区乃至新中国文学创作上的主观战斗精神，以及革命理想主义和革命浪漫主义的美学追求。

第一节　《讲话》的时代背景与精神实质

《讲话》发表的直接历史背景，是对王实味等人资产阶级文艺观的批判。

抗战爆发以后，许多左翼进步作家都辗转来到了延安解放区，他们既为革命队伍补充了新鲜血液，同时也必然带来了他们不同的价值观念。王实味就是受左翼无产阶级意识精英化影响的一个比较典型的代表性人物。他先后在《野百合花》、《政治家·艺术家》等文章中，以知识分子的个性独立意识和强烈的社会责任感，对延安现实生活中客观存在着的一些阴暗面进行了大胆的暴露与正面的批判。王实味文章的主要论点，大致涉及以下三个方面：其一，他认为解放区还并不是无产阶级革命理想中的社会形态，它仍存在着许多属于封建思想意识形态方面的因素，如“平均主义与等级制度”等等现象（《野百合花》）。其二，他认为延安思想理论界所倡导的马克思主义，“只是半截马克思主义”，延安的政治理论家们对于无产阶级革命学说的理解，是形而上学和教条主义的（《野百合花》）。其三，他认为“政治家主要是革命底物质力量底指挥者，艺术家主要是革命底精神力量底激发者”；政治家的使命是指引革命发展前进的正确方向，艺术家的使命是暴露现实黑暗改造人的灵魂。真正的无产阶级革命家，应是政治家与艺术家的完美统一（《政治家·艺术家》）。王实味写这些文章的主观立意，只不过是想引起人们对于一些不健康社会现象的高度重视。其观点若要放在“左联”时期，恐怕还算不上是什么，鲁迅对左翼革命家与文学家自身弱点的批判，其言辞就要比王实味尖刻得多。然而边远的解放区延安并不是现代化的大都市上海，由于它已被定位是中国无产阶级的革命圣地，因此在它的区域中所发生的和正在发生的一切，也都被人们合理地解释为是一种无产阶级革命理论在中国现代社会的成功实践。王实味倒霉就倒霉在他选择了一个错误的时间和错误的地点，来展示他无产阶级意识精英化的人格品性。他并不了解中国革命的实际情况，仍然天真浪漫地想用知识分子理想中的“革命”，去矫正现实生活中的“偏差”。殊不知“偏差”还没有矫正，自己反到成为了“革命”批判的对象。延安的思想界和文艺界，对于王实味离经叛道的言论展开了猛烈的批评。他们认为王实味文章中所涉及到的延安社会生活的所谓“阴暗面”，是他“只看到‘意外地’、‘偶然地’事实的暴露……只找到‘现象地’而忽略了‘本质地’的冷嘲”；[①] 王实味完全脱离了解放区生活的真实状态，“为自己虚设了一个可能陷于疯狂的幻景”；当他“陶醉于自己字句的俏皮，嘲骂的尖利，而且装出一副英雄的嘴脸”时，“却实在已经有点忘记了自己是站在什么立场上说话了”。[②] 从当时的实际情况来分析，延安思想界和文艺界对王实味言论的批驳，还只是将其视为是革命知识分子群体中的个例，但是毛泽东却凭借他敏感的政治思维，立刻就意识到了这是一个知识分子群体中普遍存在的思想倾向性问题。如果不在党内和整个解放区领域内彻底解决知识分子个体与人民大众群体之间的关系，势必将会影响到中国无产阶级革命事业的健康发展。所以，他不仅在《讲话》一文中明确地阐明了自己的观点，而且还密切关注并直接参与了延安文艺界的思想整风运动。由于此时毛泽东在中国无产阶级革命运动中的政治领袖地位已经确立，再加之解放区思想意识形态的独特性，“五四”以来所形成的中国现代知识分子脆弱的个性意识，注定要被冠以现代无产阶级集体主义精神定义的民族群体意识所全面消解。

有一个现象值得我们注意：毛泽东在其《讲话》中并没有单独谈及他对左翼文学运动的看法，而只是用“五四”以来“中国新文化运动”的整体概念，在文章的开头把中国现代文学过去的发展历程一笔加以带过。毛泽东非常明确地将知识分子群体，统统化入到了小资产阶级的行列，并认为小资产阶级知识分子崇尚空谈，标榜革命理论但又脱离革命实践。因此，他强调指出：“我

---

① 齐肃：《读〈野百合花〉有感》，载 1942 年 4 月 7 日《解放日报》。

② 杨维哲：《从〈政治家·艺术家〉说到文艺——与王实味同志商榷》，载 1942 年 5 月 19 日《解放日报》。

们说的马克思主义，是要在群众生活群众斗争里实际发生作用的活的马克思主义，不是要口头上的马克思主义。”“革命的文艺工作者来到延安和各个抗日根据地的多起来了，这是很好的事。但是到了根据地，并不是说就已经和根据地的人民群众完全结合了。”毛泽东还反问那些曾参加过左翼文学运动或受其影响的解放区作家，你们不是提倡文艺“大众化”吗？“但是什么叫做大众化呢？就是我们的文艺工作者的思想感情和工农兵大众的思想感情打成一片”。真正的无产阶级革命者，都必须“把自己的思想感情来一个变化，来一番改造”。并在自我思想改造的同时，彻底解决个体价值对于群体价值的绝对认同和无条件归属问题。毛泽东为此而对所有知识分子出身的作家，提出了以下三个方面的具体要求：其一，无产阶级革命文学必须首先确立文艺为工农兵大众服务的主导思想，知识分子作家应从自我世界观改造的高度，去认识工农兵群众在中国现代无产阶级革命中的社会主体地位。“中国的革命的文学家艺术家，有出息的文学家艺术家，必须到群众中去，必须长期地无条件地全心全意地到工农兵群众中去，到火热的斗争中去”。为什么要到群众中去呢？目的只有一个，即“一定要把立足点移过来，一定要在深入工农兵群众、深入实际斗争的过程中，在学习马克思主义和学习社会的过程中，逐渐地移过来，移到工农兵这方面来，移到无产阶级这方面来”。知识分子只有解决了思想上的“根移”问题，他们才不会做“空头文学家，或空头艺术家”。其二，无产阶级革命文学必须明确文艺服从于政治的基本指导原则，“这政治是指阶级的政治、群众的政治，不是所谓少数政治家的政治……因为只有经过政治，阶级和群众的需要才能集中地表现出来”。无产阶级政治无疑是无产阶级群众意志的体现，那么革命作家最直接的现实使命，就“在于把群众政治家的意见集中起来，加以提炼，再使之回到群众中去，为群众所接受”，而不是以自己所谓的知识分子精英意识，去曲解人民大众的思想，从而造成个人偏见与群体意志的根本背离。其三，知识分子作家必须从灵魂深处，去深刻反省自身小资产阶级思想劣根性对现实革命的巨大危害性。“小资产阶级出身的人总是经过种种方法，也经过文学艺术的方法，顽强的表现他们自己，宣传他们自己的主张，要求人们按照小资产阶级知识分子的面貌来改造党，改造世界”。毛泽东坚决反对知识分子作家所宣扬的超阶级的人性论，认为他们“所鼓吹的人性，也是脱离人民大众或者反对人民大众的，他们的所谓人性实质上不过是资产阶级的个人主义”。毛泽东在《讲话》中最后强调：“知识分子要和群众结合，要为群众服务，需要一个相互认识的过程。这个过程可能而且一定会发生许多痛苦，许多磨擦，但是只要大家有决心，这些要求是能够达到的。”①

应该特别加以说明的是，毛泽东十分清楚鲁迅在中国现代文学史和中国现代思想史上的重要地位，所以他在《讲话》中把鲁迅从“五四”以及左翼作家群体中单列出来，并将其视为是知识分子与人民大众相结合的光辉典范，号召所有的知识分子作家向他学习。这不仅是对王实味等一批知识分子作家以鲁迅精神继承者身份自居的一种有力批驳和否定，同时也是向中国现代思想界与文艺界鲜明地昭示着一种不可抗拒的历史必然性：既然连中国知识界一致公认是最具有反叛传统文化群体意识的鲁迅，最终都回归到了无产阶级人民大众的革命阵营，那么一直以鲁迅为学习榜样的知识分子阶层，还有什么理由不彻底放弃自己所谓的个性独立意识而加入到人民大众的革命解放事业中去！《讲话》发表以后，全国各个解放区都陆续开展了轰轰烈烈的文艺界思想整风运

① 见《毛泽东选集》第3卷，人民出版社1991年版。

动（如晋察冀边区对“艺术至上主义倾向”的批判、晋绥文艺界对《丽莎的烦恼》消极主题的批判、东北解放区对萧军错误思想的批判等）。在强大的政治批判压力下，中国现代知识分子作家被迫以其前所未有过的自卑心态，争先恐后地消解自我个体的现实存在意义。与此同时，他们也在《讲话》精神的规范下，努力使自己的文学创作实践发生质的变化。比如丁玲从1942年创作《在医院中》所持的知识分子精英意识（为此她也曾经受到过尖锐的批评），到她1947年创作《太阳照在桑干河上》时完全站在与民众一致的阶级立场，其前后思想所发生的巨大变化，反映的已不仅仅是她个人对于无产阶级群体意识的无条件认同，而且更是标志着一个无产阶级意识平民化时代的到来。

第二节　《讲话》对解放区作家的思想规范

通过对王实味等人资产阶级文艺思想的彻底批判，使解放区作家对于无产阶级革命文学的使命意识有了更加深刻的理解。最为突出的一点，就是广大解放区作家明确地接受了工农大众是现代中国社会革命主体力量的客观事实，并从思想上解决了一个世界观根本转变的立场问题。

毛泽东和所有的中国无产阶级政治革命家都一致要求广大的革命文艺工作者，在从事具体的文学创作过程中，应该以虚心学习的姿态深入到农民中间去，去寻找和发现他们身上所具有的丰厚革命伟力以及他们对于革命的无私奉献精神。这种“深入”的主要目的只有一个，就是要“向他们学习，学习他们的工作经验”；[①] 并在此基础上，彻底解决个人与群众的关系问题。用聂荣臻要求

① 凯丰：《关于文艺工作者下乡的问题》，载《延安文艺丛书·文艺理论卷》，湖南人民出版社1984年版。

部队文艺工作者的话来说，“现在我们还是无‘家’可归，正在寻找自己的‘家’的时候。‘家’就是我们发展的前途。”[①] 纵览解放区有关文艺问题的主要理论文献，我们可以得出这样一种感觉印象：无产阶级政治革命家从中国革命的具体实践出发，他们将凝聚传统文化的“群体意识”视为是首要任务（实际革命斗争的现实需要），而将剔除其非理性的消极因素视为是次要任务（在具体的革命实践中逐步加以解决），因而他们对于解放区的文学艺术创作做了这样的规定：从正面承认和高扬传统文化“群体意识”的合理性，从侧面辅以无产阶级集体主义精神的思想启蒙。尤其是他们要求广大的文艺工作者运用“为人民大众所喜闻乐见”的民间文艺形式，去进行全新观念的文学创作和阶级斗争的思想启蒙，极力凸显其与现代革命的统一性和现实存在的社会意义，这无疑是对民间形式自身所具有的维系传统文化价值功能作用的人为忽略。[②] 所以解放区文学创作在一派乐观主义的气氛中，将过去旧时代民众群体对于“明君”意识的非理性思想“盲从”性，表现为新时代民众群体对于一种政治信仰的自觉而理性的思想“智从”性，极大地模糊了传统文化的非理性“群体意识”与现代无产阶级集体主义精神理念的内在本质差别。我们没有理由去指责解放区文学政治意识形态化的整体发展趋势，但是我们也必须注意到正是由于这种趋势的主导作用，中国现代文学开始终结了它

① 聂荣臻：《关于部队文艺工作诸问题》，出处同上。

② 仅在《延安文艺丛书·文艺理论卷》一书中，所收录的毛泽东、朱德、周恩来、刘少奇、陈云、叶剑英、贺龙、王震等人论述文艺工作的文章就有30余篇之多，这无疑集中体现了无产阶级政治革命家对于解放区文学艺术价值取向的高度重视。这些文章的中心论点，都是以《讲话》精神为基本准则，反复强调广大民众在中国现代革命战争中的绝对主体地位，而几乎都闭口不谈这一群体落后观念的思想改造问题。他们一再要求知识分子作家毫无保留地融入到现实社会的民众中间去，彻底成为他们群体中的一分子，这实际是从根本上承认了传统文化的非理性“群体意识”的历史合理性，及其过渡到无产阶级集体主义精神理念的现实可能性。

自“五四”以来所形成的新文学的个性启蒙使命，并以一种新型的理想主义信念来实现它与传统文化观念的历史对接。走入解放区文学的艺术世界，“五四”新文学的那种强烈的理性批判意识和启蒙主义的高度社会责任感，已被重塑传统精神文明的巨大现实热情所取代；“五四”新文学崇尚悲剧精神和客观写实的创作态度，也转变为对理想主义信念和主观性因素的强烈追求。赵树理的小说以通俗易懂的艺术形式，率先重新阐释了我们古老民族“群体意识”的现实意义。在他的笔下，群体的思维向量虽然积淀了大量的非理性历史积弊（比如二诸葛和三仙姑思想的愚昧落后性），但更多的时候还是表现为其改造社会推动历史的巨大思想动能（比如小二黑和小芹天不怕地不怕的反抗叛逆精神）。丁玲与周立波则以革命的政治理性意识，辩证地揭示了“群体意识”积极因素与消极因素的两面性，并以积极因素最终战胜消极因素而充分展示了其融入到无产阶级集体主义精神理念的历史必然过程（《太阳照在桑干河上》和《暴风骤雨》这两部史诗性的作品，其故事的核心内容就是描写传统的农民群体是如何走向无产阶级革命道路的）。而李季的《王贵与李香香》以及孙犁的“白洋淀系列”，更是完全将传统文化的“群体意识”直接演绎为现代社会的无产阶级革命信念，他们作品中的主人公也都被赋予了彻底的革命精神和崇高的思想境界，并在绝对信仰无产阶级世界观的前提下，成为了中国现代革命的历史主人。

追求或注重人的外在生存权利而忽略人的内在精神需求，从而使解放区文学客观上存在着一个对于人性重新认识的思想转化过程。根据《讲话》精神的具体要求，解放区作家以机械教条的“共性”理论原则，将身心全部都投入到了对于人的现实生活状态的强烈关注上。他们几乎都把人的精神世界中最为丰富的情感因素统统视为是人的物质需求的派生品，并营造了解放区文学用政治话语直接去诠释社会生活的艺术审美特征。首先，个体人性的精神内涵已不再是普遍和抽象的情感世界，而是社会不同阶级群体具体与实在的生活内容。如力群的《野姑娘的故事》、梁彦的《磨麦女》、孔厥的《凤仙花》、赵树里的《小二黑结婚》等，就是以新式农村妇女的思想解放为题材，并通过描写她们历经种种磨难最终获得人生自由的故事情节，较为集中地反映了解放区作家阶级论人性观的思想立场。这些作品以形象图解的直观方式，尽量从社会生活的外在表现特征去充分展示个体命运与群体命运之间的必然联系。由于他们把故事中的人物已主观设定为是社会意义上的“人”，那么就必然会让他们只能约束在阶级集团利益的框架内，去探讨个性价值实现的现实可能性。这与“五四”新文学虽然也把“人”视为是社会意义上的“人”，但却注重从人性形成的文化背景出发，去深入发掘人性失落历史原因的创作意图明显有所不同。其次，个体价值的确认不是以人的个性原则为尺度，而是以人的共性原则为准绳，作品中人物的思想情感已不再是作家对于个人精神世界的自由抒写，而是变成了他们表现人类思想通感的艺术象征。如李季的《王贵与李香香》、康濯的《我的两家房东》、菡子的《纠纷》、赵树里的《李有才板话》、马烽的《村仇》等，应该说他们的作品都是以人物的个体话语来传达这一人物所隶属的社会集团的阶级话语，同时又以阶级政治集团的价值理念激活了作品中的人物形象，从而形成了政治理念直接作用于读者感官的艺术审美规范。李季的叙事长诗《王贵与李香香》，在这一方面就表现得尤为突出。我们从这个充满着理想主义色彩和浪漫主义想象力的爱情故事中不难发现，王贵与李香香的悲欢离合，完全被排除了人物自身内在的情感性格因素，他们的幸福与否完全是取决于外在的社会性因素。“爱”不再被理解为是一种抽象的、纯粹的个人理念，而是被附加了具体的、实际的阶级内容。

我们完全理解李季在特定时代的主观创作意图，他就是要将爱情的个例推演成爱情的必然，把“爱”的精神追求转化为“爱”的政治理念，从而实现消解个性情感话语丰富的内涵功能，最终使其丧失独立存在的实际意义。个人情感的主观化与多样性向客观化与单一性的审美转变，无疑是对“五四”新文学为“爱”而“爱”，并极力突现“爱”的人格魅力或精神境界的创作主题的一种彻底否定。最后，情感世界的精神属性完全受制于政治集团的阶级属性，人物内心复杂的精神活动也被做了庸俗社会学的幼稚理解，人不再是作为独立意识的精神主体而存在，而是作为被动思考的社会动物而存在。所谓文学创作，实际上就是一种对于人的心理场的艺术表现。解放区文学作品在人物心理场的艺术表现方面，由于作家对人性理解的过于简单化，从而使他们创作的文学作品在艺术上都显得十分肤浅。例如周立波的《暴风骤雨》这部曾经轰动一时的红色经典，作者在描写赵玉林由消极到积极的思想转变时，就明显将其复杂细微的精神世界的和心理过程人为地简约化了。我们几乎无法从赵玉林身上看到正常人那种生理或心理变化上的一般“私语”常态，更感觉不到文化传统对其精神世界所造成的内在影响和历史厚重感。他之所以会在一夜之间发生思想上的根本转变，是因为作者用先入为主的政治观念对其思想所作的一种假定性的逻辑推理：农民作为被剥削被压迫阶级社会群体的成员，他们的内心世界里充满着要求平等生存权利的巨大精神动能，而这种精神动能也因他们自身的阶级属性，必然会使他们思维活动的本身呈现出无产阶级“共性”意识的本质特征。所以，他们精神世界中客观存在着的不可取代的心灵通感，必将以其数量的绝对优势而理所当然地代表着全人类最普遍的人性心理。

第三节 《讲话》与现代文学观念的认识统一

我们充分注意到，解放区作家对于《讲话》精神的认同决不是一种个体行为，而是一种广泛的社会共识。他们创作实践所表现出来的鲜明政治色彩，无疑标志着中国现代文学审美价值观念的彻底变革。

解放区作家思想意识的政治理想化，首先体现为他们解构社会生活方式的独特性。解放区文学的创作取材，从表面上来看，与“五四”以来人道主义文学创作的取材并没有太大的差别，比如关注现实生活的焦点、同情弱小者的不幸、反映被压迫者的不满情绪等等。然而“五四”新文学的着眼点是通过描写现实生活中个体人物的人性弱点，以揭示他们悲剧命运的内在心理动因，其主要目的还是从艺术文化学的角度出发去进行人性的写真（象鲁迅、叶圣陶、谢冰心、王统照、王鲁彦等人的小说，其立意均在于此。尤其是鲁迅的小说，几乎都将主人公的现实困境归结为是他们自身人性弱点的必然结果，进而阐释了这种人性弱点的文化成因）。解放区文学的创作着眼点同样是表现现实生活当中的“人”，但将抽象的“人”分别归属于不同阶级利益的社会集团，它的真正目的是从艺术政治学的角度出发，去反映人性悲剧的外在社会因素。在小说方面如力群的《野姑娘的故事》、梁彦的《磨麦女》、黄既的《老实人》、柳林的《转变》、孔厥的《农民会长》、赵树里的《小二黑结婚》、丁玲的《夜》、周立波的《暴风骤雨》等，在诗歌方面如田间的《赶车传》、阮章竞的《漳河水》、艾青的《雪里钻》、张志民的《王九诉苦》、李季的《王贵与李香香》等，在戏剧方面如马健翎的《血泪仇》、贺敬之的《白毛女》、付铎的《王秀鸾》、阮章竞的《赤叶河》、战斗剧社的《刘胡兰》、火线剧社的《把眼光放远一点》等，都是这一艺术政治学思维模式的共同产物。在这些政治色彩和时代背景十分鲜明的各类作品中，一切矛盾冲突的情节构成均被赋予了阶级斗争的全新内涵，一切被剥削、被压迫者的生活悲剧均被理解为是旧社会物质利益分配不公的必然结果，一切隶属于现代工业化文明的精神产品均被判定为是资产阶级意识形态的腐朽思想。与此同时，社会民众特别是农民群体的思想情感以及他们的生存要求，作为普遍人性最基本的政治要义，也成为了解放区作家倾心关注的惟一对象。当然，如何能使这种最普遍的人性得以根本的实现，解放区作家以强烈的政治自信在他们的作品里做了如此的表述：无产阶级先锋队作为人民大众根本利益的全权代表，他们所从事的革命事业就是解放人类最普遍人性的伟大事业。因此，人民大众只有积极加入到这场轰轰烈烈的政治革命当中，个人的人性才能伴随着无产阶级劳苦大众的群体解放而得到真正解放。综观解放区的文学创作，在阶级斗争和集体主义政治理性原则的规范下，少数人精神生活的理想遭到了彻底地批判和扬弃，而农民群体的现实物质生活作为人性最基本的内涵要义则被充分加以展现。一部《白毛女》之所以会产生强烈的社会轰动效应，关键就在于它以一个被剥夺了现实生存权利的穷人的凄惨故事，生动揭示了人的生存权利对于人的精神权利的全面覆盖，故而赢得了那些为了获取最起码的生存条件而仍在苦苦挣扎的普通社会民众最广泛的价值认同。解放区的广大作家也正是在全力表现人的物质生存欲望的过程中，自然而然地将艺术审美的独立品性转向了政治功利的实用目的。

全面审视解放区文学的作品文本，可以给人们灵魂造成巨大的震撼，作家群体以整齐划一的叙事模式，真实地再现了中国传统文人意识趋同的文化心理。无论是哪个文化层次的解放区文学作家，他们都在《讲话》精神的影响下达成了基本一致的思想共识：努力消解“五四”和“左联”时期的知识分子精英意识，倾心创造工农兵群众尤其是农民革命者的崭新形象，这是通达无产阶级革命文学的必经之路。比如说解放区土生土长的通俗作家赵树理的代表作《小二黑结婚》、《李有才板话》、《李家庄变迁》等作品，是以农民的视角深刻揭示了中国农民身上所蕴涵着的深厚革命伟力和巨大革命热情，而曾为左翼知识分子精英作家的丁玲和周立波，他们创作的《太阳照在桑干河上》与《暴风骤雨》，同样也是以农民的视角生动反映了中国农民阶级意识的空前觉醒和政治觉悟的空前高涨。这是一个思想观念高度自觉的文学时代，在几乎所有被公认是解放区文学经典的叙事模式中，农民群体作为中国无产阶级社会革命的主体力量，他们思想精神上所表现出的绝对自由状态，是中国文学史上前所未有过的。小二黑与小芹可以冲破一切传统的陈规陋习去自由恋爱，尽管他们也会受到种种挫折和磨难，但因为有了农民无产者强大的群体力量作为坚强的后盾，他们绝不会再重蹈涓生和子君爱情悲剧的历史覆辙；铁锁、牛大水、王加扶、高生亮、张裕民、赵玉林等农民虽然长期受传统的小农经济思想影响，但是他们一旦从沉睡中觉醒而获得了无产阶级革命意识，就会成为主宰自己历史命运的主人，而绝不会再象阿 Q 那样成为任人宰割的欺辱对象。解放区作家以民间艺术的话语表述方式，朴实而平和地告诉了广大社会读者这样一个通俗易懂的革命道理：贫穷并不是无产阶级革命可怕的敌人，而是无产阶级革命的动力源泉；农民也不是愚昧落后文化的代名词，而是中国无产阶级最本质的身份特征。周立波《暴风骤雨》中的主人公赵玉林，就是这样一个用中国农民无产者的政治概念塑造出来的典型艺术形象。赵玉林是个被旧社会压榨得“光着腚”生活、被人称为“赵光腚”的贫苦农民，他一年到头拼命劳动，却使全家三口人穷得连裤子都穿不上。作者并没有一味地去追忆他悲惨苦难的生活往事，而是集中表现他因贫穷而获得了最彻底的革命精神。因为贫穷，他对党对无产阶级革命事业忠心耿耿，在土改风暴中始终都走在别人的前面；因为贫穷，他大公无私心胸坦荡关心他人，在分配被没收地主的财产时总是处处考虑到他人的困难；同样也是因为贫穷，他非常珍惜得来不易的胜利果实，在危难关头敢于挺身而出自我牺牲。赵玉林无疑是解放区文学画廊中最具艺术感染力的一个农民革命英雄形象，在很长的一段时间内他都是人们学习敬仰的光辉榜样，自然也不会有人去怀疑周立波对于中国无产阶级革命事业的无比忠诚。然而周立波和他同时代的解放区作家却并没有意识到，在他们极其幼稚的艺术思维当中，把作为封建文化载体的农民与先进的无产阶级概念简单地等同，把农民大众的本能反抗与无产阶级的崇高理想混为一谈，实际上是对马克思主义的无产阶级革命哲学的一种严重误读行为。它对于建国以后的文学创作实践，产生了极其不良的负面影响。

与农民革命英雄形象相对应，解放区文学在其艺术表现风格上采用的是充满着主观浪漫主义的抒情模式。它崇尚传统民间文学的审美乐感形式，极力以超越现实苦难和战争残酷性的理想主义色彩，去刻意营造中国农民无产者政治革命史诗般的英雄交响曲。如李季的《王贵与李香香》、阮章竟的《漳河水》、孙犁的《荷花淀》系列、马烽与西戎的《吕梁英雄传》、孔厥与袁静的《新儿女英雄传》、康濯的《我的两家房东》等名噪一时文学作品，都在不同程度上反映着解放区作家浪漫主义的艺术追求。我们并不否认在特定的历史环境下，尤其是在残酷的党派政治斗争面前，革命浪漫主义对于中国现代农民战争的确曾起到过鼓舞革命士气、振奋革命精神的积极作用，但是我们也必须看到审美乐感对于悲剧精神的完全取代，实际上从根本上消解了以思想启蒙为内涵的现代人文精神，且还明显流露出了回归古典主义的创作倾向。从孙犁的《荷花淀》系列作品中，我们可以得到某些深刻的思想启示。

《荷花淀》与《芦花荡》这两个短篇小说之所以能够风靡一时，就在于作者敢于打破现实生活的既定框架，将残酷的现实斗争点染了无数新奇瑰丽的浪漫色彩。《荷花淀》里的那些去探望游击队丈夫的农村妇女，她们在孙犁的笔下已不再是些自私自利、胆小怕事的弱者形象，而是深明大义、机智多谋的时代英雄。面对武装到了牙齿的日本鬼子，她们竟然神情自若处乱不惊，最后巧妙地把敌人引进了游击队的埋伏圈，让自己的亲人打了一个漂亮的大胜仗。《芦花荡》中的那个撑船的老人为了给自己受辱的家人报仇，他把十几个日本鬼子骗到了布满鱼钩的芦花荡，然后用撑船的长篙象敲西瓜一样，将敌人头颅一个个全都敲烂。阅读孙犁的作品，应该说每个读者都会被他那乐观向上的情绪所感染。特别是那些年轻革命者健康爽朗的笑声和歌声，确实能给人带来极大的审美快感与娱乐性。然而也正是因为如此，中国农民低下的思想境界被悄然美化了，他们人格的高尚完美无形之中又构成了对知识分子启蒙者的无情嘲讽。孙犁和其他解放区作家所精心营造的虚构叙事模式，既为中国现代文学带来了一种清新诱人的艺术气息，同时又开创了一个脱离实际任意想象的危险先例。建国后文学创作领域中出现的一系列浮夸风，不能说与此毫无关系。另外用颂歌形式完全取代批判意识，也使得文学作为社会良心的自由意识形态监督功能大为减弱，这应是解放区文学缺乏审美深度和力度的主要原因之一。

解放区作家在《讲话》精神的指引下，以其高度的政治自觉性和严格的组织纪律性，自觉地去规范与约束自己的创作行为。他们用政治理想主义和革命英雄主义的浪漫史诗，有力地配合了中国人民的解放战争事业，同时也奠定了新中国文学整齐划一的发展方向。可以说建国后“十七年”文学的思想特征与艺术特征，都能够从解放区文学那里找到它的历史根源。

第八章

“十七年”文学的艺术追求与经验教训

新中国“十七年”文学既是解放区文学的合理延续，也是中国现代浪漫主义文学思潮的巅峰期。伴随着中国无产阶级政治革命的全面胜利，解放区文学为政治意识形态服务的局部成功实践，也被人们视为是带有普遍意义的绝对真理，在文学艺术领域中得到了广泛而自觉的价值认同。在政治意识形态的强劲干预下，新中国“十七年”文学奇迹般地对“五四”以来的自由主义文学倾向，进行了行之有效的规范与整合，并形成了三个方面的完美统一，即：现实主义、浪漫主义与现代主义的高度统一；官方文学、民间文学与精英文学的高度统一；文学家、思想家与政治家的高度统一。中国现代文学正是通过这种思想上的规范与整合，臣服于政治又借助于政治，开创了它浪漫主义与理想主义激情写作的历史新时代。

第一节　中国现代农民革命史诗的激情写作

新中国“十七年”文学的第一个艺术表现特征，是现代农民革命史诗的激情写作。

其实，早在解放区文学时代，赵树理、孙犁、刘白羽、丁玲、周立波等人的文学创作，就已经开始尝试着去建立一种全面展示现代农民革命伟大壮举的叙事模式，农民作为中国现代无产阶级政治革命的社会主体力量，也在解放区得到了广大作家的一致首肯。所以，《小二黑结婚》、《白杨淀记事》、《无敌三勇士》、《太阳照在桑干河上》、《暴风骤雨》等作品，很快便成为了中国现代文学创作的全新艺术范本。如果说解放区文学那富有传奇般的农民革命叙事模式，在血与火的革命战争年代里的确曾起到过鼓舞革命士气、振奋革命精神的正面社会效应的话，那么新中国“十七年”文学虽然继承和发扬了解放区文学创作的光荣传统，但却因为时代政治局势的迅速变化而承载了新的现实生活内涵。新中国“十七年”文学为自己的社会定位，是无产阶级政治革命机器上的“齿轮”与“螺丝钉”，因而它反映社会生活的基本职能，也由“真实”的描写转向了“艺术”的再现。综观新中国“十七年”的文学创作，它的艺术视野受现实政治的主观限定，基本上是围绕着两大主题旋律而展开的。

首先，是以理想主义的艺术思维和浪漫主义的表现方式，全面去梳理和营造中国无产阶级革命的光荣传统，并以史诗性的庞大气魄感染和凝聚新一代中国人对于现代政治革命理念的价值认同。一部中国现代革命史的全过程，就是“农村包围城市，武装夺取政权”。那么，艺术地展示和生动地再现现代农民战争气势恢弘的历史场面，自然也就应该成为新中国文学创作的鲜明主题。建国后中国文坛最辉煌的创作成就，无论是数量或质量，都应首属有关革命历史题材方面的作品。如梁斌的《红旗谱》、杜鹏程的《保卫延安》、吴强的《红日》、峻青的《黎明的河边》、雪克的《战斗的青春》、曲波的《林海雪原》、刘知侠的《铁道铁击队》、李英儒的《野火春风斗古城》、冯德英的《苦菜花》、刘流的《烈火金刚》、冯志的《敌后武工队》、杨沫的《青春之歌》、罗广斌与杨益言的《红岩》等，无疑都是这一方面最具有代表性的作品。新中国文学革命历史题材作品的大量涌现，一方面是因为建国以后，人们已经渐渐地远离了烽火硝烟的革命战争年代，胜利者出于自己怀旧情绪的客观需求，他们渴望后代铭记他们开国建业的丰功伟绩，因此新中国文学创作就必须责无旁贷地承担起维系历史与现实对话的光荣使命；另一方面是出于胜利者的主观需求，为了巩固新生的革命政权，牢固地树立起无产阶级的价值观与人生观，他们以行政法规的强制约束力，要求广大作家尽情讴歌时代胜利者的主观意志，表现革命英雄主义的传奇故事。而新中国作家也以无产阶级政治意识形态代言人的身份自居，他们运用浪漫主义的艺术想象力去尽情地创造着艺术化的革命历史，不仅生动地表现革命英雄从落后农民到革命战士再到无产阶级政治革命家的人生成长历程，更是将他们的思想道德人格塑造得完美无缺（《红旗谱》在演绎朱老忠的革命人生时，就是遵循了这样的创作思路），并使革命英雄的艺术形象也由民间的“传奇”发展到了阶级的“神话”（《林海雪原》中的杨子荣，应该说是现代英雄传奇氛围中最成功的典型范例），直至完全脱离了现实生活的原有基础，最后变成了令人仰望的完美圣人。在重新阅读红色文学经典的过程中，我们惊奇地发现新中国作家以群体意识的共同智慧，对解放区文学的虚幻叙事模式作了精心的打磨，从而使它变得更加完美无缺。新中国文学中的新型农民革命者形象、他们人生成长经历的故事情节，几乎都被作家统一纳入到了一个“三部曲”的固定艺术模式——出身贫寒苦大仇深，虽然主观上具有强烈的革命要求，但却因为找不到正确的出路而只能空有一腔反抗的怒火；自从来了共产党，贫苦农民得解放，他们参加了革命队伍，但由于小农经济的落后思想时时作祟，他们还难以一下子适应无产阶级集体主义精神的纪律约束；在真正的无产阶级革命者的帮助教育下，他们不断地改造自己狭隘自私的农民习性，逐渐明确了政治理想和奋斗目标，最终愿为无产阶级的解放事业而奉献自己所有的一切。梁斌的长篇历史叙事小说《红旗谱》，就是新中国文学中最早使用这一模式而大获好评的成功范例。这部作品的主题，是通过描写农民革命者朱老忠一生坎坷不平的人生经历，进而去全面反映中国现代社会的历史变迁的。朱老忠出身于贫苦农民的家庭，父亲因反抗地主阶级的压迫而惨遭杀害，自己也背井离乡流落他方。尽管怀揣一身好武艺，甚至幻想用“一文一武”之道来改变被剥削被压迫的悲苦命运，可是仅凭个人微弱的力量并不能使他真正摆脱现实生活中的深重苦难。后来他参加了革命，在共产党人的政治启蒙教育下，初步掌握了无产阶级革命的道理。但因为长期的游荡生活和侠义性格，又时常使他意气用事，表现出强烈的古代侠客意识。经过实际革命的磨练，尤其是通过“反割头税”斗争的锻炼，终于使朱老忠明白了阶级群体的力量是不可战胜的，只有在共产党的正确领导下，把单纯的个人复仇思想自觉地融入到无产阶级整体的解放事业中去，自己的人生价值才会得以实现，他也由此而变成了一个坚定的无产阶级革命者。读者从朱老忠故事的画外音里，直接获取的阅读印象应该是这样的：农民阶级与无产阶级之间根本不存在着什么矛盾对立和观念冲突，他们实际上是一个具有着相同本质的完整阶级群体；农民阶级只要认同了无产阶级革命的政治革命主张，他们就会自然而然地转化为无产阶级革命队伍中的一员。新中国作家正是通过这种思维认知方式，以其单纯而真诚的艺术追求和政治胜利者的自信心态，比解放区作家更加执着地将个性意识的消解过程视为是中国现代农民革命运动无产阶级意识化的历史必然过程。这种政治上的强烈自信心，无形之中促使了他们以主观“真实”的艺术感受力和艺术想象力，尽其所能地去进行他们所谓的忠实于“客观历史事实”和忠实于“生活本来面目”的形象描述。

其次，是通过塑造中国现代农民的全新形象，从正面去表现他们渴望走农业合作化道路的现实主题，并以极大的政治热情和主观意志，艺术地再现了中国农村社会主义运动的蓬勃开展。像柳青的《创业史》、周立波的《山乡巨变》、陈登科的《风雷》、赵树理的《三里湾》、浩然的《艳阳天》与《金光大道》等作品，在新中国的历史上都曾产生过很大的社会影响。新中国作家对于现实农村题材的强烈关注，与他们对于农民革命英雄史诗的创造有着深刻的内在联系。如果说当年在中国共产党的领导下，农民革命的政治使命是推翻剥削阶级和压迫阶级的反动统治，建立农民自己的国家政权，那么解放后农民革命的政治使命则是用社会主义公有制的理想，去引导农民彻底清除自身的封建落后思想，并使其迅速实现无产阶级意识化。这无疑是“十七年”文学创作对于毛泽东超越历史发展阶段进行的大胆政治设想所做出的一种时代的积极反映。柳青的长篇小说《创业史》，就是那一激情燃烧时代中的最具有代表性的典型产物。《创业史》通篇都涌动着中国社会主义革命的政治话语词汇，它以“蛤蟆滩”的土地改革运动为作品背景，以梁生宝为主要表现对象，通过对梁生宝领导蛤蟆滩的农民走从互助组到农业集体合作社道路的故事叙述，形象地探索在没有现代机械化生产力的条件下，共产党政权是怎样防止农民重新出现贫富两极分化，怎样加快提高农业生产力而使所有农民都尽快摆脱贫困的重大现实政治问题。按理说柳青为了创作这部鸿篇巨作，曾亲自到陕西农村体验了近十年的农民生活，他对中国农村的落后状况也是非常了解的，应该还不至于粗心大意到了连中国农民实际的认识水准和思想状态都忽略不顾的地步，但是他在作品中却完全超越了中国农民真实的精神境界，将梁生宝等农民的思想都做了无限的拔高，使他们全都变成了自觉自愿地听党的话、跟党走，义无反顾地选择社会主义康庄大道的革命先锋。柳青本人也并不否认在《创业史》中，的确存在着超越现实生活的理想主义成分，他说："我的描写是有些气质不属于农民的东西，而属于无产阶级先锋战士的东西。这是因为在我看来，梁生宝这类人物在农民生活中长大并继续生活在他们中间，但思想意识却有别于一般农民群众了。"[①] 应该说柳青的一席话，使读者豁然明朗了这样一个道理：新中国文学创作上的农民思想无产阶级意识化，或者说是传统的小农经济落后意识向现代的无产阶级集体主义精神的转化，完全是一种由人为虚构行为所造成的主观附加因素，而不是农民本身所具有的内在本质要求。这种纯粹主观主义的创作理念，后来又被浩然在《艳阳天》和《金光大道》中发挥到了极致，最终导致了"十七年"文学创作的完全僵化。

第二节　政治理性取代个体人性的艺术表现模式

新中国"十七年"文学的第二个艺术表现特征，是政治理性对于个体人性的全面取代。

新中国"十七年"的文学创作，无论是革命历史题材还是社会主义建设题材的作品，几乎是用完全相同的革命理想主义叙事

① 柳青：《提出几个问题来讨论》，载《延河》1963年8月号。

方式，逻辑严谨地揭示了阶级论及人性观的两个不同的历史跨越阶段：革命历史题材的作品以空前规模的史诗性质，营造了现代中国人政治生存权利的来之不易，它所告诫人们的是对于未来一定要保持一种坚定的政治信念。社会主义建设题材的作品则以超越现实的前瞻性政治眼光，反映了丰富的物质生活是对现代中国人人性发展的根本保障，籍此来激发人们献身于社会主义革命建设事业的忘我热情。将社会群体对于物质生活的追求理想作为新中国文学所要表现的人性本义，无论我们出于何种动机去加以评说，它的时代局限性应该说都是完全可以理解的。

不过我们也必须正视一个不容忽视的客观历史事实，新中国文学从阶级斗争学说的角度出发，过分强调人的政治精神理念而淡化人的现实物质生存需求，用人性的抽象表现形式去代替人性的实际生活内涵，这在很长的一段时间里，严重地影响到了新中国作家对于人性复杂及多样性的深刻理解，并使“十七年”的文学创作呈现出了枯燥乏味的单调局面。首先，在政治革命利益高于其他一切利益的前提下，人作为一种社会政治动物，他必须放弃个人狭隘的情感私欲，无条件地将自已纳入到现实革命斗争生活中的政治理性范畴。正如朱定在其小说《关连长》中，通过关连长之口所说的那样：“我喜欢这样的革命家庭（指他所带的连队——引者注），在这里没有什么个人的存在，一个连队就好像合成了一条生命。”应该说这也是当时新中国作家共同的思想认识。像梁斌的《红旗谱》、杜鹏程的《保卫延安》、吴强的《红日》、刘知侠的《铁道游击队》、曲波的《林海雪原》、杨益言与罗广斌的《红岩》等作品，是通过革命历史题材来表现个性对于阶级性的皈依；而柳青的《创业史》、周立波的《山乡巨变》、陈登科的《风雷》、李准的《李双双小传》、浩然的《艳阳天》和《金光大道》等作品，则是通过现实农村的社会变革来反映群体对于个体的胜利。当我们再度去回首这些昨日辉煌的红色文学经典时，我们所能够得到的全部启示，就是个体人性对于阶级共性的逐渐认同过程，以及人由自为的存在是如何并且为什么转向了社会的存在。其次，人作为一种社会动物同时也是作为一种情感动物，他们的情感属性被人为地理解成是受制于人的社会属性，从而使新中国文学对人物情感世界的刻画描写，呈现出明显的政治格式化倾向。仅以爱情描写为例，新中国文学的基本表现模式是：不同阶级之间不可能有真正的爱情，剥削阶级的女性对于工农干部的“爱”不是人性要义上的“爱”，而是腐蚀和拉拢（如《风雷》、《上海的早晨》的等）；不同阶级不同政治信仰之间即使偶然间产生了爱情的火花，也不可能持久而永恒，最终必然会分道扬镳各奔政治前途（如《青春之歌》等）；同时无产阶级出身的革命伴侣，他们的爱情也绝不像小资产阶级知识分子那样充满着灰色的缠绵情调，他们的爱情同样要经历尖锐的思想斗争，并在彻底统一了对革命的共同认识之后，才能趋于完美的精神境界（如《李双双小传》、《我们播种爱情》、《秋娥》、《我们夫妻之间》等）。这些作品以绝对崇高的思想品性，极力强化现实生活中男女情爱的政治意义。爱情故事的个人情感内容，也被作家剔除出了文学创作的表现领域之外。再者，人的内在情感与人的政治信仰被混淆为一体，而人的政治信仰又几乎成为了人的情感生活的全部象征。从某种角度来说，新中国文学并不是在表现一个全新的社会时代，而是在创造一种虚幻的理想神话。革命英雄主义以其传奇般的政治色彩，全然代表了人类最完美的人性意识，他们在作家那充满着浪漫主义想象力的笔下，以神奇的魅力、超人的智慧、坚定的信仰和高尚的人格，成为现实生活中普通凡人学习效法的榜样。像杨子荣从容不迫大义凛然深入虎穴临危不惧，江姐、许云峰等面对敌人的严刑拷打胸无杂念浩然之气视死如归，他们不是没有正常人的七情六欲，然而作者却将这些人性的基本因素，完全融化到了他们所追求的政治信念之中，从而为广大读者塑造了一个又一个脱离了现实生活的、只能凭借主观想象力去感受或仰望的虚拟形象。比如胡石言的小说《柳堡的故事》，在处理革命战士李进与乡村女孩二妹子之间的情感纠葛时，便完全把政治信仰直接带入到了一个普通的爱情故事里，并以一种沉重的政治使命感，重新诠释了现代革命者个人的爱情价值观。李进真诚地爱着二妹子，但是自己身上又肩负着解放全中国的神圣政治使命。当在现实生活中，个人爱情与阶级群体的政治利益发生冲突时，作者明显是让主人公放弃了个人私己的情感小事，而服从于现实革命斗争的政治大局，最终营造了一个集体与个人都获得了圆满结局的意义昭示。阅读“十七年”的文学作品，还有一个现象值得引起我们的注意：作家在其创作实践过程中，他们描写人的内在情感问题本身并没有什么特别之处，但在解决情感矛盾方面却颇令人感到诧异——当革命者个人的情感与政治信仰（尤其是在描写爱情题材的作品中）发生严重冲突时，个人的情感因素自然要服从于现实政治的客观要求。可是矛盾冲突一旦达到了无法解决的地步，他们便不惜以牺牲革命者的个体生命为代价，来寻求故事情节与政治信仰之间的平衡（像路翎的《初雪》、《洼地上的战役》等作品都是如此），这在新中国文学史上形成了一种极为独特、同时又是使用最为广泛的爱情悲剧模式。读者对于这些革命爱情悲剧故事，虽然不免有些遗憾和感叹，但却得到了思想上的升华。人性在政治中闪光，这是新中国“十七年”文学创作的一种独特现象。

新中国“十七年”文学政治理性对于个体人性的全面取代，是在中国现代政治革命取得彻底胜利的前提下展开的，胜利事实的本身就意味着一种价值观的绝对正确性。因此，在激情磅礴的时代氛围中，每一部作品不是凝聚着历史的英雄记忆，就是创造着现实的英雄神话，于是高度膨胀的“神性”便成为了艺术审美法则的惟一。如《红旗谱》、《保卫延安》、《红日》、《黎明的河边》、《三家巷》、《敌后武工队》、《青春之歌》、《红岩》等作品的侧重点，是艺术地再现革命英雄主义的完美历史；而《创业史》、《三里湾》、《风雷》、《山乡巨变》、《虹南作战史》、《春潮急》、《艳阳天》、《金光大道》等作品的侧重点，则是艺术地创造现阶段的英雄群体雕像。新中国“十七年”文学的整体艺术实践，可以说就是一种革命英雄主义艺术史诗的集体抒写。但是我们应该清醒地看到，新中国文学的英雄主义，已逐渐消隐了解放区文学英雄史诗那种清纯而质朴的理想主义情感，作家对于历史的感悟和对于未来的理解，完全是在政治主观意志的支配之下，所表现出来的艺术幼稚与理性丧失。他们将英雄人物的性格品质，几乎推崇到了主观想象力的极致——淡化人间的亲情关系、注重人际关系的阶级性（《李双双小传》）；淡化人性自身的弱点、强调英雄智慧的超前性（《创业史》）；淡化人对死亡的恐怖意识、凸现英雄毅力的极限性（《红岩》）；淡化英雄的平凡生活、强化英雄品质的完美性（《金光大道》）。一切英雄形象都被赋予了超越人性本能的神性特征，甚至作家本人都是有意识地去对英雄形象进行人为的神话描述。新中国“十七年”文学的革命英雄主义，以颂歌的形式建构起了一部完整的艺术革命史，从而使整个社会生活中的艺术审美活动，到处都弥漫着“学英雄”、“赶英雄”、“做英雄”的政治气息。正是由于政治理性地取代了艺术理性，集体主义的共性思维取代了作家创作的个性思维，英雄的阶级政治意志取代了英雄的个性主体意识，浪漫主义的精神实质在新中国“十七年”的文学创作中遭到了人们的无情抛弃。剩下来的那个所谓的“英雄”主人公，也只是作为一个政治意识形态的形象说教者，以通篇枯燥乏味的政治性语汇，去演绎着一个用政治激情包装起来的非凡革命故事。新中国文学的主旨是要创造一个充满着政治理想主义的英雄时代，可英雄主义的极度泛化，却又真实地反映了真正意义上的民族英雄史诗的历史缺席。这种极不正常的艺术状态，一方面说明了新中国文学浪漫主义想象力的情感枯竭；另一方面也标志着新中国文学英雄主义史诗创造的历史终结。

第三节　极度夸张中的革命理想主义英雄神话

新中国“十七年”文学的第三个艺术表现特征，就是“与人奋斗”的英雄神话。

与解放区文学的阶级斗争人生哲学相比较，伴随着中国无产阶级革命的全面胜利，新中国文学“与人奋斗”的价值追求也随之失去了明确的客体对象，但这并不意味着阶级斗争人生哲学的历史终结。在毛泽东的思想意识里，拿枪的敌人虽然被消灭了，可是不拿枪的敌人依然存在。因此，新中国“十七年”的文学创作，其基本主题仍是在阶级斗争观念的支配下，继续书写着“与人奋斗”的现代历史，不同的只是“敌人”已从有形的战线转向了无形的战线——新中国意识形态的内部思想领域。新中国文学之所以会坚守“以阶级斗争为纲”的政治信念，一方面是由于历史惯性的推动；另一方面则是由于现实政治的需要。在革命战争年代，中国的无产阶级作为在野的政治力量，他们曾经用阶级斗争的人生哲学凝聚了社会民心，进而推翻了国民党的独裁统治。建国以后，无产阶级成为了执政阶级，他们同样需要用阶级斗争的价值理念来团结社会民众，去战胜社会主义现代化建设中所遇到的一切困难。道理十分简单：失去了对手，必然会使社会的注意力转移到现实政治问题上来。而让所有的人都相信即使是在社会主义革命时期资产阶级反动势力依然存在，那么新中国社会主义建设中所出现的一系列决策性失误，都会自然而然地被冠以资产阶级反动势力暗中破坏的罪恶，从而轻易地转移了人们的注意视线。资产阶级作为新中国思想意识形态的假想之敌，首当其冲的是知识分子的自由主义人生观。文学艺术界所展开的批判胡适、胡风、萧红、萧军、巴人、钱谷融等人的思想清算运动，归根结底就是因为他们的文学艺术见解与执政当局的文艺政策相抵触，正好成为"假想之敌"最合适的人选。所有参与批判运动的作家都以虔诚的政治信仰消隐了个人道德是非的评判标准，没有痛苦也没有内疚地在与"假想之敌"（昔日曾是同一战壕中的战友）殊死搏杀中，癫狂地张扬着他们对于现实错误政治倾向的幼稚盲从。新中国文学正是在这样的前提条件下，始终保持着高度的政治警惕性以及强烈的社会使命感，同时也于无形之中延续并强化了解放区文学"与人奋斗"的创作主题。

新中国文学的阶级斗争观念，主要体现为再现历史和创造历史两个方面。

作为再现历史的一种政治工具，新中国文学用革命的激情主义，生动地描绘了无产阶级"与人奋斗"的英雄史诗。与解放区文学的革命英雄主义有所不同，新中国文学不是以战歌的形式去激励人们的现实革命斗志，而是以赞歌的形式去书写主流意识形态的过去历史辉煌。由于新中国作家的创作基点是对革命胜利后的历史复述或追忆，他们有权去对曾经无法确定的东西重新加以认证，对过去不能表达的东西进行充分地表达。这使得我们从新中国"十七年"文学的创作中，能够直观地感受到这样一种鲜明的印象：中国的无产阶级之所以能够得天下，是因为有无数忠诚于无产阶级革命事业的非凡英雄作为支撑。这些英雄人物的超人品质虽以某一个体形象的思想行为来加以表现，但却统统被理解成是英雄所隶属的阶级群体内在共有的本质属性。在他们身上，消隐了一切个人主义的性格特征，消隐了一切正常人的七情六欲，消隐了一切肉体上的痛苦和精神上的磨难，所有最基本的人性因素都被作家用理想主义的主观意志，涂抹上了浓厚的政治色彩。比如《红岩》这部红色文学经典，就为我们塑造了这样一群具有神性特质的英雄群像——女主人公江姐十个手指均被钉满了竹签，她却能面不改色心不跳，以超人的意志力忍受了敌人的残酷折磨；男主人公许云峰无论是烙铁灼身还是辣椒水灌肠，他都同样是面无惧色坦然处之，显示出了钢铁般的坚强意志；还有渣滓洞、白公馆里所有的革命志士，他们也都用自己肉体的磨难历练了自己的革命情操。《红岩》对于读者心灵所产生的巨大震撼，不是死亡与恐惧的情绪体验，而是悲壮与崇高的情感获得——英雄们的肉体虽然遭受了敌人的无情摧残，但他们却以自己大无畏的气概彻底摧毁了敌人脆弱的意志。他们身陷囹圄失去自由饱受肉体的痛苦磨难，但却始终为自己的政治信仰而保持着高度乐观主义的人生态度。当这群英雄高唱着雄壮的《国际歌》去面对死亡时，读者并不感到他们是一群行将就义的政治死囚，而是一群人类社会的正义审判者，或是一群完成了自己的历史使命后，从容不迫返归天堂的上帝派来的光明使者。新中国作家正是以他们极度扩张的理想主义政治信念，以具体的个例人物代表抽象的阶级整体、以现实生活的偶然性代表历史发展的必然性，运用所有的赞美之词来表达他们对于革命英雄的无限崇拜——他们无所顾忌地用英雄主义书写了中国现代革命的光辉历史，同时也以神奇的艺术想象力营造了中国现代革命的英雄神话。如果说解放区文学的革命英雄主义，还只是表现为一种苦难现实中的浪漫主义情怀，那么新中国文学的革命英雄主义，则完全是一种脱离了特定时代语境的理想主义神话。神话是新中国文学最显著的审美特征！

作为创造历史的政治工具，新中国文学从一开始便被赋予了引导中国人——尤其是中国农民走社会主义阳光大道的光荣使命。由于社会主义是一个前所未有过的事业，它的不确定性恰好为广大新中国作家提供了丰富的艺术想象力。不过我们应该指出，新中国作家在反映社会主义建设题材的作品中，同样表现的是“与人奋斗其乐无穷”的政治热情与创作主题。这种“与人奋斗”集中体现为两个方面：一是觉悟了的人民大众与阻碍历史车轮前进的反动势力之间的斗争，这是新中国文学的一个鲜明主题。综观建国后30年的文学创作，作家在描写中国农民走社会主义集体化道路时，几乎都要人为地插入了一个阶级异己的反派形象作为故事展开的必要铺垫，比如《田野落霞》中的高金海、《山乡巨变》中的龚子元、《虹南作战史》中的赖富财、《艳阳天》中的马小辫、《春潮急》中的徐锅巴、《金光大道》中的歪嘴子等。他们在作品中的出现，迅速形成了作品故事情节的矛盾聚焦点——既树立了现实阶级斗争的具体对象，又反映了中国农村社会主义现代化过程的错综复杂性。作家之所以要塑造这些反派人物，其主观立意是要明确地告诉人们一个颠扑不破的客观真理：尽管无产阶级已经取得了在全国的胜利，但是那些隐藏在黑暗角落中的阶级敌人依然存在。而中国农村社会主义现代化的首要任务，就是必须要彻底清除掉这些潜在的敌人，否则已经取得了的革命果实仍有被阶级敌人所颠覆的危险。二是人民大众内部进步与保守思想之间的斗争，它是“五四”新文学文化启蒙和解放区文学政治启蒙的历史延续。回顾与浏览新中国“十七年”的文学创作，我们可以寻找出众多的落后农民的形象，但他们已被限定为是新中国农民群体中的极少数，且多是经过帮助教育可以改造好的典型人物。这类形象的社会存在的意义，是从另一侧面去揭示传统文化心理对于中国农民走社会主义集体化道路的巨大阻碍力量，以及对中国农民进一步开展社会主义思想改造的必要性。比如李准的《李双双小传》中的喜旺，在作者的笔下是个牢骚满腹、自私狭隘的落后农民，他不满公而忘私的妻子李双双对于集体事业的热心，总是挖苦讽刺扯后腿。但作者并没有将他写成是一个“坏人”，而是让他在妻子的说服教育下，不仅焕发了投身于农村社会主义建设的高昂激情，而且还成为了走农村合作化道路的坚定分子。作品的故事结局以潜台词的方式向读者发出了强烈的暗示：农民——只要是在旧社会真正受过苦难的农民，尽管他们的身上仍存在着一些封建残余思想的东西，但这都不会从根本上改变他们要求走共同致富道路的终极信念，相反却会成为他们坚定社会主义信仰的内在动力。当浩然的《艳阳天》在其结尾处，描写那些经历了与阶级敌人“斗”和与自身落后思想“斗”，并升华了自己的精神境界的农民满脸悦色、兴高采烈、争先恐后地去送公粮的生动场面时，无产阶级对于资产阶级的胜利及“人”对于“人”的征服主题，也被推向了新中国文学政治意识形态化的创作顶峰。

第四节　单调审美的终结与学术理性的反思

从20世纪中国文学发展史的角度来加以分析，新中国文学是一个相对稳定但又非常缺乏艺术想象力的历史时期。伴随着无产阶级政治革命在大陆范围内的彻底胜利，中国现代作家的主观战斗精神逐渐脱离了原有的社会生活基础，并一步一步地走向了绝对政治情绪化的歧途。综观新中国“十七年”的文学创作，我们很难对其做出纯粹审美意义上的客观评价。因为政治家的个人主观意志完全取代了作家本人的自由创作意识，时代高扬的阶级斗争政治话语完全消解了艺术创造的主体个性原则，整个中国文坛以一种思想、一种模式和一种色调，机械而单调地抒发着同一种声音，那就是在极“左”意识形态的强劲约束下，作家们所发出的“生命不熄战斗不止”、“继续革命不停步”的狂热政治呐喊。

那么新中国“十七年”的文学创作，究竟为后人留下了一种什么样的经验与教训呢？恐怕主要是“虚构历史”与“虚构现实”这两个方面。首先，从“虚构历史”的角度来说，广大作家自觉自愿地去承担“虚构性”地创造革命英雄史诗的时代重任，而完全抛弃了艺术家本应承担的责任与良心，这是造成新中国“十七年”文学政治意义大于其审美意义的根本原因。比如梁斌说他写《红旗谱》，是要通过描写朱老忠坎坷不平的人生道路，以及他从一个缺乏阶级觉悟的落后农民成长为一名革命战士的思想历程，用艺术形象化的表现手法去生动地揭示中国现代农民革命的伟大壮举，进而反映“中国共产党领导农民夺取政权的全过程”。吴强说他写《红日》，是因为“全国解放以后，有一种欠了债急需还债的感觉”，所以他要以饱满的政治激情去追忆历史并重塑历史，通过描写一系列革命军人的英雄群像，真实地表现人民军队在历史变革时代的丰功伟绩；欧阳山说他的《一代风流》之所以要写成五部，就是要将主人公周炳放在大的时代背景下让其与时俱进，并透过他的眼光去揭示“中国革命的来龙去脉”；杨沫说她写《青春之歌》（包括《芳菲之歌》与《英华之歌》），其主观目的是要通过林道静的人格发展，去冷静而理智地描写“中国一代知识分子的命运”；雪克在谈他创作《战斗的青春》的主题立意时，则说得更为直接：“一部作品思想健康，就能够在思想战线上成为有力的武器。”“为了能使作品在思想战线上起一些战斗作用，还是冒了宁可降低艺术性的风险，来进了一些议论。”甚至连以古代历史题材为主要创作对象的姚雪垠也声称：“我作为毛泽东时代的作家，”虽然写得是古代历史题材，但却要用现代政治革命的思维方式，去“为无产阶级专政的利益占领历史题材这一角文学阵地，填补起‘五四’新文学运动以来长篇小说的空白。”① 新中国的作家如此坦诚直言，无非是要清楚地告诉人们：他们对于革命斗争历史的感怀追述，并不是出于艺术的自觉，而是出于政治的自觉；他们对于革命英雄主义的高度强化，也只是出于对中国政治革命历史的主观认定性，而非是出于创作主体艺术审美的客观需求性。新中国“十七年”文学以一种绝对浪漫主义的艺术虚拟性，刻意营造了一个中国现代政治革命的光荣传统。而这一光荣传统的形象化表述，又直接影响着现代中国人的无产阶级革命斗志，并使他们自觉地去延续和发扬这种传统，最终使其成为人类历史的价值永恒。其次，新中国作家在艺术化地“虚构历史”的同时，也更加注重艺术化地“虚构现实”，他们在大量描写现实题材的作品中，同样是以政治理想的现实虚构性来尽情地表达他们的主观战斗精神。新中国作家将现实社会人为地化分成两个思想对立的阶级群体：一方是以新型农民为代表的无产阶级人民大众；另一方是以“地”、“富”、“反”、“坏”、“右”为代表的反动邪恶势力。他们任意地舒展着自己丰富的艺术想象力，“生动”而“真实”地表现了人民大众崇高的政治觉悟和走社会主义道路的极大热情，也以“客观”的创作态度“深刻”地反映了现实阶级斗争的尖锐性与复杂性。新中国作家正是在“革命”与“反革命”两极矛盾对立的故事情节叙事中，跳动闪耀着他们顽强执着的主观战斗精神的思想火花。比如赵树理的《三里湾》、周立波的《山乡巨变》、柳青的《创业史》、陈登科的《风雷》以及李准的《李双双小传》等作品，之所以一直被人们视为是反映当代农村社会主义变革的经典作品，就在于作者以绝对主观化的政治理念，完全超越了现实生活的可能性，艺术地虚构了中国农村社会主义革命过程中的

① 参见孔范今主编：《20世纪中国文学史》［下册］第1014页，山东文艺出版社1997年版。

各种复杂关系，有意地将那些新型农民形象都描写成为了“党的忠实儿子”，并把他们放在阶级斗争的火热“现实”中，去精心塑造在他们身上所表现出来的“当代英雄最基本、最有普遍性的性格特征”。[①] 阅读这些主观性极强的红色经典作品，我们所获得的最直观的视觉印象，就是翻身得解放了的新型中国农民，他们不仅具有一定深度的马克思主义理论水准，坚决拥护走社会主义的革命道路。而且他们也自觉地维护党的方针路线，敢于旗帜鲜明地同一切反动势力做斗争。新中国作家正是“为了迅速地配合当前政治任务”，[②]解决“农业合作社应不应该扩大，对有资本主义思想的人，和对扩大农业合作社有抵触的人，应该怎样批评”的问题，[③]将文学创作完全等同于现代政治革命的教科书，最终使新中国“十七年”文学形成了一种直观写意式的艺术创作模式。

我们不无遗憾地看到，新中国文学无论是“虚构历史”还是“虚构现实”，都是以“堂·吉诃德”式的主观战斗精神，在用一种以政治信仰建筑起来的“无敌之阵”中做着殊死的精神拼搏——既在这种拼搏中深刻地体验着“与人奋斗”的人生乐趣，又在这种拼搏中走向了思想艺术的全然僵化。尤其是当浩然在《艳阳天》和《金光大道》中，将这种主观战斗精神发展到了极致的地步时，新中国作家不仅赋予了一个落后民族完美的现代意识，同时也非理性地张扬了一种农民文化的现代辉煌。这就是新中国“十七年”文学创作给人们所留下的最深刻的经验与教训。

---

① 柳青：《提出几个问题来讨论》，载 1963 年《延河》8 月号。
② 见《赵树理文集》第 4 卷，第 1492 页，工人出版社 1980 年版。
③ 见《赵树理文集》第 4 卷，第 1651 页。

第九章

“文革文学”的客观意义与审美价值

当前学术界正在就“文革文学”的文学性问题重新展开讨论，这是一个非常具有学术价值和重构文学史意义的理论命题。长期以来，中国现代文学研究界在编写《20世纪中国文学史》的过程中，几乎都把“文革文学”加以人为的剔除或简单的省略，好像那十几年里的中国文学不仅是一个历史磨难的偶然中断，而且还是一种反现代性的文学存在。实际上，如此极端的敌视态度，全然遮蔽了中国现代文学史的整体面貌，同时也是反历史辩证法的。对于“文革文学”现象，现在学术界大致有三种不同的看法：第一种是新时期中国现代文学学科的创始人，年龄一般在六七十岁左右，他们都是“文革”时期极左思潮的直接受害者，对于“文革”这一词汇本能地存有一种强烈的抵触情绪，因此他们把“文革文学”作为“文革”文化的必然产物而全盘抛弃，应该说是其内心世界的深刻创伤在起作用；第二种是目前中国现代文学研究的主力军，年龄一般在四五十岁左右，他们基本上是在“文革”期间完成思想文化启蒙的一代，也曾经是“文革”文化的坚定信仰者和狂热参与者。这一学术群体的思想非常复杂：一方面在经历过青春期的盲动之后，他们开始学会用现代理性思维去全面反思“文革”的危害性；另一方面“文革文学”的艺术熏陶，又使他们无法彻底摆脱“文革”文化的潜在影响。故而他们对于“文革文学”的彻底否定，虽然无情却又不乏理性；第三种是中国现代文学研究的新生力量，年龄大致在四十岁以下，他们没有经历过“文革”，更不愿意去重读“文革文学”作品，所以在他们的理论视野中，“文革文学”研究课题被忽视或者跨越，也就不足为奇了。

无论如何，不能否认，“文革文学”不但是一种客观存在，而且还是一种挥之不去的情绪记忆。刘纳女士在其 2004 年的一篇文章中讲道：“二十七年的时间足以使亲历者对‘文革’的血泪控诉转化为漫画甚至戏谑化的历史想象；二十七年的时间足以使当年的流行话语形成相对于黑色幽默的‘红色幽默’。”[①] 因此，无论是作为“文革文学”的读者或反思“文革文学”的学者，简单地否定与蔑视“文革文学”的特定历史意义和艺术审美价值，恐怕都不是辩证唯物主义的科学态度。我们目前所面临的任务，并非是教条地批判“文革文学”这一既成的存在事实，而是应该理性地面对及分析它之所以产生的原因及其产生的客观影响。如果人为地将“文革文学”剔除于 20 世纪中国文学的完整体系之外，中国现代文学史的链条必然会因浓厚的主观性因素而变得残缺不全。

① 刘纳：《期待文革文学研究的新突破》，载《涪陵师范学院学报》2004 年第 1 期。

第一节 “文革文学”的历史局限与时代成因

刘纳女士的这种说法值得深思，对于“文革文学”政治化的特征，人们早已达成了共识，而对“同时存在的另一面现象‘政治文学化’则还没有予以充分的、足够的关注”。[①] 我在《百年文学与主流意识形态》一书[②]中就曾明确地指出过，“文革文学”是新中国“十七年”文学的自然连续，是以史诗性艺术书写方式去凝固政治意识形态正确理念的颠峰状态。政治与文学一体化的时代大趋势，直接造成了文学对于政治的依赖和承载。但是我们必须明确一点，学术理论界不能把“文革文学”的政治文学化，当做一种孤立的现象加以对待，而是应该把它与“十七年”文学联系在一起通观考察，才有可能将其政治文学化的历史成因解释清楚。易光先生认为“文革文学”对于“十七年”文学既有继承又有否定[③]，从纯粹理论的角度上来看，他的观点好像是非常公允且不失中庸，其实仔细深究一下便可以发现，“文革文学”对于“十七年”文学的否定，只不过是形式概念上的置换；而它们之间价值观念的继承，才是本质要害之所在。我们不妨来做一比较：“十七年”文学在经历了三次大的文艺整风运动（批《武训传》、批胡适和批胡风）之后，它的价值取向已经被宪法赋予了鲜明的意识形态使命感。文学艺术不是作为独立的审美形态而存在的，而是成为形象化地再现革命历史“原貌”的艺术工具。在“十七年”文学创作中，革命战争题材与农村社会主义改造题材的作品占绝

---

① 刘纳：《期待文革文学研究的新突破》，载《涪陵师范学院学报》2004 年第 1 期。

② 我在该书的“绪论”部分，对此曾做过较详细的阐述。湖南教育出版社 2002 年 8 月出版。

③ 易光：《文革文学：文学性的终结?》，载《涪陵师范学院学报》2004 年第 1 期。

大多数，这是因为：其一，随着革命战争年代的硝烟散尽，为了不使那些从国统区过来的人和新中国年轻的一代淡忘创业的艰难，需要文学以其自身的特点去艺术地描述过去的历史，故而产生了像《红旗谱》、《红日》、《保卫延安》、《林海雪原》、《铁道游击队》、《平原枪声》、《黎明的河边》、《青春之歌》、《红岩》等大量反映革命历史题材的文学作品。其二，新民主主义革命向社会主义革命的性质切换，是新中国所面临的最为艰巨的现实任务，需要文学以极其强烈的政治激情去营造一种理想主义的农村生活模式，因此产生了像《三里湾》、《风雷》、《山乡巨变》、《铁木前传》、《创业史》、《不能走那条路》、《李双双小传》、《锻炼锻炼》、《艳阳天》等大量反映现代农村变革题材的文学作品。这些作品的客观效应与审美意义，并不在于它们写作自身的"真实性"，而是在于它们艺术创意的"虚拟性"。我们可以毫不夸张地断言，新中国庞大的读者群体对于革命历史和现代使命的感性认识，在很大程度上都是从这些作品中所获得的。文学创作也在某种程度上，被作家有意识或无意识地演变成了现实政治的形象教课书。刘纳女士一再强调的"文革文学"的政治文学化倾向，其实在"十七年"的文学创作当中，就已经被表现得淋漓尽致了。

"文革文学"的政治文学化倾向，是对"十七年"文学政治理想主义价值观念的合理继承与完美再造。如果我们以科学的理性精神去重新回顾"文革文学"现象，便可以清晰地发现"文革文学"时期的专业作家人数锐减，文学作品的数量也是屈指可数的。从作家队伍的构成特点来分析，一批狂热燃烧政治激情的青年作家取代了他们的前辈，成为了中国现代文坛的绝对主宰者，甚至于群体创作的社会时尚也风靡一时。从作品面世的实际情况来考察，长篇小说、叙事长诗和电影文学剧本的总量也不过三五十部。我们完全有理由说，这是一个极其荒谬与怪诞的文学时代，几亿人口就看那么几十部文学作品、几部电影、几个样板戏，中国人的艺术趣味以及业余生活是多么的匮乏和单调。但是换一种角度再来加以思考，我们发现“文革文学”的这种尴尬状况，其本身就体现着当时的执政者强化政治文学化“精品”意识的主观意志。我这里所说的“文革文学”的“精品”意识，指的并不是艺术审美上的“精品”意识，而是政治理念上的“精品”意识。“样板戏”的“样板”两个字眼，已经把倡导者的明确意图诠释的十分直白了。重读“文革文学”的作品文本，总体感觉它们就是“十七年”文学创作的合理延续。如果说它们之间真有什么区别的话，我认为这个所谓的区别就在于：“文革文学”用极其有限的少量作品，最大程度地膨胀了那个火红年代中国人的政治理想。当然，在创作题材的选择方面，“文革文学”确有与“十七年”文学的不同之处——描写革命战争史诗性的宏篇巨著，基本上被剔除出了文学创作的固有领域（郭澄清的《大刀记》和李心田的《闪闪的红星》勉强够格），而反映社会主义现代化建设事业艰难曲折性的所谓现实主义作品（如浩然的《金光大道》、克非的《春潮急》、李云得的《沸腾的群山》、张永枚的《西沙之战》、郭先红的《征途》、张抗抗的《分界线》以及集体创作的《虹南作战史》、《牛洋田》等），则全然成为了“文革文学”的表现主体。革命历史题材与革命战争题材被“文革文学”的拒绝与排斥，固然有“四人帮”歪曲和否定革命历史的某些既定因素，但这里面同时也包含了一种时代的必然性。因为在当时执政者的思想意识里，拿枪的敌人已经被完全消灭，而对现实社会主义革命建设事业构成真正威胁的，应当是来自于那些隐藏在革命队伍中的阶级敌人。“十七年”文学之所以会在“文革”时期受到冷落和批判，其原因不外乎是百分之九十以上的作品都是表现革命历史与革命战争题材的，这在执政者看来无疑会使人们一味地沉湎与陶醉于过去的胜利之中，而忘却了眼前阶级斗争的复杂性和艰巨性。“文革文学”把它的注意力从“史诗”转向了“现实”，用纯粹的政治理念去投影于这个主观意念上的“现实”，进而给读者造成深刻的视觉效应。现代农民被塑造成中国现代社会主义革命的主体力量，他们的阶级觉悟直接决定了中国社会主义革命的历史进程，知识分子是产生资产阶级的思想温床，必须到贫下中农中间去接受他们的再教育，否则就会有滋生资产阶级的巨大危险。别小看那一二十部小说作品，它们所释放的社会能量却是极大的。人们在无法选择阅读对象的艺术贫困时代，在思想意识极端躁动不安的情绪狂热时代，从贫乏的作品中虔诚地汲取着政治理想主义的艺术养分，同时也培育着政治文学一体化的审美趣味。完全以政治的实际需求出发，使文学成为政治的教科书，这就是“文革文学”政治文学化的真正含义。

第二节 “文革文学”的文学品性与审美特征

易光先生针对目前学术界否认“文革文学”存在文学性的偏激倾向，提出了强烈的质疑。这是一个很有必要的研究课题，所有从事中国现当代文学研究的理论工作者，都应对此给予高度的重视。“文革文学”有无文学性可言？易光先生认为：“如果我们的标准是‘十七年’及之前的，或者是‘文革’后特别是80年代及以后的，结论是肯定的。说‘文革无文学’，‘文革文学一片空白’，便缘于评价标准的变异与误用。其实，如果我们把对‘文革’文学的阅读、接受和评价重新返回到‘文革’的文化语境中去，结论会有相当大的改变。”[①] 回到“文革”文化语境中去公正

① 易光：《文革文学：文学性的终结?》，载《涪陵师范学院学报》2004年第1期。

而科学地判断其文学性，这个提法的本身当然是无可厚非的，因为脱离了那个特定的历史背景，“文革文学”也就根本不可能发生和存在。实际上新生代的学者群体，在他们所谓的“现代性”学术视野里，似乎已经达成了这样一种思想共识：“文革文学”就是一种政治话语的艺术写作，完全没有任何文学性的审美情趣。所以他们对于“文革文学”既无重读意向更无深度认识。与之相反，他们甚至去极度关注“文革”时期的“地下文学”，并以此去证明中国现代文学运行规律的完整性。新生代批评家之所以拒绝接受“文革文学”这份苦涩的历史遗产，其理由十分简单，他们缺乏对于这段文学历史的切身体验。而作为思想成熟的一代学术中坚力量，则不应该将其视为是现代中国社会的“红色幽默”，进而去全然否定它实际存在的真实可信性。作为“文革文学”的亲历者，我们对于它文学性的价值评估，应当以辩证的眼光对其保持一种务实与理性的科学态度。正是基于这样的思想认识，我个人赞同易光先生肯定“文革文学”文学性的大胆提法，但对他将“文革文学”与“十七年”文学艺术审美特征的人为分割，却觉得大有商榷的余地。

公正而科学地界定“文革文学”的文学性问题，其首要前提是我们必须明确“文学性”自身的价值尺度。因为“文学性”是个内涵非常复杂的文艺理论命题，至今也没有哪个专家学者能将其阐述得十分清楚。最早提出“文学性”这一概念的，是19世纪末俄罗斯的形式主义哲学家，但是他们的理论见解同中西方的传统文学观念一样，也是把文学性的问题纳入到全面覆盖人文科学的哲学范畴中，试图从广义社会学的切入角度去寻找合理的解释，而不是从文学艺术的构成因素入手，去探讨它自身所具有的诗学意义。所以至今我们对于文学性的定义，由于受苏俄文艺思想体系的深刻影响，仍旧是将其归纳为思想感化与审美娱乐这两大功能。综观整个20世纪中国文学的发展脉络，人们对于“文学性”价值判断的认知标准，几乎完全是取决于社会实践哲学的实用功利目的。如果我们在全新的、而且能够被学术界一致接受的“文学性”标准问世以前，仍按传统的艺术审美规范去全面考察“文革文学”，只要是不存有任何个人的主观偏见，那么无论是谁都无法回避它“文学性”功能的客观存在。虽然就作品文本的数量而言，“文革文学”的确是少得可怜，甚至缺乏艺术表现和情感需求的多样性，这是它致命的缺陷之一。可是我们必须去面对一个真实的历史事实：就是这些为数不多的作品文本却以令人惊叹的社会发行量（差不多每一部作品的印数都在几十万本以上，就连《虹南作战史》和《征途》这样的作品，印数也竟达五六十万的天文数字），深深地影响着那个时代中国人的精神世界。这种奇特异常而又使人困惑不解的文学现象，恐怕在人类文明的发展史上也是绝无仅有的。重读“文革文学”的作品文本，我们可以清晰地发现：《金光大道》与《春潮急》对于阶级斗争长期性和复杂性的主题阐释，原则上还是通过作品本身所提供的艺术形象来传达的。假使仅仅依靠抽象教条的政治说教，根本就不可能在当时的广大读者中间产生巨大的思想共鸣；《峥嵘岁月》与《征途》对于知识青年思想改造必然性和迫切性的激情表述，同样是以高度浪漫主义的艺术虚构来实现的，尽管它们大量充斥着枯燥乏味的政治语汇，但仅凭这些东西绝不足以点燃当时广大青少年心中理想主义的狂热情绪。还有像《西沙儿女》、《西沙之战》以及“革命样板戏”等宣扬革命英雄主义的文学作品，即使是在21世纪的今天，人们同样还能清晰地感受到它那史诗般的强劲气势，更何况是在当时那个对极“左”政治虔诚信仰的浮躁年代。我个人认为，“文革文学”确实存在着以艺术自身的表现形式，去肆无忌惮地诠释政治教条并最终导致了政治文学化的严重弊端，但是我们也不能因其艺术价值对于社会价值的严重依附，而从根本上去彻底否定它文学性所实际发生过的历史效应。“文革文学”正是以其文学性的特征，畸形地演绎了苦难岁月的人性弱点，强化了现代中国人虚妄的政治理想。研究者尽可以对它的思想内涵提出种种质疑，但对它表现形态的文学性因素则不应该无视或忽视。所以目前学术理论界关于“文革文学”争论的焦点，在我看来不能只是局限于诸如“文学性”与“虚无性”等细节问题上，更应从对20世纪中国文学整体机制的理性透视中，去寻找并解析它发生和存在的“必然性”与“合理性”。我真诚地希望我们的文学史家，能够以宏大的气魄、博大的胸怀和超越的眼光，把“文革文学”的研究推上健康科学的运行轨道。而不是像过去编写《中国现当代文学史》教材那样，对其情绪化地强烈抵触或不负责任地一笔带过。

第三节 “文革文学”的科学定义与学者心态

在我个人的研究视野里，“文革文学”是一个必然要被关注的文学现象。不过我认为“文革文学”既不是对“中国现代文学”价值取向的彻底背叛，也不是对20世纪中国文学审美趣味的严重偏离，而是中国文学现代化历史进程中的一个有机组成部分。尽管它的弊端和缺陷使人不愿意将其与中国现代文学联系起来加以考察，甚至还有人将其视为是20世纪中国文学的异己力量而全盘否定，但是只要我们以平静的心态去回溯历史长河，便可以从中发现“文革文学”发生与发展的历史必然性。

从“文革文学”所追求的人文精神价值取向来看，敌视和愚弄知识分子的精英意识，强化与美化现代农民的思想情操，将“五四”新文学个性觉醒的时代呐喊转向主流意识形态文学阶级觉悟的空前高涨，全面提升“平民意识”精英化的社会认同心理，这是自20世纪30年代以来“左翼文学”早已制定好了的方针和策略。我们不妨来做一个跨越时空的历史比较，以便梳理从“左翼文学”到“文革文学”之间的密切联系。蒋光慈的长篇小说《咆哮的土地》，是左翼革命文学中最早而且也是最直接表现知识分子精英意识向工农大众平民意识陡然逆转的代表性作品。故事的主体架构，是通过知识分子主人公李杰与农民革命者张进德之间的灵魂对话，生动地向读者展示了知识分子强烈的自卑与自责心理，进而是向读者发出了一种明确的社会信息：知识分子已由“五四”启蒙时期的社会优势群体变成了大革命时代的社会弱势群体，他们被剔除文学创作的中心表现领域已成为历史的必然。所以反映中国农民的悲惨命运和土地革命的现实紧迫感，也就顺理成章地成为了“左翼文学”的鲜明主题。“解放区文学”则强化了农民群体在中国现代革命的主体核心地位，赵树理、丁玲、周立波、康濯等作家的作品文本，更是用委婉抒情的艺术手法将农民群体的苦难人生以及他们内在的革命要求，做了形象化的高度概括。像《李有才板话》、《太阳照在桑干河上》、《暴风骤雨》、《我的两家房东》等红色经典文本的现实意义，就是以文学创作特有的通俗表现方式，向外界全力展现新型中国农民现代意识的觉醒与人格尊严的获得。建国后“十七年”文学的侧重点，仍旧是以农民为本位的价值观念。一方面是用浪漫主义的史诗形式去凝固昨天工农革命的丰功伟绩，于是乎《红旗谱》、《红日》、《红岩》、《青春之歌》、《平原枪声》等作品便随之而大量问世；另一方面又赋予农民群体以社会主义建设的全新角色，极力凸现他们高尚的思想境界与高涨的社会主义激情，《创业史》、《山乡巨变》、《风雷》、《艳阳天》等则成为这一历史背景的应时之作。“文革文学”的最大特点，是将中国农村社会主义建设题材的文学创作做了全面发挥，可以说一部《金光大道》几乎代表了整个“文革文学”

的价值取向。浩然用他那肆意挥洒的文笔，把华北平原愚昧落后的农村村落诗意化为社会主义事业欣欣向荣的“芳草地”，贫苦农民的领头人村支书高大泉也被赋予了精神境界“高大全”的代表。作者在“芳草地”那块人间乐土上，凝聚了现代中国人“与天奋斗，其乐无穷；与地奋斗，其乐无穷；与人奋斗，其乐无穷”的思想追求与人生乐趣。甚至可以毫不夸张地说，中国现代农民纯真的思想信仰、坚定的革命意志、过人的政治智慧、崇高的人格魅力，都被浩然在《金光大道》中表现得淋漓尽致。从“左翼文学”对中国农民革命主体地位的明确提出，到“文革文学”将中国农民思想境界推到完美极致，这是20世纪中国文学史的一个完整的表现序列。它所体现出的人文精神平民化与民族化的创作理念，我们也只有从现代中国人曲折复杂的思想历程中去寻找合理的答案。所以，我们绝不能把“文革文学”视之为是完全独立于中国现代文学体系的另类因素人为地加以排斥，否则我们将无法对20世纪中国文学史的内在运行规律，做出符合实际的整体性描述。

从“文革文学”所追求的艺术审美特征来看，以鲜明亮丽的时代政治语汇、极度浪漫的主观抒情氛围、英雄传奇的故事结构模式去精心营造现代革命理想主义的宏大史诗，进而使文学成为现代政治的艺术性历史书写，这也不是“文革文学”所独自具有的艺术审美风格，而是“左翼文学”美学规范的最后完型。众所周知，“五四”启蒙主义文学的整体格调是悲愤与苍凉，精英知识分子面对“国民性”的顽疾，他们不可能对严峻的社会现实保持任何乐观的态度，故“悲剧”也就自然成了那个时代作家审美意识的惟一选择。“左翼文学”将农民从“奴隶”提升到“主人”的地位，作家创作的神圣使命也随之由对“国民性”的“批判”，转向了对农民革命思想先进性的“歌颂”。以革命理想主义的艺术冲动去塑造革命英雄主义的现实神话，这是“左翼文学”最基本的艺术策略，后经“解放区文学”的延续发展以及“十七年”文学的强化历练，最终在“文革文学”中得到了升华。从《咆哮的土地》、《暴风骤雨》到《红旗谱》、《金光大道》，作品中主人公的神性特征只不过是经历了一个由“隐性”到“显性”的历史演变过程。从殷夫的“红色鼓动诗”、李季的“信天游”到《雷锋之歌》、《理想之歌》，追求宏大叙事、虚构故事情节、夸张英雄人格等浪漫主义的艺术表现手法，也是一个一脉相承的历史递进关系。这里我特别想强调一下“传奇”对于“左翼文学”与“文革文学”之间相互连接的纽带作用。所谓“传奇”是中国民间文学最普遍的一种文体形式，它往往以作者的极度夸张与大胆想象，去人为地塑造一些鬼神故事和非凡英雄，进而满足读者在现实生活中无法观感体验到的审美好奇心理。仅就“传奇”这一民间文学的文体特征来看，它无疑是属于浪漫主义的美学范畴。“五四”新文学时期，启蒙主义的现代悲剧意识在拒斥古典文学遗产的同时，对民间“传奇”文学基本上也是采取否定的态度。然而到了“左翼文学”的大众化时代，“传奇”——尤其是“英雄传奇”，则又被作为是向广大民众传播现代政治革命思想最有效的艺术工具，受到了“左翼”作家的高度重视与大力推崇，并很快在他们的具体创作实践中进行了初步的尝试。比如华汉的《女囚》、欧阳山的《鬼巢》、丁玲的《一颗未出枪膛的子弹》等作品中的那些经过作家精心虚构出来的英雄人物，无论是性格或行为都多少带有点中国古代侠客的忠肝义胆。解放区文学与“十七年”文学的作品文本，像《洋铁桶的故事》、《吕梁英雄传》、《红旗谱》、《林海雪原》等，更是从表现手法上全面借鉴了“侠客传奇”的古典风范，并形成了相对稳定的革命理想主义创作模式。[①] 只要稍有点中国现代文学史常识且能秉持公心的读者都不难发现，“文革文学”的美学追求只不过是中国现代革命文学艺术理想的一个重要组成部分。像高大泉、李玉和、郭建光、柯湘等“文革文学”中的精品人物，他们之所以不食人间烟火、通体充满神性的根本原因，就在于他们是“传奇”中可望而不可及的英雄偶像，而不是现实生活中的凡夫俗子。与此同时，也正是由于“传奇”自身神秘性与虚拟性的浪漫主义色彩，它对那些一直生活在政治理想梦境中的现代中国人来说，所起到的革命英雄主义教化作用是现在的年轻人无法想象的。

“文革文学”早已经成为一段过去的苦涩历史，而我们的历史使命则还远没有完成。究竟应该如何去面对它和评价它，在今后一个很长的时间里，仍将有待于我们这辈亲历者对其做出明确的科学界定。否则，我们的后人将更加难以理解它的发生与存在，我们的学术良心也会永久地受到指责。所以，学术理论界必须超越自我思想的局限与困境，重新正视“文革文学”的客观存在。

① 我在《变体与整合：论革命英雄传奇的现代文学演绎形式》（《文学评论》2003 年第 6 期）上，对此曾做过专门分析。

第十章

新时期作家“复乐园”后的变异心态

以悲剧精神去消解理想主义和英雄主义，是新时期文学的一个主要任务。广大新时期作家以强烈的社会责任感和理性批判意识，剥离了政治理想主义的神圣光环，还原了中国农民的真实精神状态，述说了知识分子所经受的心灵苦难，从而营造了新时期中国文学创作的空前繁荣。不过我们也应充分注意到一个十分奇特的文学现象，当知识分子作家在用质疑与诘问的眼光，去艺术地解构历史的荒谬性的同时，他们一方面超越了政治意识形态的束缚而由衷地表现出了一种苦难意识；另一方面却又透过这种苦难意识而自觉不自觉地去为这种历史的荒谬性进行辩护；他们既承认知识分子个性独立意识存在的合理性，同时却又嘲讽和敌视知识分子的社会精英地位。新时期作家这种思想与情感的内在矛盾性，不仅深刻地揭示了政治意识形态对于中国现代作家的思想影响，更在一定程度上生动地展示了中国现代知识分子潜在的人格悲剧。

第一节　理想与现实冲突中的进退两难心理

当新时期文学刚一拉开它的悲壮序幕，我们看到王蒙与张贤亮等人的作品就以知识分子的“苦难意识”，奠定了他们小说创作的悲剧主题。

王蒙与张贤亮都是以知识分子作为作品文本的表现主体，并将主人公置放于极其恶劣的政治生存环境下，通过他们精神与肉体的痛苦磨难，来展示知识分子复杂而矛盾的思想境界。如王蒙的《布礼》、《蝴蝶》、《杂色》等一系列反映知识分子悲剧命运的作品，所着力强调的是苦难对于主人公思想品质的磨砺作用。《布礼》中的钟亦成，因写了一首小诗被打成右派，下放到农村去进行繁重的体力劳动，但他不仅没有任何怨言，相反却乐观地认为：“体力劳动也正发挥着净化思想，再造灵魂的伟力。”这种肉体的折磨再加上施于其人格上的侮辱，使他坚定了“我们懂得了忧患和艰难，我们更懂得了战胜这种忧患和艰难的喜悦和价值”的人生信念。《蝴蝶》中的张思远有着和钟亦成一样落魄乡间的人生经历，但是对他而言，值得庆幸的是因政治迫害而使自己有了贴近土地和农民的机会，从此可以将心魂永远留在偏远宁静的乡村。《杂色》中的曹千里骑着一匹杂色的马缓缓而行于漫无边际的草原上，回想着自己被磨平了的青春和梦想，对于下乡的岁月“他充满了由衷的谢忱”。与王蒙相比较，张贤亮作品所表述的苦难意识，则更具有现代革命的哲理性。他甚至引用了托尔斯泰《苦难的历程》中的“启示”作为《绿化树》的题记，其目的无外乎是为了要说明中国的“资产阶级”知识分子，也必须“在清水里泡三次，在血水里浴三次，在碱水里煮三次”之后，才能成为真正的“马克思主义的信仰者”。他将自己的小说结集为“唯物启示录”，便颇有以一种“过来人”的优势心理，向人们述说知识分子流放至农村后所获得的痛苦体验与思想升华。强调苦难的价值，可以说是中国现代知识分子对于自己时代先锋地位失落后的一种心理自慰或情感补偿。从王蒙或张贤亮的早期作品中，我们能够感觉到他们对苦难的拼命辩护，已不仅仅是要安慰和缓解自己心灵所曾遭遇过的痛苦，而更是要维护他们曾经追求过的理想与信仰。诚如王蒙所说的那样：“党是我们的亲母亲，但是亲娘也会打孩子，但孩子从来也不记恨母亲。打完了，气会消的，会搂上孩子哭一场的。”① 苦难的代价使张思远成为了张部长，使章永璘坚定了对党和国家的信念。无论是王蒙还是张贤亮，他们似乎都想要告诉读者这样一个简单的生活道理：苦难是知识分子的一种精神财富，是他们通往政治仕途的必经之路。因此，他们的作品对于极“左”政治思潮的反思，虽然是极为深刻的，但他们所遵循的创作思路，却仍就是知识分子必须“赎罪”的陈旧叙事模式。即：知识分子只有经过思想上的不断学习和改造，他们才能重返社会政治的权利中心。这正如蒋光慈小说中的李杰（《咆哮了的土地》）必须以生命为代价来证明他对革命的忠诚，王曼英（《冲出云围的月亮》）必须饱受屈辱和蹂躏才能脱胎换骨一样。作者是在告诫人们，苦难是开启知识分子政治之路的钥匙。

然而疏离政治意识形态，于“庙堂”之外另辟“广场”，是“五四”以后中国现代知识分子在思想上所达成的共识。尤其是在“文革”这样的政治乌托邦的神话破灭之后，饱受苦难以求返回政治中心的传统思维模式，实际上已经很难引起知识分子的心灵共鸣。所以王蒙、张贤亮这一代作家，他们的创作思维也开始发生

① 王蒙：《布礼》，《王蒙文集》，长江文艺出版社 1992 年。

了一些微妙的变化——一方面他们为苦难的价值而辩护；另一方面也对政治理想主义产生了怀疑。王蒙的《相见时难》就是这样一部复调式的作品。小说以翁式含和蓝佩玉这两个人物的主观设置，来代表两种不同的价值观和生活方式，并以他们二人思想见解上的尖锐冲突，来表现正统的理想主义价值观在物质大潮呼啸而来时所受到的巨大挑战。翁式含这个饱经苦难的老党员一开始就意识到：要与回国参加父亲追悼会的蓝佩玉相见，并不是一件轻松的事。20年前蓝佩玉在新中国即将建立之际狼狈地逃离了大陆，如今却以归国华侨的身份带着大笔的金钱回来。当她向他大谈现实生活中人们的理想主义消褪、拜金主义泛滥时，翁式含无疑认为那是对他坚定政治信仰的严峻的挑战。在翁式含看来，像蓝佩玉这样的思想变节者和革命的“逃兵”，是根本没有资格对他和那些为了新中国的建立而流血牺牲的同志们的政治理想发难的。当蓝佩玉说到人的物质利益追求的合理性时，翁式含则更是用鄙视的语调回答说：“如果人们要的只是这些，那就根本不会有中国革命，不会有新中国，不会有中国人民自己生活的意义和使命。”尽管在小说的结尾处，作者仍不忘以“子非鱼，安知鱼之乐；子非我，安知我不知鱼之乐”的古训，来诠释或抚慰翁式含政治理想与革命信念的崇高感，但不可否认的是，蓝佩玉出现后所构成的严重挑战，作者并没有让翁式含从正面去做出反击和回应。因为就连他自己也不能解决理想主义受挫以后，人们将如何去解决物质与精神双重匮乏的实际问题。翁式含的铮铮铁骨似乎压倒了养尊处优的资产阶级小姐蓝佩玉，但却不可能从根本上解决缠绕着现代中国人的精神困惑：物质生活的长久贫困，是否仅凭着理想信念便能支撑？政治理想主义毋庸置疑已遭巨大挫折，那么，教导人们坚信的根据又在哪里？这些困扰着现代中国人的思想疑问，同样也是造成翁、蓝二人“相见时难”的真正原因。王蒙的小说在二人的对话中竭力突出翁式含的人格优势，但是这种对话形式设置的本身，却无疑又是对翁式含那种虚弱信仰的无情解构。张贤亮的小说文本，同样也存在着这样的内在矛盾与相互解构。无论张贤亮怎样解释章永璘在马缨花的家里是如何填饱了肚子，又如何经过认真阅读《资本论》而得到了思想上的升华，并由此而坚定了他对党和国家的坚定信念，最终踏上了通往人民大会堂的那条红地毯。也无论作者怎样去描写章永璘不沉溺于情欲，不贪恋于舒适的小日子，而是以一种重新被创造和被激发出的男人的尊严离开了黄香久。这些所谓的思想闪光之处都显得有些虚伪而矫情，远远不及小说中活生生的人，是如何在“食”和“欲”这两大本能需要促使下的躁动与挣扎来得真切。《绿化树》中的章永璘在饥饿的折磨下，像狼孩一样以食物为生存目标，他谄媚、讨好、妒忌，耍尽各种各样的小聪明以便获取稀粥、稗子面馍馍、黄萝卜，甚至浆糊等一切能吃的东西。然而在肚子稍微饱一点的平静夜晚，他又禁不住审视了自己的卑鄙无耻和不择手段，而产生心灵的颤栗和自我诅咒：“可怕的不是堕落，而是堕落的时候非常的清醒。”人在基本生存条件缺乏的饥饿状态中所具有的疯狂性使人的精神人格一次又一次地分裂，而作品关于这种精神与肉体痛苦体验的真切细致描绘，足以颠覆任何以苦难为凭借向政治理念升华的崇高主题。在《男人的一半是女人》中，章永璘面对一律秃头、粗布衣服、表情呆板粗野，丧失了任何异性美好吸引力的女犯们，禁不住干呕，甚至失去了生的勇气。窥见黄香久裸浴的美妙肉体的一瞬间，他被激发出强烈的情欲和想入非非的幻觉，这种躁动的、失去理性控制的欲望，恰恰证明了真实的人性存在，也展示了正常要求不能满足而使人的生理与心理发生畸形、病变的残酷。无论怎样去强调苦难的价值，也不及苦难的体验过程那么惊心动魄。所以张贤亮这类小说的最大社会意义，并不在于它告诉了读者经受苦难究竟能够修成何种正果，而在于它真切地展现了人性在苦难的压力之下所承受的折磨与痛楚。

第二节 理性与人性矛盾对峙中的思想彷徨

人本主义心理学的理论认为，人的生存需求是一个多层次需求所构成的组合体，高层次需求的出现是以低层次需求的满足为基础的。因此，人只有在其基本的生存需求获得满足后，才能逐步向尊严、爱情等高层次的需求提升，最终成为一个自我完善的人。[①] 新时期文学一味地强调苦难的价值，维护政治理想的崇高与纯洁性，无疑是在忽略人的最基本的生存条件的基础上，完全凭借想象力去主观臆造完美人格的虚幻景象，这显然是不切实际的。谌容的《人到中年》，就是以对知识分子悲惨境遇的激情抒写，生动地表现了政治理想主义所造成的可悲生活现实。历史的不公平待遇及苛刻的生活与工作条件，使中年一代知识分子情感压抑、心力交瘁。陆文婷、姜亚芬，以及傅家杰、孙逸民等人，都曾是一代政治理想主义者，然而“个人”对“国家”、对“事业”的绝对服从，却深深地埋下了他们悲剧命运的根基。理想主义者的现实困境是不可避免的，或如陆文婷那样任劳任怨、鞠躬尽瘁，或如姜亚芬那样背井离乡、另觅生存空间，知识分子的人生选择被严格限定在政治信仰与个人生存之间，除此之外别无其他的出路，这的确令人有些心灰意冷。无奈的生活困境，迫使理想主义者必须去承认一个残酷的事实：苦难不能因理想而轻易置之不谈。所以戴厚英在《人啊，人》中借何荆夫的口说：“吃苦并不是衡量一个人价值的标准。吃苦可以提高一个人也可以降低一个人。”革命的

---

① 马斯洛：《动机与人格》第4、5章，许金声译，华夏出版社1987年版。

目的当然不是要破坏人的天性，不是为了破坏正常的家庭生活，使人性的因素趋于枯萎，这是作者通过作品所做出的肯定性回答。《人啊，人》将马克思主义等同于人道主义，固然有失偏颇，但这正体现了知识分子们在经历了苦难之后，想要通过权威理论来为自己的合理要求正名的强烈愿望。

"知青文学"作家与王蒙、张贤亮等人相比，虽然也有上山下乡的苦难经历，但他们靠政治灌输而获得的精神理念，在"文革"以后的反思过程中要比他们的前辈作家消解得更加彻底。他们不再怀着"辩诬"的心情，期待着有朝一日重返现实生活的政治中心，对于他们而言，更重要的是为自己的知青岁月去求证和追忆。"知青文学"作家把他们最美好的青春时光，都消耗在了这场所谓的政治献身运动当中，如果需要去反思的话，也只能得出这样的历史结论：整整一代人的狂热和牺牲仅仅是轻信与幼稚的祭品，那么到哪里去寻找他们作为奋斗者的价值，以及已经流失了的青春岁月呢？尤其是知青返城后所遭受的种种冷遇，使他们的内心充满了惶惑与焦虑。出于心理平衡的要求，知青作家在他们的创作中，逐渐消退了政治反省意识，全然忘情于乡村山野生活的情绪记忆，在时间的长河中去寻找已经失落了的青春、理想和梦幻。与新时期文学早期描写知青题材的作品（如《伤痕》等）热衷于对政治失误进行反思与批判有所不同，"知青文学"作家则是通过自己本人对于农村生活细节的切身体验，从苦难中去寻找那些值得珍惜的生命亮点，以维护一代人的青春年华与献身精神。作为"知青文学"的杰出代表人物，梁晓生就曾公开申明，知青是"极其热忱的一代，真诚的一代，富于牺牲精神、开创精神和责任感的一代"，对他自身而言，即使明知上山下乡是一场极其荒谬的政治运动，但他却仍要"歌颂一场'荒谬运动'中一批值得歌颂和讴歌的知青”。[1] 他的《这是一片神奇的土地》、《今夜有暴风雨》等，无不是以悲壮豪迈的风格凸现知青的高尚品质。另外，如韩少功在《西望茅草地》中所发出的不该忘记崇高与追求的呼吁，王安忆在《本次列车终点》中对知青岁月中美好东西的缅怀，都体现了大致相同的价值取向。

“知青文学”作家为自身那段下乡时光坚韧不拔的求证心理，使他们不约而同地表现出了提升“知青”思想品质的理想主义艺术创作倾向。在这些作品中，对乡野山村、风土人情的描绘，对民间生活方式、价值观念的理解与同情，使得这种文学思潮进一步走出了新时期文学以反思极“左”政治为己任的历史局限性。尤其引人注目的是史铁生、陈村、张承志等人的知青题材作品，他们将审视的目光投向了去发现民间生活中可能具有的人性品格上。如史铁生的《我的遥远的清平湾》，描写的是陕北农民简单朴素的耕种生活里所蕴涵着的闲适平淡心境，作品的字里行间，都流露出作者本人对那里人们平静而自然的生活节奏规律的喜爱和眷恋。陈村的《蓝旗》，也是描述“我”在一个名叫七房的地方下放九年的生活经历。小说以散文式的语言写四八子简单憨厚的语言，后朝老汉为儿女的操劳，四喜对自由恋爱的向往，宛如一幅幅不着色彩的素描，完全是凭细致而清晰的轮廓去深深地打动读者的。张承志的《黑骏马》，更是交相辉映地描写了辽阔壮丽的草原风光、纯真美好的亲情与爱情、坚韧不屈的自然人格，尽情地向人们展示出了在雄浑开拓的环境中人性的尊严和伟大，进而使其成为了此类小说中的佼佼者。白音宝力格自小在草原上长大，但是读书的习惯渐渐地陶冶了他超脱牧民的习性，为了追求“更纯洁，更文明，更尊重人的美好，也更富于事业魅力的人生”，他

[1] 梁晓生：《我加了一块砖》，载《中篇小说选刊》1984 年 12 期。

毅然离别了养育他的土地与亲人。多年以后，当他带着对现代文明的洞察重归草原寻找爱人和亲人时，将他抚养成人的老奶奶已经平静坦然地走完了人生的历程，两小无猜的恋人也已成为他人之妻，延续着千百年来草原人所固有的生活方式。已经变得成熟了的白音宝力格，对于民间坚强的生命力与代代相传的生活意义，也开始有了他自己深刻的认识："人的热力是能够点燃世界任何角落的冰冷的生命的。真正被生活抛弃的，只是像我这样不能随遇而安的人。"小说的结尾处，作者让白音宝力格投入到大草原中去放声哭泣，既表达了他对往事的忏悔，同时也表达了他经过生活磨砺后体现出的宽容和理解。大草原的生活时光给了"我"最初的人格感动和教育，也留下了"我"的青春与爱情。在忏悔的一瞬间，白音宝力格真正地明白了那段美好时光的意义，挖去它，就如同挖去身上的肉那么困难，不管怎样从理智的角度去超越它，它都与经历者融为一体了。在知青文学中，乡土和乡土上生存的人曾给予知识分子的启示，成为了他们人生经历中的最宝贵的成分，也成为了他们足以傲视虚浮的政治理想与狭隘的都市人生的精神财富。

知青文学的价值视角，在史铁生、张承志等人那里具有了一种包容性。对于民间的生活方式、生存哲学，他们都是抱着理解与同情的态度深入其中，并对它产生真正的欣赏和钦佩。这既不同于"五四"知识分子以居高临下的眼光进行批判，也不同于现代文学左转后所体现出的对农民的盲目崇拜。他们自觉或不自觉地试图着把乡野山村生活的价值观，与精英知识分子所持的救亡图存的价值观并立、共存，其目的是要用前者去修补或充实后者。史铁生立足于现实生活，而眷恋遥远的清平湾的田园牧歌生活；张承志为轻率的决绝忏悔，视民间文化的价值为自身不可分割的一部分，可以说用意均是如此。这种精英文化与民间文化价值并立共存，也超越了张贤亮小说中的矛盾价值取向。张贤亮一方面将农民的坦白直率、勤劳肯干的品格当作启发自身的瑰宝，一方面又时时以读了书的知识分子的优势眼光去审视农村生活的落后。所以章永璘一方面对马缨花、黄香久抱有感恩和惭愧的心理，而另一方面又要疏远和离弃她们。他自身不可解决的矛盾就在于由于没有具备一种开放性的眼光，所以只能遵从让一方压倒另一方的简单思考方式。

第三节　冲破政治禁锢后的“迷失”与“苦闷”

如果说知青文学涉足民间还是一种半自觉的行为，那么当“寻根文学”鲜明地提出了要深入民族文化土壤中去寻找民族文化之根的口号时，对民间的强烈关注已成为了新时期文学作家的一种群体意向。如韩少功之于湘楚文化、李杭育之于吴越文化、张承志之于中亚草原文化、贾平凹之于商洛山区文化、扎西达娃之于西藏文化以及阿城之于庄禅文化等等，他们将艺术的视角深入到了经济尚未发达且保留有原始形态的山区村落，有意识地疏离现代都市社会和主流价值观，从古老的民族文化中去发掘中国人的生命意识。“寻根文学”中的一个突出的表现倾向，便是对自然生命形态和原始生命力的赞美与欣赏。莫言《红高粱》系列中的土匪不拘礼法、不服教化、杀人越货、抢亲野合等蛮性行为，与他们在民族危亡关头敢于流血拼命的抗日行为一样，都被作者视为是粗犷强悍的原始生命力的淋漓尽致的真实表现。郑义在其《远村》中，写太行山区因贫困而流行的“拉边套”、“打伙计”（即两个男人共一个女人的风俗），但却并没有简单地将其视为是一种人的思想的愚昧与落后。作者既对人在环境的制约中不能不委曲求全的自我压抑表示出了深深的叹息，更对恶劣环境下人的那种顽强生命力大加赞美。对小说中的主人公杨万牛而言:"生活,就像一盘磨,磨碾着人可也喂养着人哩!"遵从生命的法则,承担起责任与义务,但又不泯对爱情与自由的希冀,这是太行山区农民生活里洋溢的鲜活气息。坚持从人道主义的立场去苦苦思索生命意义的张炜,他在《九月寓言》中寻求到了这样一种安身立命的哲学:"融入野地。"他一往情深地描绘着一群古朴的农民生活,他们在肥沃土地上的自由自在的生活,正如那片长满了肥润的野草、隐藏着各种鲜活的小动物且盛产通红的地瓜的土地,这群自然人过剩的精力和热力也孕育着无限的创造力。以往被现代文明所鄙视为人的种种劣根性的表现,在作者自然审美的眼光中却具有了一种浓浓的浪漫诗意。露筋不事劳动,是个无所事事的懒汉,但是他却具有做一个懒汉的"才华",在无边的野地里,他畅快轻松地活着。他劫出闪婆在土地上野合生子,也被描写得生气盎然。村子里的男人们因为瓜干烧胃,在夜里毒打自己的女人以发泄无限的精力。大脚肥肩使尽各种手段把儿媳三兰子折磨得悲惨死去等行为,在自然平淡的行文中,丝毫没有血泪控诉的意味。作者的目的是以一种真实而又生动的自然笔调,艺术地再现生活在土地上的人们原汁原味的情状,并与脱离了人性的根本、被各种繁文缛节拘束的所谓文明形成鲜明的对照,从而张扬了这种生活中所蕴涵着的蓬勃生命力。

知青文学、寻根文学从民间文化中吸收营养,使文学关注的中心由权利政治话语转向了普通人的现实生活,这无疑大大冲淡了现代文学理想主义和英雄主义的创作主题。但无论是知青文学的"寻梦"情结,还是寻根文学的"探古"倾向,无非都是想追求文化或人生的真实意义,并去获取其中的审美内涵。政治神话消解以后,知识分子曾试图去寻找一种诗意化的人生观,来为个人主义的价值追求进行现实定位,但是由于政治权利意志的依然存在,所以整个80年代的文学创作都拖有长长的理想主义的尾巴。而兴起于80年代末到90年代初的“新写实小说”，则一反寻根文学那种迂回解构政治理想主义的表现手法，完全以一种冷静客观的理性透视眼光，去细致地分解了所有附加于现实生活的精神装饰，并尽可能地复制出普通人的日常生活状态。这种无限贴近日常生活的“零度写作”，使得知识分子作家们终于摆脱了对政治永无休止的纠缠，同时也表现出了中国现代文学由现实主义向自然主义历史转换的征兆。“新写实小说”的价值取向，常常是借爱情梦想的破灭，来折射理想在现实中的消解。在“新写实小说”作家的笔下，真爱湮灭于日常生活的嘈杂拥挤当中，意味着私人生活被大众生活所侵蚀；而个性人格服从于社会公共行为的道德准则，又使一切神圣和美好的东西都还原为世俗化的本质。印家厚在《烦恼人生》中，感慨不鲜亮的老婆是世界上惟一送他上班、等他回家的人，所以他明白，“普通人的老婆就得粗粗糙糙，泼泼辣辣，没有半点身份架子，尽管做丈夫的不无遗憾，可那又怎么样呢?”对被拥挤、忙碌的生活弄得麻木的印家厚而言，老婆的重要性完全取决于她是否“有用”，是否会持家操劳过日子。尽管年轻漂亮的女徒弟雅丽坦白而大胆的示爱，也会令他怦然心动，但他非常明白他承受不起这种奢侈。由幼儿园阿姨肖晓芬所勾起的那段甜蜜恋爱的记忆，偶尔一闪而过，也显得是那么的遥不可及，因为被生活节奏压得喘不过气来的印家厚，根本来不及去细细地品味。如果说《烦恼人生》中还通过人物隐隐的遗憾残留了一点对“爱”的向往，池莉笔下的庄建非与吉玲的婚姻，则直接告诉读者《不谈爱情》。小说中庄建非结婚是苦于性欲，而他与离家出走的妻子言归于好，则仅仅是由于出国愿望的驱使；吉玲能成就与庄建非的婚姻，完全归功于她不动声色、处心积虑的精心策划。一一数来，能够维系他们婚姻的原因固然有很多，却惟独没有爱情。作者所要讲述的也正是惟有不谈爱情时，才能保证家庭与婚姻安稳的这一残酷现实。张辛欣在《我们这个年纪的梦》里，用美妙的童话构筑起了一个两小无猜、青梅竹马的爱情故事，然而实际上到了适婚年龄的人，却不得不去通过婚姻介绍所，像物品一样被对方挑剔挑选。浪漫的幻想不仅暗淡无光，甚至滑稽可笑。叶兆言的小说名为《艳歌》，然而作者却反其道而行之，从容冷静地看破了“情”的华美艳丽的外表。男女主人公迟钦亭、沐岚的恋爱、婚姻、养育孩子，都出于不由人控制的偶然或意外。两人被拼凑到一起，机械地经历人生的大事，即使是涉及到婚外情，也是轻描淡写，没有什么新奇刺激的意思。迟、沐二人口是心非，如同做戏一般地由冷战、吵架、分居到离婚，使婚姻在人所无法控制的生活惯性中滑向了分崩离析，这正是作者为人们所谱写的一曲“艳歌”。

在“新写实小说”的创作程序中，具有个性的活生生的人，被柴米油盐、生老病死等等日常生活琐事所羁绊，人的价值趋向也不再是诗意化的生命创造，而是机械单调地保持着与大众公共生活准则的一致性。《烦恼人生》中的印家厚在凌晨的黑暗中就得为房子的事儿心焦，清晨起床后就必须快节奏地去排队洗漱、煮牛奶、跑月票、搭轮渡、吃早餐、分奖金、为厂里的工作而操心费神。我们从他的身上，完全看不出知识分子任何与众不同的地方，他只是众多满脸倦意、一身灰尘的上班族中的一分子。去除了所有的精神装饰，人就不再代表自我个人，而只代表一种程式化的、功利化的现实生活状态。在“新写实小说”作家的笔下，个体人的意义并不重要，重要的是要写出普通人那种“冷也好热也好活着就好”的现实生活状态。像所有的武汉市民一样，猫子、燕华、四在闷热的夏天吃饭、纳凉、谈天、逛街，平静而简单，但饮食男女面面俱到。以表现理想与爱情而成名的刘震云似乎也不甘寂寞，他的《一地鸡毛》同样获得了学术界和广大读者的一致好评。主人公小林虽然是个知识分子，可是生活的磨练却使他变得胸无大志自甘平庸。在无非是买豆腐、上班下班、吃饭睡觉、洗衣服、对付保姆、弄孩子的琐碎生活中，他忿忿不平地发泄道："什么宏图大志，什么事业理想，狗屁！那是年轻时候的事，大家都这么混，不也活了一辈子？"他心甘情愿地去学不再写诗而去卖鸭子赚钱的"小李白"，把初次做生意视为是当娼妓头一回接客，虽然有些害怕和害臊，可时间一长，心态也就变了，接谁都一样。小林不仅要应付给老婆换个近点的单位、送孩子入托等麻烦事，他还要在《单位》里小心翼翼地应付各种人际关系。要入党就得不怕女老乔的刁难和狐臭，要想分房就得在上级面前讨好巴结，那个曾经是心高气傲的大学生小林，早已被繁琐的生活挤压得面目全非。《当我们这个年纪的梦》所有的华丽辞藻渐渐消退，许多人都被琐屑、平庸的生活所吞没。人们不能不告别童话般的美妙理想，而去面对买菜、做饭、没有激情的婚姻、累人的养育后代等生活的必需程序。知识分子的独特性，就在于他们除了具有饮食男女的现实生存要求之外，同时更显示出有一种超越现实困境的思想欲望，能冲破形而下的物质形态去做形而上的精神思索。一旦他们失去了精神生活的丰富内涵，他们的生命过程也就只剩下了与社会庸众完全相同的整日鸡毛蒜皮、鸡零狗碎的低级生存需求了。

"中国知识分子对日常生活的肯定或拒绝中，事实上潜伏着一个共同的人文主题，这就是承认诗意人生的可能，承认乌托邦的可能，承认浪漫主义的可能，承认此岸与彼岸的对立存在，它意味着中国知识分子的某种主体定位和'角色'自觉。"[①] 这种主体定位和角色自觉在"新写实小说"中显然是一种被消解的状态，

---

① 蔡翔：《日常生活的诗情消解》第23页，学林出版社1995年版。

因为曾经在乌托邦理想光芒下湮灭无形的日常生活，在个人为集体献身的革命浪漫主义对照下的卑微与庸俗，已成为了此类小说表现和探讨的兴奋点。这表明后新时期作家已经开始逐步走出了对神圣信仰的迷信，理智而冷静地去重新认识个体存在的意义以及自身生存的困境。理想主义和英雄主义价值理念的土崩瓦解，使后新时期的文学创作失去了统领文坛重心的绝对自由化状态。一向以理想主义、英雄主义构建文学品格的张承志，在物质化、商业化的大潮中曾试图独树一帜，重新呼唤知识分子作家群体的思想崇高感，他将知青的奉献、红卫兵的激情、英勇的古代刺客、陕甘宁青有着忠诚信仰的回民，都作为他竭力挖掘理想人格因素的对象。对他而言，只有远离物质与商业的大草原、金牧场、北方的河、黄泥小屋、贫穷的西海固，才是孕育理想人格、培养清洁精神的外部环境场所。张承志的欣赏者认为他这是在宣扬一种血气的刚勇，称颂傲视物欲横流的清高人格，从而在整个文坛都普遍趋于平庸与媚俗的现状中，表现出孤独的崇高与圣洁的人格。但是这种新的理想主义与新的英雄主义价值观，却受到了新生代批评家的贬斥，他们认为“张承志所进行的，与其说是‘圣战’，不如说是师出无名的表演性十足的‘游戏’”，并且一针见血地指出：“贫穷和愚昧、残忍和暴力、独裁和专制中绝不可能诞生‘清洁’。”[①] 在承认现代社会物质与商业化的合理性，并且意识到了极端的理想主义和英雄主义的偏执与狂热的人的眼里，崇拜英雄、推崇理想的张承志只是在扮演普罗米修斯的角色失败时，才转变成为了专制独裁的文化恺撒。不论谁是谁非，张承志在多元化的文学时代里，的确表现出了一种维系知识分子崇高理想的创作态势。但是我们也必须清醒地看到，他那再造理想主义与英雄主义的文学宏

① 余杰：《皇帝的新衣——关于“张承志现象”的思考》，《火与冰》，经济日报出版社1998年版。

愿，已经不可能得到中国现代作家们的一致认同。

以多元化与自由化的文学创作态势，去消解理想主义和英雄主义神圣光环，这无疑是一种时代的进步；而对世俗物质生存条件的承认，也有利于人们破除一切迷信与神话的遮蔽，正确地认识自我与环境，这是“新写实小说”在中国当代文学史上的功不可没之处。它那近似于自然主义的描写，可以说是真诚而大胆地直面人生，破除一切“瞒与骗”的虚伪。但任何事物发展都不能趋于极端，精英文化向民间文化汲取营养，所要建立的是能取二者之长，而又不失知识分子自身个性的话语体系。如果说一味地向民间趋同，不免会重蹈过去那种在政治意识形态的控制之下，知识分子完全丧失自我言说能力的覆辙，继而丧失他们在当今时代中的独立话语空间。一味地追求“从众”心理，无条件地以社会公共生活的价值准则去取代知识分子的文化精英意识，同样也会造成中国现代文学的平庸与媚俗。“新写实小说”的实践者们，他们曾为当代文学创作开辟了新的方向，但除了它初现时的新鲜与耀人的光彩之外，许多代表作家都不免先后地落入了迎合读者、刺激阅读的泥淖之中。问题的关键在于，写尽了日常生活的琐碎细节，勇敢地承认和揭示出人在现实生活中的无奈与无能为力之后，人们又该如何？理想主义与英雄主义的消解是当代文学创作的必然趋势，但在走出了政治乌托邦迷宫后的中国知识分子，究竟又该如何去承担起引导社会的神圣责任？为了解决这一难题，曾有学者就精英文化和民间文化的结合问题，提出了这样一个大胆的设想：“就像张炜说的融入野地一样，融入一个新的话语空间。”[①] 但愿这个设想能够引领中国现代文学走出迷惘的现在，走向辉煌的未来，这是我们共同的期待。

---

① 陈思和：《中国新文学整体观》第166页，上海文艺出版社2001年版。

下编

个体作家的抽样透视

第十一章

胡适：中国现代文学的开路先锋

第一节　反思历史与超越历史的现代智者

1917 年 1 月，胡适在《新青年》杂志上发表了文学革命的宣言书《文学改良刍议》，用“民主”与“科学”的时代精神点燃了新文学运动的熊熊之火。从此之后，“胡适之”的名字便同中国现代文学的发展史紧紧地联系在一起，成为一种谁也无法否定的客观存在。

作为中国现代文学的源头，“五四”文学革命运动的发难，首先是从语言形式的变革入手的，这一点毋庸置疑。胡适本人在阐述文学革命的宗旨时，就曾将其基本任务概括为两个主要方面：“一个是我们要建立一种‘活的文学’，一个是我们要建立一种‘人的文学’。前一种理论是文学工具的革新，后一种是内容的革新。”[①] 胡适认为文学革命应当分两步走，首先是旧形式的破坏与

① 胡适：《中国新文学大系·建设理论集导言》，上海良友印刷公司 1935 年版。

形式的建立，然后才是新思想的引进与传播，这种阶段演化的理论在他“八不主义”的主张里，得到了很好的体现。胡适之所以在《文学改良刍议》中提出“八不主义”，主张中国的现代文学运动应从语言形式的革命入手，是因为他对晚清以来文学改良运动的先驱者们屡次失败的经验教训，有着深刻的理性认识。从宏观审视的角度来讲，中国现代文学运动，实际上从晚清末年的“诗界革命”起始，便已逐渐拉开了它那雄浑悲壮的序幕。虽然无数先驱者都尽了自己最大的努力，但也为后人留下许多值得思索的问题。

首先，在文学内容与形式的辩证关系上，晚清文学改良运动的倡发者们只强调内容改革的必要性，而对语言形式改革的重大现实意义缺乏足够的必要认识。黄遵宪在“诗界革命”中提出了“我手写我口，古岂能拘牵”的口号，喊出了近代进步知识分子要求打破传统观念的束缚，自由抒情言志的共同心声。但在摆脱了古人的“拘牵”以后，怎样实现“我手写我口”的问题上，他不仅避而不谈，相反却主张“各人有面目，正不必与古人相同。吾欲以古文家抑扬变化之法作古诗，取骚选乐府歌行之神理入近体诗”，[①] 这说明他仍希望向古人讨教，对旧形式做一点不伤筋骨的改良，而并非意在创新。对此，梁启超说得更为直率，他指出：“过度时代必有革命，然革命者当革其精神，而非革其形式。能以旧风格含新意境，斯可以举革命之实矣。”[②] 这种“旧瓶装新酒”的理论，在当时是十分时髦的，不仅大受革命派的拥护，守旧派文人亦表赞赏。如“同光体”诗派的代表人物陈三立，就曾向“诗界革命”的巨子黄遵宪大表敬意，还把“诗界革命”的产物称为“千年杰作”；而一些革命派的诗人，也在这种理论的指导下积

---

① 黄遵宪：《〈人境庐诗草〉序》，上海古籍出版社 1981 年版。

② 梁启超：《饮冰室诗话》，人民文学出版社 1954 年版。

极向守旧派阵营靠拢，诸如“南社”的几位主要干将姚宛雏、闻野鹤、朱鸳雏等人，就是“同光体”诗的吹捧者和效法者。更有甚者，这一理论后来竟演变成为守旧势力反对“五四”文学革命运动的堂皇借口，梅光迪在同胡适进行论战时便公开宣称：“一言以蔽之，吾国兴诗界革命，当于诗中求之，与文无涉。”[①] 在已经具备了无数五光十色新因素的中国近代社会，文学运动的改良者们却只把目光凝聚在思想内容方面，而对于语言形式变革的客观要求置若罔闻、不加理会，这可以说是晚清文学改良运动不可能取得最终成功的关键因素之一。

其次，虽然黄遵宪、裘廷梁等人提出了“文言合一”的主张，要求“崇白话而废文言”，试图革新汉语言文字，为资产阶级思想启蒙运动服务，但却失败了。这是因为：其一，他们提倡汉语拼音文字不是以白话文为基础，而是以文言文为根底，没有把拼音运动同是变成白话文运动；只注重提倡抽象的文字改革，而忽视了实用语言文字的改革，目的并不明确。其二，没有把语言文字的改革与文学表现形式的改革统一起来，借助人民大众所喜闻乐见的文学形式，来进行白话文的普及，而造成两者之间的分裂，致使语言文字的改革失去了文学这一有效的依附工具。其三，改革者一边倡导别人应用白话文，一边自己又在应用文言文。一方面希望为社会输入更多的西方新思想；另一方面又使用仅为少数人所掌握的文言文进行翻译，产生了一种极不合理的矛盾现象。胡适曾经举过这样一个例子：“周树人周作人两位先生合译的《域外小说集》，他们都能直接从外国文字译书，他们的古文也比林纾更畅晓细密，然而他们的书在十年中只销了二十一册，这个故事可以使我们明白，用古文译小说，也是一条劳而无功的死路。因

① 胡适：《逼上梁山》，载《中国新文学大系·建设理论集》。

为能读古文小说的人实在太少了。至于古文不能翻译外国近现代文学的复杂文句和细致描写，这是能读外国书的人都知道的，更不用说了。”[①] 这也是晚清文学改良运动不可能取得最终成功的又一个关键因素。

最后，也是一个最根本的原因，就是改革者们把社会分成了两个部分：一是“我们”（上层社会），二是“他们”（下层社会），而文学与文学改革的使命是为“他们”而非“我们”的，这种社会心理在晚清的革命者身上表现得非常突出。所以，他们不可能把自己融入到时代的洪流之中，成为它的一分子，而是自居为高高在上的救世主，俯瞰着下界苦难的芸芸众生，完全脱离了人民大众。胡适看到了他们身上所表现出的这一致命弱点，并一针见血地指出：“他们最大的缺点是把社会分成两部分：一边是‘他们’，一边是‘我们’。一边是用白话文的‘他们’，一边是做古文古诗的‘我们’。我们仍不妨仍旧吃肉，但他们下等社会不配吃肉，只好抛块骨头给他们吃去罢。这种态度是不行的。”[②] 改革者的这种内在思想限制，使晚清改良运动失去了群众基础，故最终只能沦于失败。

先驱者的悲歌，作为一种历史的启示，向胡适敲响了警钟，并使他总结出这样一个深刻的道理：文学革命固然应该坚持内容与形式同步进行的“两点论”，这是不错的，但也不能对两者的关系做形而上学的教条理解。文学革命的宗旨，是“须言之有物”，摆脱对古人的机械模仿，扫除无病呻吟的“烂调套语”，使文学以全新的姿态去适应时代发展的要求。基于这种指导思想，胡适把中国古典文学通通视为“死文学”，因为它所表现出的多半是封建士

---

① 胡适：《中国新文学大系·建设理论集导言》。

② 胡适：《五十年来之中国文学》，载《胡适文存》第2集卷二，上海亚东图书馆1924年版。

大夫阶级“对落日而思暮年，对秋风而思零落，春来惟恐其速去，花发又惧其早谢”的消沉悲凉之气；长而久之，便使人们“遂养成一种暮气，不思奋发有为，服劳报国”，把文学变成了一种感时叹世的“亡国之音”。胡适认为，新兴的现代文学具有指导人生、激励上进的能力，应表现崇高的思想和真挚的感情；如果失去这种积极的思想因素，它“便如无灵魂无脑筋之美人，虽有浓丽富厚之外观，抑亦未矣”。[①] 然而，若要实现文学革命的宗旨，使文学成为新时代的镜子和传声筒，就必须把握时代变革的内在机制，注意社会情绪的信息反馈，用理性思维代替感性意识，敢于正视正在发生急剧变革的现实。因为“文学的生命全靠一个时代的活的工具来表现一个时代的情感与思想，工具僵化了，必须另换新的”。[②] 尤其是在文言文学的灭亡已经成为既定事实的当今社会，“中国若想要有活文学，必须用白话，必须用国语，必须做国语的文学。”[③] 这种坚定的信念，使胡适完全打破了常规的逻辑思维方式，把文学形式的改革放在首要的地位加以倡导，作出了与前人截然相反的结论：“我们认定文字是文学的基础，故文学革命的第一步就是文字问题的解决。先要做到文字体裁的大解放，方才可以用来做新精神的运输品。”[④]

胡适的文学革命主张一经提出，立刻引起了全社会的强烈反响，人们围绕着《新青年》杂志展开了一场文言与白话的大论战；其结果，不仅使白话文的应用问题在理论上取得了重大突破，而且在各种文学体裁的创作实践上也收获了可喜的成果。短短的几年时间里，白话文学作为中国现代文学的形体标志，已成为广大

---

① 胡适：《文学改良刍议》，载《新青年》第2卷第5号。

② 胡适：《四十自述》，台湾出版。

③ 胡适：《建设的文学革命论》，载《新青年》第4卷第4号。

④ 胡适：《逼上梁山》，载《中国新文学大系·建设理论集》。

作家自觉遵守的创作法则。这些客观事实充分证明，胡适的文学革命理论主张之所以能够取得历史性的突破，完全在于他准确地把握住了时代变革的内在机制，牢牢掌握了推动这场变革的主动权。

文学语言形式的革命，其巨大的现实价值和社会意义，并非仅仅局限在文学这一狭小的领域之中，而且标志着旧的文化形态的整体革命。众所周知，在文化形态中，最保守的成分就是形式，它一旦形成，就具有一种强大的惰性，而文化形式最基本的单位，又是语言文字。我国的文言文，是两千多年来封建意识赖以生长繁殖的土壤，也是陈腐文化观念的外在点缀形式。因此，改革文言文，乃是从根本上触动了封建文化的根基，它起着牵一发而动全身的制约作用。在这方面，历史曾留下无数的深刻教训，晚清文学改良运动的失败，就是一个很好的例子。黄遵宪、梁启超等人，热切渴望着西方的新思潮闯入中国的现实生活，猛烈冲击一下封建思想意识形态的种种弊端。在历史的变革面前，表现出了一定的积极态度。但恰好相反，他们在涉及到传统文化的表现形式——特别是语言文字彻底变革的问题上，却逆历史潮流而动，表现出强烈的抵触与反抗情绪。而胡适和其他文学革命的发动者们由于认识到了这一点，所以他们以推广白话文为突破口，打破了原有的语言结构，使其具有更大的张力和开放性，从而完成了思维方式和价值观念的重要变革，为中国的文艺复兴运动写下了光辉的一页。

通过上述粗浅的分析，我认为，如果诚如有些文学史家所说的那样，文学革命应该首先提出内容革命的口号，否则就是不彻底的革命派，那么，胡适也就不是胡适，而是第二个黄遵宪、梁启超。“五四”文学革命也不会成为新世纪的曙光，而只能是“诗界革命”的余辉。但事实发展的结果却并非如此，“五四”文学革命终究是按照自身演化的规律，从倡导白话文起始，并以其彻底的胜利而告终，走完了它的全部历程。这就是历史给我们作出的最真实、最客观的回答。

第二节　借鉴西方与实用传统的文学思维

"五四"文学革命运动的第一步任务是大规模的"破坏"，对旧有的文学体系进行全盘否定，这项工作，很快便在轰轰烈烈的热潮中完成了。但是，在封建旧文学的偶像被彻底摧毁以后，发难者们便立刻面临着一个怎样建设新文学的现实问题。破坏是痛快的，建设却是艰苦的。在这寻求与探索的创业时期，胡适最早提出了他的现实主义文学主张，对于新文学现实主义的形成，起了积极的指导促进作用。

首先，注重新文学的社会功利作用。"五四"文学革命的宗旨，是要改造传统文学的旧有体制，使其成为传输现代文明意识的工具利器，所以胡适反对"为艺术而艺术"的文学观念。他指出："一般人认为诗不应有宣传之目的……我则不以为然……如果诗不表达人类痛苦遭遇的呼喊，而只以做美女圣贤的传声筒自满，那么诗便忽略了其应负的神圣任务之一了。"[①] 若要使文学作品充分发挥干预社会生活的职能，作家应首先具有"高远之思想"和"真挚之情感"。思想是文学的血脉，情感则是文学之灵魂，如果"文学无此二物，便如无灵魂无脑筋之美人"，失去了其应有的美学价值。从文学的功利主义思想出发，胡适大力推崇悲剧作品的美学效应。尽管他的第一个话剧剧本《终身大事》是一部喜剧作品，但从整体上讲，他对喜剧作品的评价却并不很高。他认为喜

---

① 胡适：《中国诗歌中的社会信息》，载《中国社会政治科学》杂志 1923 年 1 月号。

剧作品读完了，“至多不过能使人觉得一种满意的观念，绝不能叫人有深沉的感动，绝不能引人到彻底的觉悟，绝不能使人起根本的思量反省”。[①]而悲剧则不同，“悲剧的观念，第一是承认人类最浓挚、最深沉的情感，不在眉开眼笑之时，乃在悲哀不得意无可奈何的时节；第二，即是承认人类亲见别人遭遇悲惨可怜的境地时，都能发生一种至诚的同情，都能暂时把个人小我的悲欢哀乐一齐消纳在这种至诚高尚的同情之中。”“悲剧的这两种因素的结合，故能发生各种思力深沉，意味深长，感人最烈，发人深省”的艺术效果。[②]胡适把悲剧观念视为文学作品“真实”的基础，视为文学作品发挥社会功效的最佳手段，受到了鲁迅、茅盾等人的肯定。鲁迅对于胡适“团圆梦”的论点做了进一步发挥，他说：“这是因为中国人的心理，很是喜欢团圆的……所以凡是历史上不团圆的，在小说里往往给他团圆；没有报应的，给他报应，互相欺骗。”[③]茅盾则附和胡适的悲剧美学理论，主张“反映这个时代的创作应该怎样的悲惨动人”。[④]他们推波助澜、遥相呼应，高扬了新文学创作的社会功利意识，推动了新文学现实主义的健康发展。

其次，强调新文学要走“为人生”、“为大众”服务的正确方向。对于什么是“文学”的问题，胡适做了这样的回答：“文学是社会生活的表示”，[⑤]它是“为人生作的，不是无所为的，是为救人救世作的”。[⑥]新文学应该“能表现人生——不是那想象的人生，而是那实在的人生，民间的实在痛苦，社会的实在问题，国家的实在情况，人生的实在希望与恐惧”。[⑦]这需要广大作家树立以“人民大众”为本位的思想，那种仅仅是为了“哀念小百姓无知无识，

①② 胡适：《文学进化观念与戏剧改良》，载《胡适文存》第1集卷一。

③ 《鲁迅全集》第8卷第328页，人民文学出版社1956年版。

④ 茅盾：《社会背景与创作》，载《小说月报》第12卷第7号。

⑤ 胡适：《答觉僧君》，载《新青年》第5卷第3号。

⑥⑦ 胡适：《寄沈尹默论诗》，载《中国新文学大系·建设理论集》。

故降格做点通俗文章给他们看”的态度，是万万要不得的。[①] 在“五四”时代，胡适能有这样高的思想境界，实在难能可贵。他还特别强调指出，新文学的现实主义创作，要注意把握好两个关键性问题：

1. 文学“为人生”、“为大众”服务，要有明确的使命意识。在传统的中国文学观念中，文学创作的指导思想是“载道”、“传道”、“明圣贤之道”，最起码也要达到“补察时政”、“泄导民情”的目的。因此，作家们的主观意识均是向“上”而非面“下”的。新文学则不同，它所表现的“人生”绝不是一种空泛抽象的概念，而是以人民大众为主体的实际生活内容；它应以“普及大多数国人为一大能事”，绝不应该“成为少数文人的私产”，或为反动政体歌功颂德的工具。要真正做到“为人生”、“为大众”服务，使新文学成为大众的文学，广大作家必须广泛地深入生活、体验生活，开拓文学创作题材的领域。“即如今日的贫民社会，如工厂之男女，人力车夫，内地农家，各处大小负贩及小店铺，一切痛苦情形”，都应在“文学上占一位置”；“一切家庭惨变，婚姻苦痛，女子之位置，教育之不适……种种问题，都可供文学的材料。”[②] 作家只有把这些“其耳目所亲见闻所亲阅历之事物，一一自己铸词以形容描写之”，[③] 写出社会生活的真谛，写出人民大众的思想感情，写出自己对现实状态的内在感受与体验，作品才会具有强健的艺术生命力，才会深受广大读者欢迎和喜爱。

2. 新文学若要获得大众的信任，走向广阔的社会生活，作家应充分考虑到大众的文化及审美能力，尽可能地以通俗易懂的语

---

① 胡适：《五十年来之中国文学》，载《胡适文存》第2集卷二，上海亚东图书馆1924年版。

② 胡适：《建设的文学革命论》，载《新青年》第2卷第4号。

③ 胡适：《文学改良刍议》，载《新青年》第2卷第5号。

言形式去进行创作。胡适认为，通俗易懂并不意味着情感毫无掩饰地直接外露，他在谈新诗创作时曾说："我认为寄托诗须要真能'言近而旨远'……从文字表面上来看，写的是一件人人可懂的平常实事；若再进一步，却可寻出一个寄托的深意。"[①]这种辞近而旨远、言简而意赅的艺术境界，是胡适毕生所追求的（尽管他本人的创作远未达到这种境界）。他反对那种把文学作品的艺术之美看作是高深莫测的玄学之论，指出："孤立的美，是没有的。美就是'懂得性'（明白）与'逼人性'（有力）二者加起来自然发生的结果。"[②]他认为"美"是依附于作品的艺术形象而而存在的，是作家对生活感知和艺术技巧的结晶。"因为文学的基本作用（职务）还是'表情达意'，故第一个条件是要把情或意，明白清楚地表出达出，使人懂得。"这意思是说，作家必须首先让读者进入到作品的艺术境界，使作品的艺术符号能够唤起读者的审美经验，这时"美"才能发生效力，即"我（作者）要他（读者）高兴，他不能不高兴；我要他崇拜我，他不能不崇拜我；我要他爱我，他不能不爱我。这就是有力"。[③]胡适始终强调明白晓畅，是沟通作者与读者情感交流的桥梁；如果没有这座桥梁，再好的艺术作品也毫无价值可言。胡适的这种论点，未必完全正确；但毫无疑问，他是站在文化素养还不是很高的大众的立场上，从通俗接受美学的角度发出责难的，这也正是值得我们肯定的地方。

最后，要求新文学作家严格遵循文学创作的自身规律。从文学创作发生学的角度来讲，文学本文的基础是由真实、虚构和想象三种因素结合而成的。"真实"指经验的世界（包括思想体系、社会制度等方面），"虚构"指的是一种有意图的创造行为，"想象"（与作为人类自然能力的幻想或空想不同）是虚构能力的表现。总

① 胡适：《谈新诗》，载《胡适文存》第1集卷一。

②③ 胡适：《什么是新文学——答钱玄同》，载《胡适文存》第1集卷一。

而言之，纳入到本文中的"真实"经过"虚构"和"想象"的参与，已与自然原型有了极大的差异，它是"著者的想象力与创造力"的产物。[①] 所以，胡适一再告诫新文学作家要严格遵循现实主义创作的内在规律：

1. 注重形象思维在文学创作过程中的重要作用。新文学的现实主义，并非是要求作家对现实生活照相描图，机械翻版，而是要求他们能动地反映、艺术地再现生活的本质。因此，胡适指出：一个作家仅有进步的思想和丰富的阅历还是不够的，还"必须有活泼精细的理想（Imagination，应译为'想像力'——引者注），把观察经验的材料，一一体会出来，一一整理如式，一一组织完全；从已知的推想到未知的，从经验过的推想到不曾经验过的，从可观察的推想到不可观察的。这才是文学家的本领"。[②] 胡适认为，抽象议论和空洞说教是文学之大忌（尽管他自己的创作常常有发抽象议论的毛病），要求新文学作家一定要力避此弊。他曾举杜甫的《石壕吏》为例，来说明形象思维在创作中的重要性："这首诗写天宝之乱，只写一个过路投宿的客人夜里偷听的事，不插一句议论，能使人觉得那个时代征兵之制的大害，百姓的痛苦，丁壮死亡的多，差人捉人的横行，一一都在眼前。""这是何等神妙的手段！"[③] 这正是让形象说话的功力。

2. 要求作家注意塑造典型人物的艺术个性。从某种意义上说，艺术形象个性特征的突出与否，是决定文学创作成败的关键。每一个具有生命活力的艺术形象，都必然表现着"这个"与"那个"（黑格尔）特征的明显差别。胡适指出："不但人有个性的差别，景物也有个性的差别。我们若不能实地观察这种种个性差别，只

① 胡适：《寄沈尹默论诗》，载《中国新文学大系·建设理论集》。
② 胡适：《建设的文学革命论》，载《新青年》第2卷第4号。
③ 转引自胡颂平编：《胡适之先生晚年谈话录》，台北联经出版公司1984年版。

能有笼统浮泛的描写，决不可能有深刻的描写。”[①] 所以，他要求作家深入实际、观察生活，养成高超的审美能力与艺术辨别能力；在具体的创作过程中，尤其要注意“写人要举动，口气，身份，才性……都要有个性的差别：件件都是林黛玉，决不是薛宝钗；件件都是武松，决不是李逵。写境要一喧、一静、一石、一山、一鸟……也都要有个性的区别”。[②] 胡适还指出，中国古典文学创作，在人物描写方面，往往犯有“脸谱化”的通病，“诸葛亮与吴用所以成为可怕的阴谋家，只是因为那副拉长的军师面孔。”[③] 他强调新文学作家一方面要克服这种缺陷，致力于圆型人物丰满性格的塑造；另一方面也要反对那种“写一个乡下老太婆的说汉史古文”或“写一个叫花子满口欧化的白话文”的反现实主义创作倾向，把新文学引入正确的发展轨道。

3. 开放门户，大胆地吸收西方现代文学的有益成分，促使新文学的正常发育成长。新文学并不是一个自我封闭的体系，它是在西方现代文学思潮的刺激下生发开来的。因此，胡适希望广大作家在新文学的草创时期，能广泛地学习外国优秀作品的艺术经验，使新文学走向更加成熟。第一步，“就是赶紧多多翻译西洋的文学名著做我们的模范”，[④]“给国人造点救荒的粮食”；[⑤] 第二步，是学习外国短体文学的经验，诸如“抒情短诗”、“短篇小说”、“独幕剧”等，掌握其心理描写、对话艺术、细节处理、裁剪布局等技巧，为赶超世界文学的大趋势做好必要的准备。

总的来说，胡适对于新文学创作所提出来的现实主义原则，在“五四”时代及其以后相当长的一个时期里，都曾产生过积极的影

---

① 胡适《论短篇小说》，载《胡适文存》第1集卷一。
② 胡适：《〈老残游记〉序》，载《胡适文存》第3集卷六。
③ 胡适：《三侠五义序》，载《胡适文存》第3集卷六。
④ 胡适：《建设的文学革命论》，载《新青年》第2卷第4号。
⑤ 胡适：《论翻译》，载《胡适文存》第3集卷八。

响，鲁迅、茅盾及“文学研究会”的作家，几乎都从中吸取过有益的养分。如周作人提出的“人的文学”、“平民文学”口号，鲁迅、茅盾等人倡导的“为人生”、“为大众”文学主张，实际上都是对胡适论点的展开和深化。鲁迅曾高度评价胡适对《红楼梦》、《西游记》等作品的研究考证工作，认为这些成果“警辟之至、大快人心”，并将其大部分论点引入他的《中国小说史略》一书。同时，鲁迅的悲剧美学思想所受胡适的影响，也是一个不可否认的事实①。另外，茅盾早期的艺术理论体系，也与胡适有着一脉相承的关系。胡适对于这位当时还是崭露头角的文学新人十分关心和爱护。1921年，茅盾等人以《小说月报》为阵地宣传西方“新浪漫主义”的文学思潮时，胡适就曾毫不客气地当面批评过茅盾：“我又劝雁冰不可滥唱什么‘新浪漫主义’。现代西方的新浪漫主义的文学所以能立脚，全靠经过一番写实主义的洗礼。有写实主义作为手段，故不致堕落到空虚的坏处。”② 胡适的批评是中肯且切中要害的。茅盾接受了包括胡适在内的先驱者们的批评意见，这一年底，便不再倡导这一主张，而转向对现实主义文学理论的深化研究（后来还对“新浪漫主义”进行了彻底批判）。这些事实生动地表明，胡适作为新文学现实主义的主要奠基人之一，其历史地位和功绩都是不容抹杀的，因为马克思主义的文学史家所面对着的是真实的历史。

第三节　全面探索与具体实践的艺术历程

胡适曾明确指出：“一个文学运动的历史评估，必须包括它的出产品的估价，单有理论的接受，一般影响的普遍，都不能够证

---

① 参见拙作《论胡适的文艺美学思想》，载《江淮论坛》1987年第6期
② 见《胡适日记》（上）第156页，上海文化研究社1933年版。

实那个运动的成功。”[①] 这可以说是他从“诗界革命”的失败教训中总结出来的一条经验。因此，他一方面积极从事新文学现实主义的理论倡导；另一方面又率先走进现代文学的创作领域，并在这块荒芜的处女地上，播下了新诗与话剧文学的种子。

1. 胡适的新诗理论与新诗创作。胡适一生总共写下过一百多首新诗，分别收在《尝试集》、《日黄中》、《尝试后集》、《诗歌手迹》、《遗稿散篇》等集子里。如果仅从量观和质观上来看，胡适新诗的美学价值并不是很高，然而，我所关心的却是它的社会历史价值。一部《尝试集》问世以后，两年内竟四次再版，发行量高达万册以上，这到底说明了一个什么问题？我认为，主要还是因为他在新诗创作过程中突出表现了一个开拓者的胆识和勇气。胡适的新诗创作，可以用一个“杂”字加以整体概括，诸如自由体诗、新式格律诗、新打油诗、仿山歌、拟古诗、类词体等等，真是琳琅满目、应有尽有。而这个“杂”字，恰恰正是胡适在中国新诗初创阶段积极探索与大胆尝试的精神之所在。

什么是诗？黑格尔为它下的定义是这样的：“诗，语言的艺术，是第三种艺术，是把造型艺术和音乐这两个极端，在一个更高的阶段上，在精神内在领域本身里，结合于它本身所形成的统一整体。”[②] 所谓“造形艺术”，实际上指的是艺术的形象性，它是各种文学体裁都必须遵守的创作法则；而只有“音乐性”，才是诗歌独具的美学特质。中国古典诗歌的音乐性，主要是体现为它的格律系统的和谐性，如诗节、诗行、字数、押韵等方面的有机统一。这种格律系统从初唐开始，便形成一种固定的格式，沿袭相传了一千多年。但是新诗却在文学革命的短短几年时间里，打破了一切传统规范的束缚，走上了“自由化”的道路。既然传统的

---

① 胡适：《中国新文学大系·建设理论集导言》。

② 黑格尔：《美学》第3卷（上），第4页，上海商务印书馆1979年版。

审美标准都归入了历史的垃圾堆，那么新诗创作又将遵循什么样的审美法则呢？胡适提出了四个基本条件："第一是明白清楚，第二是注意意境，第三是能剪裁，第四是有组织、有格式。"① 这里需要说明的是，胡适强调组织格式对于新诗创作的重要性，并非有意为新诗建立一种新的格律模式，而是要求广大新诗人"无意于创造而创造"，无心于解放而解放，在情感的自然流程中，形成一种潜在的内控规律——这个内控规律的血脉，就是"音节"。② 1919 年，胡适在《谈新诗》一文中指出："现在攻击新诗的人，多说新诗没有音节。不幸有一些做新诗的人也以为新诗可以不要音节。这都是错误的。"他认为新诗的音节与旧诗的平仄音韵关系有所不同，新诗的"音节全靠两个重要分子：一是语气的自然节奏，二是每句内部所用字的自然和谐"；两者内向的协调融合，即是新诗组织格式的轴心。

胡适关于新诗"音节"问题的论述，在"五四"时代"差不多成了诗人创造和批评的金科玉律了"，③ 很快便得到社会的广泛响应。俞平伯指出："音节务求谐适，却不限定句末用韵（《白话诗的三大条件》）。郭沫若认为传统诗歌"外在律多而内在律少"，新诗"应该是纯粹的内在律"，它"诉诸心而不诉诸身"，音节"是诗的精神"和灵魂（《论诗三札》）。朱湘还对此做过一个十分形象的比喻，他说："音节之于诗，正如完美的腿于运动家。肺部发展了，肌肉练成了，姿式正确了，运动家的头脑具有了。倘若缺了两条腿，那就这一番苦功虽说不至于枉费，成就却不会十分远大的。"（《致曹葆华》）。到了 1926 年，闻一多先生发表了《诗

① 胡适：《谈谈"胡适之体"的诗》，转引自 1970 年 6 月台北胡适纪念馆影印《胡适手稿》第 10 集中册。

② 胡适：《康白情的〈草儿〉》，载《胡适文存》第 3 集卷六。

③ 朱自清：《中国新文学大系·诗集导言》，上海良友印刷公司 1935 年版。

的格律》一文，正式提出创建新诗格律体系的问题，把新诗音节自然化的趋势纳入到规范化的轨道之中。他指出："对于不会做诗的，格律是表现的障碍物；对于一个作家，格律便成了表现的利器。"所以，他要求诗人戴着"镣铐"跳舞，并为新诗创作提出了"建筑美"、"音乐美"、"绘画美"的三项美学原则。闻氏的论点，是继胡适"自然音节说"之后，对中国新诗运动的又一次巨大冲击。不过，在这个问题上，胡适同闻一多等其他"新月派"诗人产生了根本的分歧。他认为新诗的"新"字，是丰富多样的含义，应以灵活多变、生动自然为主，只要把握住新诗音节的控制权即可，根本没必要把新诗创作限定于某一种固定的格式。否则，刚刚解放出来的新诗，就会结下新的死症。"新月派"的多数诗人都响应闻一多的观点，主张用一种固定的框架来突出新诗的形式美。但到底什么样的框架最适合中国新诗呢？他们曾试图移植西方的"商籁体"（十四行诗）。徐志摩、陈梦家、朱湘、冯至、卞之琳等人都写过不少"商籁体"诗，其中有些写得相当漂亮出色；可是后来，他们却一个个钻出"商籁体"，回归到"自由诗"，这种逆折现象是值得人们深思的。对此，胡适的看法是：自由体诗"平仄也不拘，韵脚也可换可不换，句子长短也不限不拘，所以我觉得自由得很。至少我觉得这比勉强凑成一首十四行'商籁体'要自由的多了"![1] 他本人新诗创作的非规范化表现，实际上正是力求通过形式方面的"杂"，寻找新诗通往自由王国的光明之路。

胡适的新诗创作，其主要历史功绩除了"首开风气"之外，还体现于他在探索现代诗歌民族风格化的方面，做了十分有意的尝试。在"五四"文学革命的发难期，胡适曾把中国古典文学通通划入"死文学"之列，主张彻底扫除荡尽，以外国近代文学的

---

① 胡适：《谈谈"胡适之体"的诗》，转引自 1970 年 6 月台北胡适纪念馆影印《胡适手稿》第 10 集中册。

表现形式取而代之。但是，当新文学——特别是新诗创作欧化现象日趋严重的时候，他又率先寻根问祖，在保持新诗形体自由的前提下，注重学习古典诗词的风格、意境和表现技巧，在新诗园地中形成一种独树一帜的“胡适之体新诗”。尤其是20年代中期以后，他的创作都是主动与割断了的传统相连接，而且写下了不少好的作品。比如《龙井》一诗，就是一个很好的例子。

小小的一池泉水，
人道是有名的龙井。
我来这里两回游览，
只看到多少荒凉的前代繁华遗影。
小楼一角，可望见半个西湖。
想当年是处有画阁飞檐，行宫严整。
于今只见一段段的断碑铺路，
石上还依稀认得乾隆御印。
峥嵘的“一片云”上，
只剩庚子纪念堪认。
斜阳影里，游人踏遍山后山前，
到处开着鲜红的龙爪花，
装点着那瓦砾成堆的荒径。

——《西湖游览指南》

这是一首写景寄情、托物言志的咏史诗，全诗的语言通俗明白，形式自由随意，但内容却非常丰富深刻。诗人以“龙井”为定点，放纵情思，任其飘忽，反省历史，着眼现实。从格调上来看，忧怨之中，吐纳着怜惜之意；哀叹之余，又透露出乐观的情绪。诗人吸取了古典诗歌的含蓄意境和清淡风格，以朴实无华之笔，抒发了自己的真实感受。其他的一些作品诸如《密魔崖月夜》、《夜坐》、《也是微云》、《多谢》、《水仙》、《猜谜》、《飞行小赞》、《燕》等，或以淡中显浓的方式接近于古诗“哀而怨”的美学韵味，或借鉴古典意象派诗歌的“闲适”笔法，古色古香、玲珑剔透，很具有民族风格特色和艺术欣赏价值。

长期以来，人们一直都把胡适新诗创作中的这种寻根问祖现象，看成是他“不彻底的改良主义”思想在新诗创作上的表现，这是很不公正的。30年代，胡适曾在《谈谈“胡适之体”的诗》一文中说：吸取古典诗歌有益的养分，并将其发扬光大推陈出新，要比生拼硬造机械模仿更有益于新诗的健康发展。他自己多年努力实践的目的，也是为了给新诗的发展探辟一条民族化的道路。① 当然，这项工作不仅在胡适身上没有完成，即使在今天，我们仍然肩负着这一艰巨的使命。尤其是当我们面对着80年代“先锋派”诗歌极端抽象化的创作倾向时，再回过头来冷静地思考一下“胡适之体”诗歌理论与实践的某些长处，无疑是很有参考价值的。

2. 胡适与现代中国的话剧运动。作为一种外来的艺术形式，话剧是在“五四”文学革命运动的浪潮中，才被正式推上了民族艺术的舞台。“易卜生主义”的高扬，使中国人对西方的话剧产生了浓厚的兴趣；《终身大事》的问世，终于导开了中国现代话剧运动的先河。在中国现代文学的发展史上，时代又一次选择了胡适，让他在历史的起点上，扮演了一个重要的角色。

早在1915年，正当“文明戏”走上末路之际，一直注意着国内文艺界动向的胡适，从美国给《甲寅》杂志社发来一封信，他在信中写道：

> 近五十年来，欧洲文学最有势力者，厥唯戏剧，而诗与小

---

① 胡适：《谈谈“胡适之体”的诗》，转引自1970年6月台北胡适纪念馆影印《胡适手稿》第10集中册。

说皆退居第二流。名家如挪威之易卜生、德之霍普特曼、法之白里欧、瑞士之斯特林堡、英之肖伯纳及高尔斯华绥、比之梅特林克，皆以剧著声全世界。今吾国剧界，正当过渡时期，需世界为范本，颇思译易卜生之《玩偶之家》或《国民公敌》，惟何时脱稿，尚未可料。①

从这封信可以看出，胡适在当时不仅热切关注着国内的戏剧改良运动，而且视野也在追踪着西方现代话剧大师斯特林堡、梅特林克等人的作品，但惟独选中了易卜生，这是很有眼力的。易卜生被西方文艺界称之为“现代话剧之父”，其创作的主体倾向，是现实主义的。胡适决意要把易卜生的“社会问题剧”和“家庭问题剧”译介给国人，既可以救济戏剧界出现的“饥荒”，又能紧密配合当时思想文化界的解放运动，有利于意识形态领域的革命形成一种整体趋势。1918 年 5 月，胡适在《新青年》杂志第四卷第六号上发表了《易卜生主义》一文，比较详细地介绍了易卜生的思想和他的主要作品。第二年，他又与罗家伦合译了易卜生的《玩偶之家》，使“易卜生主义”在中国戏剧界与思想界刮起了一股强大冲击波。正如有人所说的那样：“推崇易卜生主义，对于后来中国话剧的发展，影响是非常大的……在创作方面，有若干的作家，不仅是把易卜生剧中的思想，甚而连故事讲出的形式，一齐都模仿了。”这是“以胡适为中心的一派提倡其‘易卜生主义’”的功劳。②

如果我们把胡适的《易卜生主义》看作是中国话剧运动的理论宣言，那么他的《终身大事》的问世则标志着中国话剧文学的诞生。这部剧本是一出蒙着喜剧面纱的社会悲剧，它通过田氏家

① 转引自胡颂平编：《胡适之先生年谱长编》第 1 册，台北联经事业出版公司 1984 年版。

② 洪深：《中国新文学大系·戏剧集导言》，上海良友印刷公司 1935 年版。

族这个艺术窗口，深刻揭示了“五四”时代新旧思想、新旧观念之间的激烈冲突。作者为我们塑造了在当时颇有代表性的三类人物形象：第一类是愚昧迷信、守旧落后思想的化身田太太，第二类是学贯中西、半新半旧的人物田先生，第三类是敢于反对父母包办婚姻的新派青年田亚梅。故事的终结，是田亚梅冲破父母亲的种种阻挠，愤然离家出走，去寻找自己的幸福，从而成为中国话剧舞台上出现的第一个“娜拉”。田亚梅的出走，表明了中国新女性已经看穿了传统的封建道德观念的虚伪性，她们不愿再做封建礼教的牺牲品，并以“我是一个人”的姿态，勇敢地向社会上的守旧势力发出了大胆的挑战。

无可否认，《终身大事》无论是在思想内容的深刻性与艺术技巧的成熟性方面，都远逊于《玩偶之家》，田亚梅的性格也比娜拉单薄得多；但是作为中国话剧文学的第一株幼苗，《终身大事》及时捕捉了中国人最为敏感的社会问题之一——个性解放与妇女解放的问题，并通过“中国娜拉”离家出走的叛逆之举，同样深深地震撼着广大读者的心。洪深认为：“田亚梅是那时代的现实人物，而‘终身大事’这个问题在当时确又是一个亟待解决的问题，可以说是一出反映生活的社会剧。”他在谈到《终身大事》没人敢演时，深有感触地说：“是的，在封建势力仍然强盛的中国，是没有女子敢做‘娜拉’的！但这说明了这出戏的意义。”[①] 而正是洪深这位中国话剧表演艺术的先驱者，终于在1924年成功地把《终身大事》搬上了话剧的舞台，并安排了男女同台表演。随后，不少艺术团体也纷纷上演这个剧目，从而扩大了它的社会影响。

《终身大事》在“五四”时代所产生的社会影响是巨大的。首先，它以生动活泼的艺术形象，有力地配合了当时的思想解放运

① 洪深：《中国新文学大系·戏剧集导言》，上海良友印刷公司1935年版。

动；特别是对反封建的妇女解放运动，起了直接的促进作用。当时有人曾评价说："'五四'运动时代，一切妇女解放的口号，莫如易卜生的《娜拉》和胡适之的《终身大事》的上演之能号召人了。"[①] 其次，是推动了新文学"娜拉剧"的蓬勃兴起。新文学第一个十年里，话剧创作几乎都是"娜拉剧"，其中不少作品的主题是对《终身大事》的延伸。胡适在田亚梅身上所倾注的思想感情，猛烈地燃烧着广大青年的心，而田亚梅的胜利，又极大地启迪了新文学作家的灵感。仅以话剧为例，熊佛西笔下的曹玉英（《新人的生活》）、郭沫若笔下的卓文君（《卓文君》）、欧阳予倩笔下的潘金莲（《潘金莲》）等等艺术形象，实际上都是田亚梅式的英雄。再次，是奠定了中国话剧运动初期独幕剧的创作形式。胡适认为："戏剧在文学各类之中，最不可不讲经济，为什么呢？因为（一）演戏的时间有限；（二）做戏的人精力与时间都有限；（三）看戏的人时间有限；（四）看戏太久了，使人生厌；（五）戏台上的设备，如布景之类，有种种困难，不但需要图省钱，还要图省事；（六）有许多事实情节是不能在戏台上一一演出来的，如千军万马的战争之类。"[②]《终身大事》几乎完全是按"三一律"的格式所写的独幕剧，时间、地点与情节都比较集中，道具、舞台背景也十分简单经济。这种经济的方法和独幕剧的形式从胡适那里发端，形成了"五四"话剧创作的基本模式。后来，著名的话剧理论家熊佛西先生还把胡适的观点加以发挥，写出了一部《写剧原理》的书。再者，这不仅标志着中国话剧文学的诞生，丰富了新文学的艺术画廊，同时也以现实主义的创作态度，荡涤着旧文坛萎靡不振的颓废文风。鲁迅先生在谈到"鸳鸯蝴蝶派"文学衰落的原因时，就曾指出："直待《新青年》盛行起来，这才受了打击。这

---

① 彭慧：《"班门弄斧"》，载1944年2月15号《力报》。

② 胡适：《文学进化观念与戏剧改良》，载《胡适文存》第1集卷一。

是有伊孛生的剧本的介绍和胡适先生的《终身大事》的别一形式的出现，虽然并不是故意的，然而鸳鸯蝴蝶派作为命根的那婚姻问题，却也因此诺拉（nora）似的跑掉了。”①

中国的“五四”文学革命运动，使中华民族的文学艺术走出了古老的原始丛林，奔向了世界现代文学体系的宏观体系。在这场伟大的历史变革运动中，胡适曾高喊着激昂的号子，肩拖着民族文学沉重的航船，在通往现代化的征途上，印下了一排坚实的足迹。但是，由于他资产阶级民主主义世界观的局限性所决定，他不可能追随着时代的潮流走完新民主主义革命的全过程，终究沦为历史的落伍者，这不能不为他的形象蒙上一层浓重的政治阴影。

如何公正地评价这一复杂历史人物的功过是非？面对着他对中国现代文学发展所做的巨大贡献，我想起马克思的一段话：“我们判断一个人不能以他对自己的看法为依据，同样，我们判断这样一个变革的时代也不能以它的意识为依据；相反，这个意识必须从物质生活的矛盾中，从社会生产力和生产关系之间现存冲突中去解释。”② 实际上，我们评价胡适，同样不能仅以他的资产阶级意识形态为依据，而应把他放回到“五四”时代那场由于经济基础的变更而导发的意识形态领域革命的社会环境中去加以分析，才能得出科学的答案。这就如同我们把一个生命细胞从生命肌体上分离出来而立刻死亡一样，如果我们把胡适从他所处的特定的时代背景中孤立出来，这一形象也就会因其失去了历史的平衡感，而变得使我们无法理解和接受。胡适一生最辉煌的业绩，就在于他对中国现代文学的全面开拓和无私奉献。对于这一点，理论界应该不会有大的异议。

---

① 《鲁迅全集》第4卷，第294—295页，人民文学出版社1998年版。

② 《德意志意识形成》，《马克思恩格斯选集》第24集，中央编译局1954年版。

第十二章

曹禺：现代人文精神的艺术演绎

> 假如你一上来就问上帝是否存在，那你永远也不可能得到上帝。并且，假如你肯定上帝存在，你甚至比否定上帝存在更加远离上帝。
>
> ——保罗蒂·利希《文化神学》

第一节　基督教文化与曹禺本人的精神人格

曹禺虽然没有像冰心那样洗礼入教，也没有像老舍那样做过教会的主持，但这并不影响到他对基督教文化的广泛吸纳。[1] 如果我们能以冷静客观的态度，以纯粹理性精神去对《雷雨》、《日出》、《原野》、《北京人》这四部优秀作品进行整体观照，那么毫无疑

① 1987 年，我曾就此问题写信向曹禺先生请教，得到的答复是肯定的。1990 年夏天，我和田本相先生前去北京医院看望曹禺先生，他再次对我说起过接受基督教影响一事。

问，我们一定会敏锐地察觉到，无论是其主题构成还是悲剧内涵，都表现出一种强烈而浓厚的宗教情绪和上帝意识，蕴藉着他基督教人文主义的社会理想和人生价值观。在所有中国现代作家当中，像曹禺那样将其早期话剧创作的全过程都纳入到对基督精神形象诠释的艺术规范，大胆而直率地强化上帝意志的现世投影的，恐怕也绝无仅有。曹禺对于基督精神的敬仰，对于基督文化的认同，我们用传统的政治意识形态的理论思维方式是根本无法理解的。他对生命意识的体验和生存状态的忧虑，他对人性本质的揭密和命运悲剧的思考，都明显带有一种精神理念对于物质世界的超越品格。这是真正意义上的现代文明意识。

没有人会否定曹禺人格的高尚，但他高尚的人格却时常被人平庸的赞颂；也无人会否定曹禺戏剧的完美性，但他完美的剧作却经常被人幼稚地曲解。长时间的认知错误使我们终于面对一个无法回避的事实：如果我们想要真正理解曹禺和他的作品，就必须回归曹禺本人内在的精神世界并重读文本；否则，我们也会如同我们的前辈学者一样，肤浅与平庸将导致我们一无所知。

1910 年 9 月 25 日，在中国封建专制政体即将全面崩溃的前夕，曹禺出生于天津。天津这个中国北方的大都市，是西方近现代物质文明与精神文明输入中国的重要窗口之一。早在 1858 年，英、法、俄、美四国政府，用代表着西方物质文明的枪炮，逼迫清政府签订了不平等的《天津条约》。从此以后，天津不仅成为中国北方对外通商的重要口岸，同时也变成了传统文化与西方文化激烈冲突的较量阵地。根据《中法天津条约》中的有关条款规定，1860 年法国传教士率先在天津的望海楼建立了天主教堂，试图将基督教文化的种子散播在儒家文化的土壤里。但是，在具有两千多年儒家传统文化的中国，任何非本土化的异己力量想要争得一席生存的空间，都不是一帆风顺的，有时甚至要付出血的代价。

基督教文化刚刚在天津登陆，便立刻受到传统观念和守旧势力的顽强抵御和反抗。1870 年爆发的“天津教案”以及 1900 年的“义和团运动”，从宏观意义上讲，其实质是文明与愚昧之间的殊死征战：义和团的大刀长矛敌不过西方洋枪洋炮，民间的符咒也没有把舶来“妖道”斩尽杀绝。恰好相反，基督教的影响却像滚雪球一样，在短短的几十年时间里愈滚愈大。到本世纪初叶，基督教的文化已在天津市民的生活中占据了举足轻重的位置，并同固有的传统文化一道，成为约束人们社会行为的两大精神支柱。

独特的文化环境，造就了曹禺独特的文化心态。

童年时代的曹禺，家境比较富庶。父亲为了使他受到良好的传统文化教育，专门为他请了一位晚清国子监的生员做老师，但曹禺却偏偏对基督教文化产生了浓厚的兴趣。曹禺最初接触基督教文化，是受继母的影响。曹禺的继母是一位虔诚的基督教信徒，她在曹禺的童年时代，经常带他到法国人办的天主教堂去做礼拜。曹禺后来回忆说，他曾怀着强烈的好奇心去翻阅《圣经》，纯洁的心灵一下子便被那些人类伟大先哲的无私奉献精神所吸引，他甚至能把《圣经》的故事背下来。每次去教堂，他都细心观察那些善男信女们的礼拜日祷告，在庄严肃穆的气氛中，他的整个身心也渐渐沉浸在一种崇高神圣的生命感觉之中。南开大学毕业以后，他又考入清华大学（当时是一所与教会关系十分密切的大学），与基督教文化有了更加频繁的接触。此时的曹禺，不仅反复地研究《圣经》和《圣经》文学，而且很快迷上了巴赫创作的宗教音乐。“无论是巴赫的《受难曲》，还是《D 小调弥撒曲》，都能引起他对人生的思索。曹禺更进一层领会到巴赫作品中的哲理意味。”① 他广泛地阅读了古希腊的命运悲剧、莎士比亚的人格悲剧以及奥尼

① 见田本相著《曹禺传》第 123 页，北京十月文艺出版社 1988 年版。

尔的道德悲剧，在一种不可言喻的冥想之中，开始了探索解剖人性结构的理性思考。他说特别是“读了托尔斯泰的《复活》，我就非常想看看复活节怎么回事，也想看看大弥撒的仪式”。[①] 当曹禺怀着青春期的困惑再度踏入教堂的大门时，他从被钉在十字架上的耶稣基督那充满痛苦的神情中，激发起一种坚定不移的人生信念和积极进取的人格力量；同时也从圣母玛利亚那慈祥温和的微笑中，寻找到了失落已久的母爱[②]以及强化了他对基督教博爱教义的深刻了解。所以，大学毕业以后，曹禺走上工作岗位并向社会奉献的第一份精神能量，就是去天津河北女子师范学院用英文讲授《圣经》文学。

我们按照时间的顺序，从平面叙述的角度来解读曹禺与基督教文化之间的关系，目的并不仅仅是为了说明一个既定的事实，更重要的是为了揭示这种影响对于曹禺精神生活的直接介入究竟多深。这对于命题的确立和论述的展开，都是至关重要的。宗教是文化的实体，文化是宗教的形式。“每一种宗教行为，不仅就组织化的宗教而言，而且就灵魂最为内在的运动而言，都是以文化为其表现形式的。”[③] 这就使得并未入教的曹禺，同样可以用一种文化思考或文化哲学的审视方式去阐释基督精神。曹禺接近上帝，我们完全没有必要将其理解为是要接受一个宗教信仰上的神化偶像。作为一种情感生活或精神生活的纯粹体验，基督精神赋予曹禺的只是一种文化人格而非神学力量。应该说，这段特殊的人生经历直接决定了曹禺的人生价值观念和艺术审美标准，同时也形成了他对生命意义与现实世界的整体看法。由于“一切直接经验

---

① 见《曹禺论创作》，上海文艺出版社 1986 年版。

② 曹禺刚一出生就失去了亲生母亲，这对他以后的人生信仰以及话剧创作都产生过不可忽视的影响，对此我曾做过专门的分析研究。

③ 保罗·蒂利希：《文化神学》第 53 页，工人出版社 1988 年版。

都是心理经验，因而直接的现实只能是心理的现实”，[1] 当涉世不深的曹禺用他单纯的眼光去看取矛盾复杂的种种社会现象时，他不可能从丰富的生活阅历中去提取理性认知的人生经验，所储存于潜意识层次的基督教文化的影响，势必会直接促成他的人生观与文学观。如果我们返归作品的文本，就不难发现人性“善”“恶”两极的对立冲突，是构成曹禺作品情节的基本因素；“惩恶扬善”的道德主题，更是使他作品烙有基督教人文主义的鲜明印记。正是因为曹禺以受难者耶稣基督的身份，对于人的生命意识表现出强烈的关注，对于人性弱点表现出深切的忧虑，才使他的作品超越了时空的界限与阶级的局限，始终保持一种永久不衰的艺术魅力。

曹禺在谈到他本人从事文学创作的主观动机时，曾满怀深情地说：“我喜欢写人，我爱人……我感受到人是多么需要理解，又是多么难于理解。没有哪一个文学家敢讲这句话：‘我把人说清楚了。’”[2] 在曹禺青年时代的纯真信念中，人生应该是美好的，人性应该是善良的，人与人之间的社会关系也应该是和谐融洽的。但是，他从现实生活中人的身上，发现了一种被他自己称为“原始蛮性”的力量，正在引导人们走向堕落。这使得他深深焦虑不安。对于人性自身弱点的深层次焦虑，是一种典型的宗教情绪。詹姆士·里德在解释基督教救世使命时，就曾强调指出：上帝之所以以其受难的故事来传播爱的教义，是因为他发现人类身上“存在着一种道德的无能和罪的盲目力量”，这无疑使人类的“精神变得粗俗卑下”，使人类的“道德眼光变得朦胧不清”。[3] 这种与生俱来的罪恶之源，是世界末日的原动力。上帝既然替人类承担了一切

① 荣格：《心理学与文学》第47页，北京三联书店1987年版。
② 《曹禺论创作》，上海文艺出版社1986年版。
③ 《基督的人生观》第54页，北京三联书店1998年版。

痛苦和磨难，那么人们就必须跟随十字架，不断忏悔不断赎罪，最终达到道德完善、自我超越的终极目的。曹禺对于这一问题的认知，不像宗教哲学家那样是出自于一种理性的认知，而是出自于一种感性的认知。他察觉到“人们会时常不由己地，更回归原始的野蛮的路，流着血，不是恨便是爱，不是爱便是恨；一切都走向极端”。现实生活中人性的失衡状态，导致了人类社会永无休止的残暴、邪恶、贪婪、淫乱、腐败和堕落等丑恶现象的发生，使整个宇宙都变成了“一口残酷的井，落到里面，怎样呼号也难以逃脱这黑暗的坑”。[①]尤其是当他走向社会之后，纯真的人生理想与黑暗的社会现状之间发生了激烈的矛盾冲突，无情的现实完全击碎了年轻曹禺天真幼稚的美好梦幻，使他完全陷入了理智的惶惑之中。与此同时，虔诚的爱的信仰也因情感的压抑逐渐发展到了另外一种极端，变成了沉郁而凝重的“恨”。他毫不掩饰地告诉人们：“我更执拗地狠恶起来，我总是悻悻地念着我这情意殷殷，妇人般地恋爱着热望着人们，而所得的是无尽的残酷的失望，一件一件不公平的血腥的事实，利刃似地刺了我的心，逼成我按捺不下的愤怒。”[②]这种灵魂深处的痛感，使曹禺迫切希望能够寻找到“人究竟该怎样活着？为什么活着？应该走什么样的人生道路”的正确答案。为此，他曾读过马克思的《资本论》，可是“拿起来读第一页，读不懂就放下了”；他也试图从佛教神祖那里索求一点情感上的寄托，但又感到它“太出世了”！[③]情感与理智间矛盾斗争的折磨与煎熬，激发起曹禺要“如雷如电地轰轰烈烈地燃烧一场”的强烈欲望。他要彻底毁灭这个充满邪恶的旧世界，重新创造“新的血，新的生活”，新的太阳和新的宇宙。于是他便拿起了文学创作之笔，他立志要用自己的青春和生命去改造社会、改造人

①② 《〈雷雨〉序》，人民文学出版社 1996 年版。
③ 《曹禺论创作》，上海文艺出版社 1986 年版。

生。而这时早已浸透于他大脑潜意识层里的基督教人文意识，又使他想起了拯救人类的“上帝”——用曹禺自己的话来说，“那时候去教堂，也是在探索着解决一个人生问题”。[①] 这就是曹禺精神人格与创作动因的根本之所在。

当曹禺以这种文化心态和精神品格进入到实际的创作过程时，他用基督教的原罪意识、世界末日意识、拯救意识以及博爱意识，精心地构思了一个完整的“人生悲剧命运四部曲”的主体意念框架，将《雷雨》、《日出》、《原野》、《北京人》的创作实践，统统纳入到基督教文化的伦理规范，进而营造了一个统一的艺术思维模式，即：“恶”（原罪）——“毁灭”（惩罚）——“善”（再生）。这个艺术模式的构思之巧妙，往往被传统的学术论点所忽略或曲解，无疑大大低估了曹禺剧作社会影响的内在价值。如果我们排除政治意识形态的先入之见和主流批评家形而上学式的教条说教，便不难发现，在曹禺的话剧创作模式中，糅进了他从日常生活中所撷取到的各种各样的悲剧因素，编织成一幕幕“平凡的生活悲剧”。情节的巧合性固然是牵动观众审美情绪的一个重要因素，但最让人感到惊奇不已的是作品中的主人公，几乎全都蒙着一层浓浓的罪人色彩，成为一个个悲剧命运的承受者或灵魂忏悔的赎罪者的艺术形象。尽管出于基督精神的伟大仁爱之心，曹禺同情与怜悯这群冥顽不灵的自命为“人”的“动物”，但神圣的使命感和清醒的理智却时刻逼迫他紧紧握住那枝冷酷无情的艺术之笔——因为他并未忘记自己所秉承的上帝意志（更准确地理解，应该将其视为平民大众“惩恶扬善”的美好愿望），就是以人性的良知，去对“世界末日”进行公正的审判。所以，他向全社会大声疾呼：

---

① 《曹禺论创作》，上海文艺出版社 1986 年版。

> 我恶毒地诅咒四周的不公平，除了去掉这群腐烂的人们，我看不出眼前有多少光明。诚如《旧约》那热情的耶利米所呼号的：“我观看地，地是空虚混沌；我观看天，天也无光。”我感觉到大地震来临前那种“烦躁不安”，我眼看着要地崩山惊，“肥田变为荒地，城邑要被拆毁”；在这种心情下，“我已经听见角声和打仗的喊声”。我要写一点东西，宣泄这一腔愤懑，我要喊“你们的末日到了！”[①]

曹禺对于现实生活黑暗的抨击，不仅引用了《圣经》有关“世界末日”的箴言向人们发出警示，而且他本人也是以纯粹超越的品质与上帝之间进行精神的交流与沟通。“他把上帝看做是跟他最亲近、最亲密的存在者，他对上帝坦白他自己最秘密的思想，坦白他最关切的愿望”，让上帝“倾听自己的苦痛，并把自己的苦痛对象化，以此来消散自己的苦痛……使自己那颗沉重的心得以舒畅”。[②] 当曹禺将自己的灵魂与上帝的道德意识融为一体时，他自身的苦痛已转化为普遍的本质，他本人也是作为上帝的意志的代言人而具有了拯救人类众生的使命感。只有从这一意义出发，我们才能真正理解曹禺压抑与愤懑情绪的普遍性原则，它不仅奠定了《雷雨》、《日出》、《原野》、《北京人》以批判和否定为己任的创作色调，同时也确立了以拯救和赎罪为内涵的主观理想。所以，曹禺把那些“上流社会的堕落”和“下层社会的不幸”，都描写成是发生在夜色笼罩下的人生悲剧，都是托庇于黑暗之中发生的人世罪恶。从而使“黑暗”与“邪恶”、色彩与主题都形成完美有机的统一，并以强烈的悲剧反弹效应折射出作者渴望光明、伸张正义、广施博爱的基督精神或社会理想。

---

① 《〈日出〉跋》，人民文学出版社 1996 年版。

② 费尔巴哈：《基督教的本质》第 172 页，商务印书馆 1995 年版。

在曹禺的道德信念中，“善”终将战胜“恶”而重返人间是一种历史的必然。但他却没有将“恶”向“善”的转化看做是一种自然流变的简单过程；他在两者之间加入了一个必要的中介因素，那就是主持正义的上帝对邪恶势力的应有惩罚（即只有毁灭现实世界的所有罪恶，人类才能获得复活再生）。凡是观看或阅读过曹禺早期四大代表剧作的人，都会从艺术审美的角度，感受到一种无形的却又无处不现的神奇力量的客观存在——它制约着每一个人物的命运，报复着一切叛逆者的不轨行为。曹禺剧作中这种超越时空超越自然的抑制力量，主流批评家认为是作者对于阶级斗争客观规律的朦胧认识；曹禺本人的辩解是没有能力来形容它的真相，“因为它太大，太复杂。我的情感强烈要表现的，只是对于这一方面的憧憬。”[①] 应该说，曹禺本人的切身感受要比主流批评家的论点真实得多。他体悟到宇宙神奇力量的存在，这明显带有神秘主义的宗教色彩。但现代主义的新教哲学家韦曼断言：“有一种宇宙的力量确实在起着作用”，它就是“在人不能自救时救人脱离罪恶的那个东西”[②]。如果我们运用唯物主义哲学家费尔巴哈的宗教信仰与人的自我意志转换学说来加以解释，基督教所信奉的宇宙神奇力量——“上帝”，实际上就是一般平民所说的“天意”，“天意是人的特权……对于天意的信仰，无非就是等于信仰人格式的不死”；对天意的信仰就是对自己的价值的信仰”。由于“我自己的利益正也就是上帝的利益，我自己的意志，正也就是上帝的意志，我自己的最终目标正也就是上帝的目标”，所以上帝或天意就是人类自我意志的体现。[③] 按照费尔巴哈的说法，曹禺剧作中所表现出来的宇宙神奇力量，并不是一种外在的附加因素，而且作

① 《〈雷雨〉序》，人民文学出版社 1996 年版。

② 转引自何光沪著《多元化的上帝观》第 78 页，贵州人民出版社 1991 年版。

③ 费尔巴哈：《基督教的本质》第 152 页，商务印书馆 1995 年版。

者本人内在的主观意志和情感要求，是他本人因“爱”的动能而高高举起的惩恶扬善的“正义之剑”，即源生于基督精神的影响而迸发出来的原始创作情绪。从戏剧美学的角度出发，我们也可以得出同样的结论：戏剧中的“命运始终是一种虚幻的现象”，它使我们“对于现实生活中见到的某些不正常的行为，总是逐渐地认识到那些隐在背后的情况”；“它将使人类生活与动物性生存分离开来；使人感到过去和未来是整个连续过程的组织部分”，从而昭示着人们自觉地反省和调整自身的现实行为。[①] 故宗教经常选取戏剧做它的传播载体，戏剧也经常充斥着宗教意识的神秘情绪。

尽管曹禺并没有真正加入基督教，但他却是一个具有着坚定信仰的伟大的人文主义作家。他把从耶稣基督那里学到的无私奉献精神，把上帝的“爱”的终极信念熔铸到自己的创作之中，既表达了他主观动因的“善”的意愿，同时也强烈拨动着广大观众和读者共鸣的心弦。我认为只有彻底摆脱过去那种僵化教条的思维方式，真正从艺术的审美感知和生命的内在感受入手，才能走进曹禺灵魂深处的精神世界，才能对他的那些不朽的话剧作品作出符合理性的分析。否则，曹禺和他的作品仍将因为人们的误读或曲解，继续被钉在十字架上受难。

第二节　基督教文化与曹禺戏剧的创作模式

艺术创作是艺术家情感的自然流露，是感性思维与理性思维的有机统一。由于“在艺术作品里所表现得最晶莹透彻的，生命的创作层面，远超越一切以理性来理解它的努力”的缘故，[②] 这就要求我们的理论家，必须从理性思维的抽象概括和感性思维的情感

① 苏珊·朗格：《情感与形式》第360页，中国社会科学出版社1986年版。
② 荣格：《灵魂的自我拯救》第233页，工人出版社1987年版。

体验两个方面去全面追踪曹禺早期话剧创作的原始情绪。不然的话，我们就很难理解作者为什么让《雷雨》中的人物都蒙上一层罪人的色彩，为什么要在《日出》的扉页上大段大段地引用《圣经》原文，为什么要在《原野》扑朔迷离的艺术幻境中糅进“鬼神”的荒诞概念，为什么要在《北京人》的现实生活场景里进行“文明人”与“原始人”两种人性之比较。实际上，凡是读过《圣经》或稍有一些基督教常识的人，一眼便可以看出，这是基督教人文主义伦理意识在他话剧创作中最鲜明的表现。他的每一部作品，几乎都是以“善”与“恶”两种对立因素，构成个体本身以及个体与群体之间尖锐激烈的矛盾冲突。悲剧情节的最后结局，虽然是“恶”毁灭了“善”，但是“恶”的本身却经过“善”的感化，逐渐走向了忏悔之途。这种强有力的道德穿透力量，以其潜在的形式贯穿于曹禺早期话剧创作的始终，并营造出“曹禺式”的意念逻辑主题。因此，我们有必要分析一下曹禺话剧创作的基本模式。

1. 原罪意识与《雷雨》的创作模式

曹禺在谈到他创作《雷雨》的主观意图时，曾直言不讳地指出，他的目的是要通过周、鲁两家血缘纠葛所酿成的命运悲剧，“把观众带到远一点的过去境界内……一个更古老、更幽静的境界内”，与他一道去体验宇宙的神秘和人的“原始生命感”。毫无疑问，曹禺是在有意识地营造一种神秘色彩的艺术幻觉。至于“暴露大家庭的罪恶”，则是在理论家的帮助下，后来加以“追认”的。①

出于对不可言喻的“原始生命感”的憧憬与探索，曹禺以周朴园性格的发展轨迹为主要线索，把周、鲁两家之间错综复杂的

---

① 《〈雷雨〉序》，人民文学出版社1996年版。

血缘关系，巧妙地编织成一条巨大而恐怖的“命运之链”。年轻时代的周朴园与鲁侍萍——一个主人和一个婢女，以一种极不协调的身份相爱了。狂烈的爱欲，使他们暂时冲破了一切情感上的障碍，不顾一切地干了“人祖”亚当和夏娃所干的勾当，生下了两个儿子。对于他们来说，爱情是纯真的，生活也应该是美好的。但在拜金主义的诱惑与封建家长专制的逼迫之下，周朴园的性格发生了严重的扭曲，他残忍地把产后才三天的侍萍赶出了家门，从此埋下了《雷雨》悲剧冲突的火种。周朴园不仅是一个“原罪”的形象，同时还犯有大量的现实罪恶：比如他故意叫江堤出险淹死“两千多小工”，从中大发死人财；他残酷地镇压罢工运动，下令打死三十名罢工工人等等。这些血腥的罪行，使他在罪恶的泥潭里愈陷愈深，难以自拔。俗话说：“恶有恶报，善有善果”，周萍终于以他父亲为榜样，与继母通奸，与妹妹乱伦，由此触发了各种矛盾关系的激化，并导致了周、鲁两家的彻底毁灭。

《雷雨》的结局是极其悲惨的，但最令观众和读者无法忍受和不可理解的，是作者为什么要把那些大大小小的悲剧人物统统推向毁灭，而惟独留下周朴园这个制造悲剧的元凶活在人世，答案就在基督教的教义里。《圣经》中有这样一段“劝善惩恶”的箴言：对于那些作恶多端的“罪人”，“耶和华必记念他们的罪孽，追讨他们的罪恶……必不生产，不怀胎，不成孕。纵然养大儿女，我却必使他们丧子，甚至一个不留。”（《旧约·何西阿书》第十章）。周朴园疯妻丧子的下场，不正是应验了上帝的诅咒吗？如果说《雷雨》的使命仅仅在于“惩恶”，恐怕还不足以产生使社会各阶层人士都为之动容的道德感奋力量。作者的艺术构思，妙就妙在他把“惩恶”与“扬善”有机地统一起来，从形式与意念两个方面，呈现出作者创作动因的圆形轨迹，曹禺以一个伟大的人道主义者的宽广胸怀，用耶稣基督的博爱意识，为周朴园的性格发展设计了一个由“恶”向“善”的转化归途：首先，他把周公馆捐给教会办医院，以物赎罪；其次，他用整整十年的时间去寻找被他逼走了的儿子鲁大海，以唤醒侍萍那失去已久的记忆，用行动赎罪；最后，面对两个疯妻，他虔诚地倾听修女朗读《圣经》经文，在深刻的生命感悟中进行自我良心的忏悔。这种独特的设计，无疑是基督精神的直接折射，但却代表着广大善良的读者与观众最真挚、最美好的人性愿望。因而在30年代黑暗笼罩下的旧中国，《雷雨》能以强烈的扩散效应，在由于社会行为的失调而导致心律紊乱的人们中间，找到最普遍的知音。在这里，我们可以用一个简单的示意图，对《雷雨》的主题思想做一次高度的浓缩抽象，以还原《雷雨》最原本的创作模式：

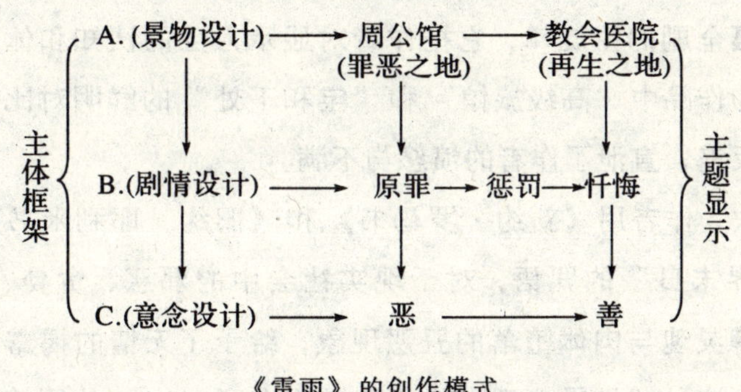

《雷雨》的创作模式

2. 世界末日情绪与《日出》的创作模式

《日出》与《雷雨》相比较，它的取材更接近于现实，因而社会批判的主题思想更为明显一些。作者以他凝重而深沉的笔触，深刻地揭示了“上流社会的堕落”和“下层社会的不幸”，并对“损不足以奉有余”的不合理的社会现象，给予了猛烈的抨击。也正是因为作品中所表现出的这种强烈的现实感，迷惑了我们主流批评家的视线，使他们颇为自信地认为，《日出》是曹禺话剧创作转向现实主义的一个良好的开端。[①] 然而，曹禺自己的看法却完全不同。他说《日出》是他用“思想感情积累起来的”切身感受和体验，“流着心血”而写成的，并且是不能为人们完全“从理性上”加以理解的一部作品。[②] 所以，他多次要求读者和评论者首先应对《日出》扉页上所摘录的一段《道德经》和七段《圣经》原文，按其先后排列的顺序去领悟其中的含义。

那么，这八段引文的真正含义究竟是什么呢？我个人认为，大致可以分为以下三个逻辑层次：

首先，作者通过老子《道德经》中“天之道损有余而补不足；人之道则不然，损不足以奉有余”这段话，点明了《日出》的创作主题，是要向社会展现“人之道”对“天之道”的背叛。作为一种统摄全剧的主旋律，它把作者对显示人生的认知和体验，直接表现为作品中“高级旅馆”和“宝和下处”的鲜明对比，并以强烈的反差，宣泄了作者的愤怒与不满。

其次，作者用《新约·罗马书》和《旧约·耶利米书》中有关“世界末日”的咒语，对于现实社会中的邪恶、贪婪、诡诈、淫乱等等灵魂与肉体堕落的丑恶现象，给予了无情的揭露与彻底的否定。这种“世界末日”的黑暗景象在《日出》的剧情中，直接演化为作者对上流社会尔虞我诈、巧取豪夺、放荡堕落、荒淫无耻等一幕幕“丑恶”的着力刻画，以及对下层社会含泪卖笑、皮肉生涯、啼哭哀号、服毒上吊等一出出“惨剧”的深沉描写。在曹禺的笔下，整个旧中国自上而下就像一潭臭气四溢的死水，令人感到窒息。因此，他庄严地举起上帝赐与他的“正义之剑”，无情地惩罚着这些人类“不肖的子孙”，使罪恶与黑暗一道，在黎明的曙光到来之前化为乌有。

---

① 几乎所有的新版旧版《中国现代文学史》都持这种看法，至今仍是如此。

② 《〈日出〉跋》，人民文学出版社 1996 年版。

最后，是曹禺重新建构人类社会和谐秩序的美好理想的显示。认识人生、表现人生，是作家与艺术家所必须遵守的创作规律。但在怎样改造人生、指导人生方面，由于作家与艺术家的思想信仰不同，也就表现得五花八门，没有固定统一的基本原则。曹禺的选择，无疑是基督教人文主义的大同理想。世界末日与生命再生是基督教文化相辅相成的两个层面，旧世界的毁灭将意味着旧的罪恶的消除和新的道德的形成。因此，在《日出》的扉页上，他以《新约》中的《帖撒罗尼迦后书》、《歌林多前书》、《约翰福音》及《启示录》中的“箴言”告诫人们：人应该“规矩而行”、“自劳而食”，只有具备了这种信念的人，才能走出黑暗，“得着生命之光”。方达生的最后人生抉择以及那曲雄浑有力的“夯歌”在作品中的多次出现，正是对于这种人生理想的呼应和衬托。长期以来，学术界一直以为《日出》中的“夯歌”表现的是曹禺对于无产阶级和劳动人民的理解和向往，但我却敢说那是耶酥教诲他的门徒的训词。不信你听“日出东来，满天的大红！要得吃饭，可得做工！”这是“夯歌”的声音。再听：“若有人不肯工作，就不可吃饭。”（《帖撒罗尼迦后书》）这是“上帝”的声音！我们也用不着多作解释，细心的读者只要稍加比较，那可真是“自有公论”了！

不过，我们当然不应该忽略这样一个难以否定的事实：《日出》已不像《雷雨》那样，通篇都明显地充斥着古希腊悲剧式的命运观念，在题材的选取、人物性格的塑造以及悲剧氛围的构成等诸方面，都有所突破与创新。但是，我认为其“惩恶扬善”的创作主题，却与《雷雨》保持着内在的统一。这一点，在《日出》的创作模式中，被作者表现得十分清楚。

3. 爱的教义与《原野》的创作模式

《原野》是曹禺早期话剧创作中，最为学术界与艺术界所冷落

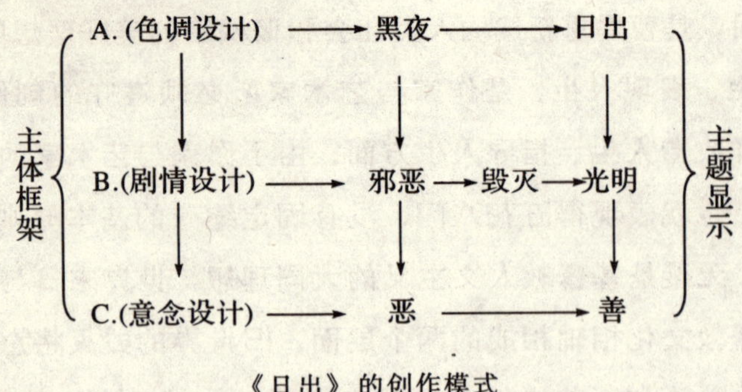

《日出》的创作模式

的一部作品。由于我们的文学史家过分地指责作者人为地渲染了“原始荒野的莽莽苍苍的神秘气氛”，使《雷雨》中“宿命论的观点又重新出现”,① 因此曹禺在一生中，几乎很少对别人谈及他创作《原野》时的原始冲动情绪。

我认为,《原野》并非像文学史家所说的那样抽象神秘。作为曹禺青年时代探索人生与人性的“四部曲”之一，它自然从属于作者基督教人文意识建构起来的艺术创作范畴。若要理解这一点，我们必须澄清以下几个事实：第一，仇虎绝不是一个被剥削、被压迫的农民形象。在作品中，作者已经通过焦瞎子之口清楚地点明，仇虎以前也是一个拥有地产的大户人家。况且，仇、焦两家也曾有过多年的感情交往，还拜过“干亲”。只是因为仇虎的父亲仇荣“好吃好赌”欠了债，才被焦阎王昧着良心侵吞了家产。由此可见，仇、焦两家的矛盾，并不是农民阶级与地主阶级之间的矛盾，而是属于个人之间的恩恩怨怨的私仇。所以，那种认为《原野》是讴歌被压迫阶级复仇反抗精神的论点根本是不能成立的。否则，既不符合作品的实际，又无法理解为什么恶霸地主会与贫苦农民结下多年“干亲”这一违反常规逻辑的客观事实。第二，焦阎王是制造仇虎一家悲剧的真正“原罪”，他在无限贪欲的

① 见林志浩主编《中国现代文学史》第508页，中国人民大学出版社1979年版。

支配下，背叛了多年的友情，残害了仇虎无辜的一家人，犯下了不可饶恕的罪行。从这一意义上讲，仇虎的复仇行为完全是一种正义的反抗。但是，在剧情展开之前，焦阎王就已经死了（作者的立意之巧妙，恰好体现与此）。仇虎那无法排泄的复仇情绪，使他完全丧失了清醒的理智，同样乱杀焦家的无辜，成了制造新的悲剧的“元凶”。显然，作者之所以这样构思，并不是肯定仇虎的复仇行为，而是对其给予无情的否定。第三，最令人费解的是焦瞎子和花金子这两个女性形象。她们都与仇、焦两家的旧仇宿怨没有任何的直接关系，但性格却都是那么冷酷、阴险、残忍、毒辣，使人不寒而栗。花金子挑唆丈夫记恨婆婆，焦瞎子教唆儿子敌视媳妇，两个人围绕着焦大星这一“中间物”，展开了一场永无休止的明争暗斗，最终她们都失去了自己所要得到的希望，成为“悲哀凄惨”的失败者。我认为焦瞎子和花金子两个人物，最能体现出《原野》那在夜色笼罩之下且充满着强烈仇恨因素的冷酷气氛，使人们透过她们身上表现出来的情感起伏的浪潮，直接感受和体验人类原始蛮性的可怕。

只要将以上三个问题纳入到曹禺早期的文化心态去加以分析研究，那么《原野》的创作主题也就不难理解。作者的主观意图是要通过“恨”所导致的悲剧，向全社会传播“爱”的福音。他说：“《原野》是讲人与人的极爱和极恨的感情，尽管我写时是有许多历史事实与本人一些经历、见闻作依据才写的。不要用今日的许多尺度来限制这个戏。它受不了，它要闷死的。”① 这番真诚的肺腑之言，应是对《原野》创作模式最好的注解。请看：

① 《曹禺论创作》，上海文艺出版社1986年版。

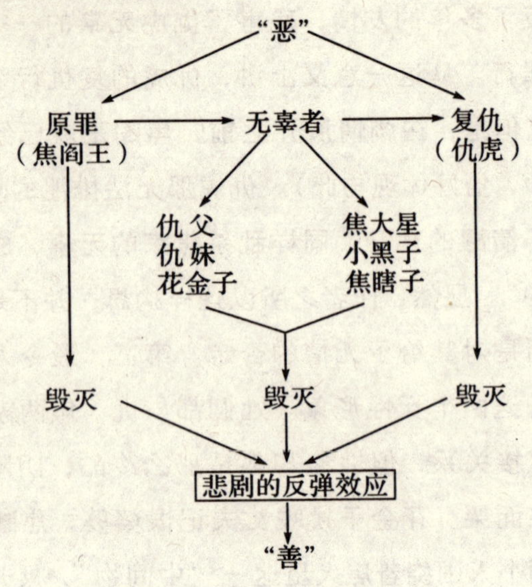

"善"《原野》的创作模式①

4. 人性重构与《北京人》的创作模式

《北京人》与其他三部作品有所不同，从表面上来看，它的思想艺术风格发生了很大的变化——象征表现主义的色彩大大减少，基督精神的人格力量也有所减弱，民族生活的气息有所增浓；我认为这部作品确实有迹象表明曹禺的话剧创作开始转向了现实主义。曹禺本人说："写《北京人》，我有一种想法，就是把人物的灵魂深挖一下，把人物性格的复杂性深挖一下。如果说《北京人》和以前几部戏剧有什么不同，我以为不同点就在这里。"② 但值得注意的是，题材与风格的转换，并没有使这部作品从根本上消除基督精神的深刻烙印；恰好相反，作者只不过是把这种影响表现得更加隐蔽、更加现实生活化了而已。

《北京人》通过一个封建贵族世家的曾家和一个类属于"自然人"的袁家两种人格人性的比较，以及两种截然不同的人生观的

① 《原野》中仇、焦两家的人物最终都在悲剧的结局中沦于毁灭，只剩下焦瞎子与花金子两人，但她们都已经精神崩溃，故我把她们也划入毁灭之列。

② 《曹禺论创作》，上海文艺出版社 1986 年版。

比较，生动地反映了作者对于传统文化现实困境的深刻思考。作品巨大的社会意义，并不在于它描述了封建大家庭衰败破落的历史过程，而是在于它揭示了封建传统文化在现代文明社会仍然客观存在着的一种强大的钳制性力量，使我们每个人都不得不正视自己所陷入的窘迫处境。曾家的老一代为不能重振祖业而悲鸣，曾家的青年一代为无法挣脱精神的锁链而呻吟；与此相反，袁家父女、“北京猿人”以及愫方形象的合力，以“自由”、“力感”、“博爱主义”的神韵，构成现代文明社会完美人格的象征，表达着作者重塑民族灵魂的崇高理想。对于传统文化的扬弃和抨击以及对现代人性的崇拜，集中体现着曹禺以基督精神为底蕴的现代人文意识；它表明作者渴望彻底打破传统的家庭观念，树立一种崇高而开放的现代人格理念。《北京人》的扉页上所引王勃那两句诗：“海内存知己，天涯若比邻”绝非是送友或抒情的雅句，而是暗含着曹禺所向往的一种以无私博爱为目的的世界意识。应该承认，在《北京人》中，现实与理想的结合是完美的。我们可以从中看出，作者在他塑造民族灵魂的主观设计中，基督教人文主义的因素几乎无处不在（愫方与袁家父女形象的意义就是一个很好的例证）；只不过已不像以前那样是单一性的因素罢了，从而形成了一种多元构合的创作模式来辐射作者的人生信念：

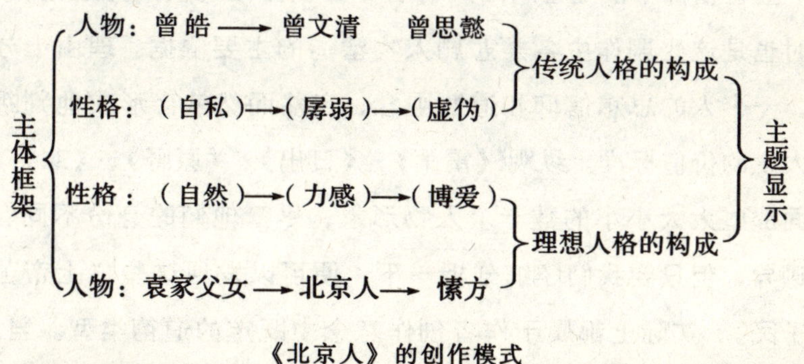

《北京人》的创作模式

从曹禺早期四部主要代表作的创作模式中，我们可以体会到，它们都是典型的“社会道德剧”，其宗旨无疑是要探索人类的创伤并寻找医治的良方。所以，他以神圣的十字架为先导，把被扭曲的人性当做主要的研究对象，把“爱的宗教”和崇高完美的悲剧形象作为自己的艺术追求。这使曹禺的早期话剧创作，在很大程度上消融了时空差别和阶级界限，跨越了狭隘的现实功利观念，把读者和观众的审美情感带入到一个更高层次的广阔空间——“真、善、美”的艺术境界，并同创作主体一道，实现灵魂的自我超越！这就是曹禺与其他现代文学作家截然不同的艺术信仰。如果我们将曹禺四大代表作的创作模式连接起来，便可以清楚地看到基督精神对他话剧创作影响的鲜明轨迹，并可以得出他完整的创作思路如下：

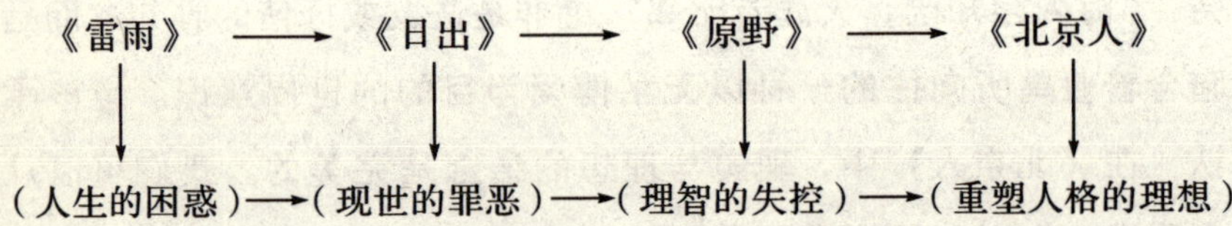

第三节　基督教文化与曹禺戏剧的人物类型

基督精神不仅是曹禺四大代表作品创作结构模式的理论基础，同时也是这些剧作中各类悲剧人物塑造的主要依据。理由十分简单，一个人的思想信仰和道德观念，自然而然就会形成他判断社会人生的价值标准。纵观《雷雨》、《日出》、《原野》、《北京人》里面那些大大小小的数十个人物形象，尽管他们的身份不同、性格迥异，但只要我们仔细分析一下，便可以发现这些“上帝苦难的子民”，实际上都属于作者创作意念中既定的道德类型。当然，这些人物类型又从各自不同角度，折射出基督精神对曹禺人生信念的深刻影响。我认为，曹禺用基督教道德理念的价值尺度所建构起来的艺术形象，按其各自的性格特征与社会行为，大致可以分为以下六种类型：

1. “贪婪型”。在基督教的教义中，人类永无休止的贪欲，被视为是导致世界末日到来的重要原因之一。基督教的先哲们在很早就认识到了这样一个朴实的道理：假如赚到了全世界，却把命搭进去了，你究竟得到了什么？所以，基督教徒一直强调抵御现实的物欲诱惑，并试图用精神的超越来调节人类贪婪无度的躁动心态。他们声称：“这个世俗的物质世界决不能使我们得到真正的满足，这就是我们产生失望感的真正原因。耶稣曾经说过：‘喝了这水的人还会再渴’，指的就是这个意思。”“如果我们在他人身上寻求体现着爱的上帝的目的，他人就比财产重要，人就比金钱重要。”[①] 违背上帝的意志，以剥夺他人的财产来满足自己的私欲，必将受到上帝的惩罚。在曹禺的剧作中，周朴园、潘月亭、焦阎王等，便是“贪婪型”人物的典型代表，他们的共同特征是利欲熏心、见利忘义，在金钱物质的诱惑下而丧失了善良的人性。《雷雨》中的周朴园，为了得到一大笔结婚陪嫁，残忍地抛弃了发妻侍萍和刚刚出生三天的儿子鲁大海；为了捞取巨额保险金，他故意让江堤出险淹死两千多童工。《日出》中的潘月亭，靠大放高利贷和搞股票投机生意发家，用侵吞他人的不义之财建造起供自己挥霍的幸福大厦。《原野》中的焦阎王，为了霸占仇虎家的田产，竟背叛了友情和亲情，伤天害理地毁灭了仇虎全家。多行不义必自毙，正如耶稣基督告诫他的信徒时所说的那样：“那些想要发财的人，就陷在迷惑、落在网罗和许多无知有限的私欲里，叫人沉在败坏和灭亡中。贪财是万恶之根，有人贪恋钱财，就被引诱离了真理，用许多愁苦把自己刺透了。”[②] 基督教的信仰者始终相信，

① 费尔巴哈：《基督的人生观》第110、142页，北京三联书店1998年版。

② 《新约·提摩太前书》。

贪婪性格的最后结局，必将受到应得的报应。从唯物史观和无神论的论点出发，我们可以将其视为是一种虚构的幻觉或空洞的说教，但在曹禺内在的精神世界里，却凝聚成一种神圣不可动摇的终极信念：周朴园在他“暴发”之后的几十年生活中，总是陷入孤独、空虚的精神境界，预感到将“有什么可怕的事发生”，疯妻丧子使他变得一无所有。潘月亭虽然整天陷于花天酒地的自娱状态，但他那放纵淫荡的笑声终究无法掩饰他那高度的内心恐惧感，破产自杀则是他必然的归宿。焦阎王自从犯下了不可饶恕之罪以后，不仅自己一命呜呼，就连他的子孙后代也笼罩上了血光之灾的恐怖阴影。“日出”之前的“雷雨”，猛烈地冲刷抽打着黑暗阴森的茫茫“原野”；它卷走了尘世间的种种罪恶，并给读者和观众留下一块有待重新创造的空白意境——人们会不由自主地联想起我们祖先“北京人”所生活的时代，以及上帝创造的“伊甸园”美景。

2. “淫乱型”。在基督徒的信念当中，淫乱也是一种不可饶恕的罪行。基督教传统是信奉禁欲主义，这在文艺复兴以后，受到了人文主义者的猛烈批判。问题在于为什么基督教会倡导违反人类自然本性禁欲主义。虽然人们从哲学文化学角度对此作出不同的解释，但一直到了本世纪初叶，弗洛伊德的精神分析说才给我们揭开了这个谜。人类从动物演化而来的事实，不断地警示我们自身无法彻底清除掉这种动物的属性，它经常以无意识的形态困扰着人类，进而导致社会犯罪行为。基督教的先知们可能最早感悟到了人类性的困惑，这种感知虽然是不明确的，难以从理论上加以判定的，但他们感到了一种巨大压抑的存在：“不论在何种情况下，压抑指的都是人的意识中的一种变形。当然这并不是说，那些被禁止的冲动必须从生存中排除出去，而是说，无意识的力量已潜在地，从人的背后决定着人的行为。”[①] 这是一种危险的、必须加以制止的心理倾向，性的无节制和性的幻觉冲动都将导致人类社会道德秩序的紊乱，故基督教徒将禁欲修行视为躲避罪恶的一种修炼方式，而将罪恶的祸水泼向了女人。女人既是上帝的诱惑，又是上帝的牺牲品。一部《圣经》(包括《新约》、《旧约》以及《圣经后典》)，对淫乱行为做了一系列最为严格的条律约束和最为严厉的惩处措施，以至于最终形成了西方社会的一夫一妻制的道德规范。作为基督精神的信仰者，曹禺本人对于情感压抑而产生的淫乱行为，也深感忧虑。在他的作品中，繁漪、陈白露、翠喜、花金子甚至包括周萍，都是作为反道德的淫乱型人物形象而被塑造出来的。迄今为止，主流批评家仍然认为作者是从个性解放或反封建的角度，对她们（翠喜除外）的性放纵行为给予了宽容和谅解，这乃是一种因误读作品而产生的思维错觉。实际上。作者对于这些人物越轨行为的处理，集中体现着他本人情感与理智之间错综复杂的矛盾。从情感上说，他深深同情这些生长在沙漠中的美丽花朵，没有水分，没有养料，在烈日与狂风中渐渐枯萎，于是蘸着心血写出她们的灵魂哭泣与悲嚎；但从理智上讲，他却无法容忍她们所犯的那些违反人伦道德的可耻行为，冷酷无情之笔，无一例外都把他们推向了灵魂或肉体的毁灭。基督教对于女性贞节的要求要比儒家的道德观念更为严厉，《圣经》说：“人所犯的，无论是什么罪，都在身子以外，惟有行淫的，是得罪自己的身子。岂不知道你们的身子就是圣灵的殿么？”[②] 如果说繁漪、陈白尘、翠喜、顾八奶奶、花金子等人是罪在如此的话，那么周萍之死，则更是上帝意志的直接体现。耶稣基督在《旧约·利末记》第十八章告诫他的信徒说：“不可露你继母的下体，这本

---

① 弗洛姆：《在幻想锁链的彼岸》第96页，湖南人民出版社1986年版。
② 《新约·哥林多前书》第6章。

是你父亲的下体。你的姐妹，不拘是异母同父的，是异父同母的，无论是生在家的，生在外的，都不可露他们的下体。”与继母及姐妹行淫的，必被治死罪，并且必“在本民的眼前被剪除”。周萍与继母通奸、与妹妹乱伦，以及最后在全家人面前开枪自杀的结局，这难道仅仅是与《圣经》的教诲完全巧合吗？不，绝对不是！这是曹禺代替上帝主持正义的一种艺术表现。无论作何辩解，主流批判家们都难以从正面来接受这种被他们视为荒谬论点的大胆挑战。①

3. “仇恨型”。基督教教义的核心，就是施“博爱”。耶稣基督以其自身的殉难，替人类承担了一切苦难，同时也消泯了人与人之间的相互敌视，这是《圣经》故事中最本质的东西。耶稣基督的悲壮行为，是基督教先知们从现实生活矛盾中所创造出的一种神话。犹大出卖了耶稣，但耶稣并不记恨犹大，反而以仁慈的胸怀感化他，从而奠定了以爱化仇的基督教义。应当承认，基督教“爱”的教义，具有极强的现实意义：矛盾冲突总是导致人与人的敌视对立，而永无止境的相互仇恨更是增加了人类社会的不稳定因素。所以上帝说：“要爱邻如己”，这是出自于调节整顿社会生活道德秩序的客观需要。背叛上帝“爱”的教义，选择“恨”的心理功能，必将受到上帝的严惩。因为“仇恨”的本身就是一种罪恶。在曹禺的笔下，鲁大海、李石清、仇虎、花金子、焦瞎子等人物形象，都是“仇恨型”的艺术符号，是曹禺道德理念的派生物。他们的共性特征，是不宽容、不谅解、不仁慈，充满仇恨的情绪且残暴冷酷。他们因“恨”而落入黑暗的万丈深渊，且由“恨”导致善的良知失落泯灭。一直被主流批判界看作是阶级斗士的鲁大海，他虽然仗义直言声色俱厉地控诉了资本家的罪行，

① 我从1988年就提出了这一命题，至今未见有过反驳意见出现；相反，赞成的观点却逐渐多了起来。

表现了所谓的“工人阶级”的英雄本色，但他仇恨报复的对象却是他的亲生父亲（如果他知道了这一事实真相，是否还会保持如此旺盛的斗志，很值得怀疑），并因此而敌视周、鲁两家的一切人，包括他的母亲和妹妹。李石清为了报复上流社会对他的歧视，恨自己的出身，恨自己的命运。他含辛茹苦、拼命钻营，结果机关算尽太聪明，反而断送了自己的前程和儿子的性命。仇虎虽然有着家破人亡的深仇大恨，但他无法接受仇人焦阎王已死的事实，强烈的复仇愿望使他将屠刀对准了一个瞎老太婆、一个襁褓中的婴儿和一个懦弱善良的朋友。在滥杀无辜生灵的同时，自己也走上了彻底毁灭的路。花金子自己恨婆婆还不够，偏又挑逗丈夫恨母亲，目的没有达到时，便出卖肉体羞辱丈夫、婆婆以及焦家的门风。焦瞎子恨丈夫造的孽，恨儿子的软弱无能，恨媳妇的不守妇道，恨仇虎给她全家带来的灾难，仿佛她来到这个社会的惟一目的就是为了“恨”！恨终于将其灵魂毁灭。曹禺正是通过对于这个充满者仇恨情绪的人生世界的形象化再现，向全社会表明：“恨”的本身就是一种“恶”，它将摧毁整个世界；只有发自内心的“爱”，才能开辟美好人生的光明坦途。诚如《圣经》中所说的那样：“你们要慈悲，像你们的父慈悲一样……你们在饶恕人，就必蒙饶恕。”[①] 曹禺对于这类人物形象的塑造，显然是秉承着上帝的旨意，对基督精神的一种艺术化阐释方式。只从平面去解读，我们很难达到曹禺原初创作动意的理性高度。

4.“使徒型”。在曹禺的剧作中，有一类艺术形象应该引起我们的重视，他们就是以周冲、方达生、焦大星、愫方为代表的上帝的使徒。这些艺术形象性格单纯、具有爱心，他们都不是生活中的强者，同时也并不完美，但是他们都富有自我牺牲精神，愿

---

① 《新约·路加福音》。

为别人的幸福多做点工作。这类人物是曹禺笔下理想人生的体现，是耶稣基督无私奉献精神的化身，是完美人性的最高典范。基督教把爱视为神圣，没有爱就没有上帝存在的必要。费尔巴哈说："基督教之更好的、真正的本质，基督教之清除掉其神学上的因素和矛盾以后的本质，却正就是起源于心，起源于对于善行、对于为人类而生死的那种内心的渴望，起源于愿望一切人都幸福、不遗弃任何一个即使是最堕落、最下流的人的那种慈善行为之属神意向"；从这一定义出发，"上帝之爱人——当他爱人的时候——乃是为了人，也既为了使人善良、幸福、福乐。"① 然而基督教义的爱，是一种无条件的利他主义的爱，它要求自己的信徒在为他人施爱的过程中，显现上帝的恩泽，清除一切私欲杂念。"如果我们爱他人，在他人身上寻求上帝的目的，如果我们对他人的爱能够进入我们的生活，在我们的生活深入体现出来，那么，我们就能够真正做到自我否定，获得自由。爱确实能够使我们摆脱我们的自我，能够进入我们的心灵，占据我们的心灵，把自我从我们的心灵中赶出去。"② 周冲、方达生、焦大星、愫方这四个人物，便具有这样的人格品质。周冲在《雷雨》中并非主要人物，但正是由于他的存在，才使强烈的悲剧恐惧气氛增添了一些温暖的亮色。他理解母亲和哥哥情感压抑的痛苦，同情和关心鲁家的经济生活，甚至以牺牲自己来拯救他人，曹禺对他充满了爱心和敬意。方达生的性格近乎迂腐，与现代繁华的都市生活也有些格格不入。他始终坚信自己最初的人生信仰，苦口婆心地规劝已经堕落了的陈白露改邪归正、弃恶从善；另一方面，他又尽己所能，千方百计地营救小东西脱离苦海。虽然他最终一无所获，但他高尚的人格品性却得到了曹禺的赞许。焦大星并不知道父亲的罪恶，整个

① 费尔巴哈：《基督教的本质》第99、91页，商务印书馆1995年版。
② 费尔巴哈：《基督的人生观》第72页，三联书店1998年版。

焦家只有他一个人关心仇家的不幸，关心仇虎的命运。直到仇虎要害他之前，他仍以一颗慈善的爱心关怀着仇虎。愫方是曹禺笔下用力最多的一个人物，也是他意念中最完美的理想型人物。他在艰难的现实生存环境中，默默地忍受着生活的艰难和情感的磨难，从不抱怨也从不哀叹，而是以他的善良和大度、宽容与仁慈，温暖着周围所有受到伤害的灵魂。在剧本中他有一句台词："看见别人快乐，你不也快乐吗?"这是《圣经》的语言。曹禺实际上是将其处理为基督精神的身体力行者，从而使愫方的善行深深触动了广大观众和读者的心。周冲、方达生、愫方这三位艺术形象真诚无私地遵循着耶稣的教诲，孜孜不倦地传播着上帝爱的旨义和善的福音。在他们心中，爱就意味着希望，爱就意味着行善，它给人以真正的生命。这种崇高的信仰和坚韧的修行，使他们超越了现实中一切邪恶欲念的诱惑，终于看到了永恒的生命之光而使自己的灵魂获得了再生。

5. "市侩型"。曹禺剧作中有一类十分不起眼但代表着一种琐碎人格倾向的人物，如《雷雨》中的鲁贵、《日出》的福升、《原野》中的常五等，便是最典型的代表。他们的共同特征，就是地位低下、人格卑劣、良知泯灭，他们像犹大出卖耶稣那样，为了得到几个铜板的奖赏，甘愿出卖自己的灵魂。这类人物的人格与命运都是极其可悲的，一点小恩小惠便可以满足他们浅薄的私欲。他们不仅没有自己的理想寄托，而且总是以牺牲他人的幸福或生命来保全自己的奴才地位。对于鲁贵来说，女儿只不过是棵摇钱树，只要能经常给他点酒钱，就可以容忍女儿与周家的大少爷鬼混；为了能保住自己的管家地位，他对繁漪忽而低声下气，忽而威逼利诱，什么样的卑劣手段都能使得出来。福升的地位不高，只是宾馆里跑堂的，但他谙于人情世故，懂得察言观色、趋炎附势，总是低眉顺眼地讨好各方面的主子，而对于那些可怜的弱小者却无丝毫的同情。如他为了巴结金八爷，竟昧着良心出卖了逃避厄运的小东西，最终葬送了一条年轻的生命。常五则因平常从焦瞎子那儿得到点经济上的接济，甘愿为焦瞎子当坐探，监视仇虎与花金子的言行。到后来，他还亲自跑到城里通风报信，带领侦缉队进山捉拿仇虎和花金子。曹禺塑造这类艺术形象，目的无非是要起到一种陪衬作用——作为邪恶势力的帮凶以及反衬“使徒型”人物的崇高人格。曹禺对他们卑劣的灵魂给予了无情的鞭笞和强烈的蔑视：鲁贵的结局是酒后坠入河里淹死；福升当众挨了小东西狠狠一记耳光；常五的腿部中了一枪，并被仇虎挟持在阴森恐怖的山林中受尽了精神和肉体上的折磨。作者这种愤懑情绪的发泄，不仅传达出他本人的是非道德准则，同时也是对耶稣基督爱的教义的一种特殊的诠释。

6.“无辜者型”。这也是一种属于陪衬型的人物。像《雷雨》中的四凤、《日出》中的小东西、黄省三，《原野》中的小黑子，《北京人》中的曾霆、瑞贞等人，他们本身并无罪过，但在那种黑暗笼罩、公理沦丧的社会里，他们的命运和遭遇又是最为悲惨的，往往赢得了无数善良正直的观众和读者同情的眼泪。不过他们又不是作家笔下理想的人物，或安分守己逆来顺受，或胆小怕事懦弱不堪，或单纯幼稚与那个邪恶世道不能相容。作者通过这些无辜的弱小者的性格悲剧剖析，给人们留下了极为深刻的人生反思。总而言之，正是由于他们的存在，才鲜明地凸显了罪恶的本质与内涵，使人们在道德理念上认识到了“爱”的现实重要意义。曹禺剧作的人格力量和艺术魅力，亦体现于此。

凡是读过或看过《雷雨》、《日出》、《原野》和《北京人》的人，都会产生这样一种奇怪的感觉：曹禺笔下的所有人物——无论是“正面”还是“反面”人物，都无法使人从阶级斗争的意识形态高度产生“爱”与“憎”的情感体验，至多不过是道义上的同情与怜悯、厌恶与唾弃。人们固然会诅咒周朴园、潘月亭等人的罪孽，却又恻隐他们命运的悲剧性结局；同情侍萍、四凤、翠喜、焦大星等人的不幸遭遇，则又喟叹他们自身性格的懦弱。这是一种极为复杂的感情，是一种伦理道德力量撞击读者与观众心灵所迸发出的火花。曹禺曾说："我诚恳地祈望着看戏的人们以一种悲悯的眼来俯视这群地上的人们……我是个贫穷的主人，但我请了看戏的宾客升到上帝的座，来怜悯地俯视这群堆在下面蠕动的生物。"[①] 同情与怜悯只不过是一种中介手段，它将直接导致读者与观众自身社会行为的深刻反思，把悲剧的震撼感，转化为改造社会、改良人生的积极力量。因此我认为，曹禺早期的四大代表作，生动而准确地传达了这种创作意图，并以一种生命感悟式的悲剧艺术表现形式，把读者和观众带到一个古老而神秘的宇宙空间，去聆听人生"喜、怒、哀、乐"的交响曲，去寻找最美妙、最和谐的生命音符，从而使他笔下的人物形象同他的创作模式一样，其社会文化意义远远大于其社会政治意义。

在我们这个多神论又无神论的国度里，人们只要一提及"宗教"这个名词，便大有谈虎色变之感；至于谈论某些作家作品（尤其是名家名著）所受宗教文化影响的问题，那更是犯忌的事情。所以，长期以来，学术界对于许多现代作家受西方宗教文化影响这一研究课题，一直都采取回避的态度，以至于有许多奇特的创作现象迄今仍未得到科学的解释。从哲学意义上讲，宗教是对客观世界虚幻的颠倒的反映；但从文化意义上讲，问题就不那么简单了。在人类文明的发展史上，宗教曾作为约束人类社会行为的主要道德力量，起过积极进步的历史作用；特别是基督教的博爱主义精神，直接演化为西方近代社会"自由、平等、博爱"

① 《〈雷雨〉序》，人民文学出版社 1996 年版。

的人文主义口号，为砸碎旧世界、创造新世界，建立了不朽的功勋。在被我们所承认和推崇的那些西方各时期的文艺大师中间，从但丁、莎士比亚到托尔斯泰、海明威，几乎都是虔诚的基督教徒。他们的传世之作，如《神曲》、《哈姆雷特》、《复活》、《老人与海》，也都深深浸透着基督教的人文意识。他们的成功，固然与他们卓绝超群无与伦比的艺术天赋有关，同时也与他们崇高的宗教信仰密不可分。如果人们对于这一点不持异议的话，那么我的论点同样将会成立——曹禺是位有着坚定信仰的作家，他对基督精神的崇拜和吸纳，是我们用常规理念所无法理解的。我们应该重新去理解曹禺，而且有必要从基督精神的角度去重新认识曹禺的作品。

第十三章

萧红：女性作家的现代悲剧意识

谈到萧红的小说，我首先想起了茅盾曾在《呼兰河传》序言中所说的一段话："'感情'上的一再受伤，使得这位感情富于理智的女诗人，被自己的狭小的私生活的圈子所束缚（而这圈子尽管是她诅咒的，却又拘于惰性，不能毅然决然自拔），和广阔的进行着生死搏斗的大天地完全隔绝"；"在1940年前后这样的大时代中，像萧红这样对于人生有理想，对于黑暗势力作过斗争的人，而会悄然'蛰居'多少有点不可解。"① 茅盾在这番话中所透露出来的思想困惑，实际上是非常具有代表性的：曾经以表现"北方人民对于生的坚强，对于死的挣扎"② 而著称的萧红，怎么会突然间变得思乡恋旧儿女情长了呢？这使许多人都对此感到无法理解。我个人认为，人们对于萧红小说的历史性"误读"，无疑导致了一个天才女作家的长期被埋没。为了使萧红孤独的灵魂不再寂寞，

① 茅盾：《呼兰河传·序言》，载《萧红全集》下卷，第698页，哈尔滨出版社1991年版。

② 见《鲁迅全集》第6卷，第408页，人民文学出版社1998年版。

我们完全有必要以现代生命哲学的理性认知态度，透过她作品文本女性叙事的独特视角，去深入体验女性世界的哀怨与悲凉。

第一节　无奈与认命——女性婚姻的情绪记忆

在萧红的绝大多数小说作品当中，我们都能发现有一双少女困惑的眼睛，它在精细地观察女性群体的生存困境，仔细地品味着黑土地文化的沉闷气息，同时更是以一种强烈而压抑的情绪记忆，传达出她对女性命运悲剧的自身体验。毫无疑问，这个少女叙事者就是萧红本人。青少年时代女性视角的人生感悟，对于萧红后来的小说创作影响是极大的，尤其是女性从抗命到认命的灵与肉的痛苦磨难，使她从精神上感到无比的绝望："今后将不再流泪了/不是我心中没有悲哀/而是这狂妄的人间迷惘了我了。"（《苦杯·十一》）这种潜在的女性悲剧意识，决定了萧红小说的艺术追求，不是去表现时代变革的社会背景，而是去宣泄女性群体的灵魂哭泣。

作为一个女性作家，萧红小说给人的第一个阅读感觉，是她拒绝描写爱情。因为对于现代女性而言，失去了她们所执著的爱情，也就意味着失去了生存的信念。可以说在萧红的笔下，女性对于爱情的渴望与追求，是根本不存在的。作者以苍凉而忧郁的文本语言，冷漠地告诫着男性世界的广大读者：女性之所以要结婚，并不是因为真"爱"，而是出于无奈。《小城三月》中的翠姨，原本对于妹妹的订婚，"一点也没有羡慕的心理"，"但是不久，翠姨就订婚了"。生性典雅、精通琴箫的翠姨，既没有见过自己未来的丈夫，也不知道为了什么目的而要结婚，作者只是轻描淡写地指出，"翠姨自从订婚之后，是很有钱的了，什么新样子的东西一到，虽说不是一定抢先去买了来，总是过了不久，箱子里就要有的了。”到了两家选好的日子，便顺理成章地嫁了过去，一切都显得是这么的简单和自然。《生死场》中的金枝，情窦初开之际，她像着魔似的躁动不安，“听着鞭子响，听着口哨响，她猛然站起来，提好她的筐子惊惊怕怕的走出菜圃。”“五分钟过后，姑娘仍和小鸡一般，被野兽压在那里。”伴随着肚子一天天的胀大，她的精神状态彻底崩溃了，惊恐不安地伏在母亲的面前哀求道：“娘……把女儿嫁给福发的侄子吧！我肚里不是……病，是……”翠姨与金枝在萧红的情绪记忆里，分别代表着两种不同的女性生命意象：翠姨象征着女性尴尬无奈的矛盾心理，金枝象征着女性弱小被动的恐惧意识。翠姨婚姻的文化意义，是她不能也不可能掌握自己的命运，似乎并没有人在逼迫她，甚至连她自己也认为，“不知为什么，那家人对我也会是很好的，但是我不愿意。我小时候，就不好，我的脾气总是，不从心的事，我不愿意……这个脾气把我折磨到今天……可是我怎能从心呢……真是笑话。”翠姨既平静地去“认命”，又消极地去“抗命”，压抑与自残的双重心理作用，使她孤独寂寞地走完了自己年轻的生命历程。金枝失身的生理体验，是她灵与肉的撕裂感与屈辱感，“男人着了疯了！他的大手敌意一般地捉紧另一块肉体，想要吞食那块肉体，仿佛他是在一条白的死尸上面跳动，女人赤白的圆型的腿子，不能盘结住他。”金枝对于成业的顺从，更是表现为女性茫然的“认命”情结，“发育完强的青年的汉子，带着姑娘，像猎犬带着捕捉物似的，又走下高粱地。”她“渐渐感到男人是严凉的人类！”实际上，无论是翠姨的“抗命”，还是金枝的“认命”，都深深凝聚着萧红潜意识里的女性忧虑与恐惧。在《生死场》中，“婶婶”的一段话应该引起我们的高度重视：“年轻的时候，姑娘的时候，我也到河边去钓鱼，九月里落着毛毛雨的早晨，我披着蓑衣坐在河沿，没有想到，我也不愿意那样；我知道给男人做老婆是坏事，可是你叔叔，他从河沿拉到马房去，在马房里，我什么都完啦！可是我心里也不害怕，我欢喜给你叔叔做老婆。这时节你看，我怕男人，男人和石块一般硬，叫我不敢触一触他。”我个人认为，“婶婶”这段并不十分连贯且又非常矛盾的过去自述，明显带有强烈的暗示意味：“我”（女性）原本是一个独立自由的生命个体，完全是被动地被“叔叔”（男性）强行“拉”入到了他的生命过程。“我”（女性）是被“叔叔”（男性）在“马房”里所征服，那么“我”（女性）在他（男性）那冷漠的视野里，实际上只不过是一种畜生或肉欲动物。“我怕男人”和“我欢喜做你叔叔的老婆”，其潜台词是女性必须依附和屈从于男性社会而存在，因为“我”（女性）根本不可能撼动“石块一般硬”的“男人”。萧红正是通过对女性人生难以自主的深刻感悟，精细地勾勒出了女性群体人格失落的历史过程。

女性人生的爱情缺席，象征着女性人格的历史缺席，这无疑使她们对无“爱”的婚姻，在心理上产生了极大的困惑与恐惧。所以，萧红几乎是以一种极度苦闷的绝望情绪，用灵魂哭泣的沮丧语言，讲述了一个个美丽女性灵肉消亡的悲惨故事。从她小说的作品文本当中，我们所看到的女性婚姻，都是苦涩与悲剧性的，她们的精神因婚姻而灰色，她们的美丽也因婚姻而凋谢。“月英是打鱼村里最美丽的女人……她是如此温和，从不听她高声笑过，或是高声吵嚷。生就的一对多情的眼睛，每个人接触她的眼睛，好比落到棉绒中那样愉快和温暖。”“可是现在那完全消失了！”温柔而漂亮的月英自从她婚后生病以来，在其夫家人的眼里已经变得不再美丽而可爱，因为她失去了传宗接代的生殖能力，她的生命意义实际上也就根本不存在了。夫家将其病弱的身体，用冰冷坚硬的砖头围了起来，残忍地任其自然腐烂。一个无用女人的生命消亡，并不能改变活着的人们对于“生”的强烈渴望：“死人死了！活人计算着怎样活下去。冬天女人们预备夏季的衣裳；男人计虑着怎样开始明年的耕种。”（《生死场》）死了女人的男人，可以再去寻找另一个女人，只要能够顺利延续男性社会的宗祠文化，他们根本不在乎有多少女人去牺牲献身。在一个封建体制的社会架构中，“妻子把丈夫当作一家之长，而对丈夫一方来说，妻子却不是家庭的‘另一半’，而仅是构成家庭的众多要素的一个方面而已，去掉她也不会破坏家庭的生命力或有损于家庭的实质。”[①] 所以月英生命的终结，在其夫家绝不会引起巨大的波澜，一切都显得是那么的平淡与自然。年仅十二岁的小团圆，还是个幼稚的孩童时，就被早早地嫁了人家，从此她便开始经历噩梦般的恐怖人生。婆婆仅仅是为了给新媳妇一个下马威，凶神恶煞般狠狠地打了她一个月。天真烂漫的少女禁不起精神与肉体的痛苦折腾，终于病倒了，于是乎婆家的人依照迷信的说法，虔诚地去替她治“病”：一群婆婆奶奶们煮了一大缸“滚热的热水”，把扒光了衣服的小团圆置放于其中，“她在大缸里边，叫着、跳着，好像她要逃命似的狂喊。她的旁边站着三四个人从缸里搅起热水来往她的头上浇。不一会儿，浇得满脸通红，她再也不能够挣扎了，她安稳地在大缸边站着，她再也不往外边跳了，大概她觉得跳也跳不出来了。”“小团圆媳妇当晚被热水烫了三次，烫一次，昏一次。”“还没到二月，那黑忽忽的、笑呵呵的小团圆媳妇就死了。”（《呼兰河传》）又一个年轻美丽的女性生命，在婚姻的坟墓中悄然逝去。小团圆之死的文本意义，不仅生动地传达了作者对于女性婚姻极度恐惧的情绪记忆，同时它也向读者提出了一个“同类相残”的严肃问题。小团圆的死固然与男性强行介入的婚姻有关，但真正扮演摧残小团圆灵肉角色的，却是一群曾经与她有过同样悲剧

---

① 莫里斯·哈布瓦赫：《论集体记忆》第 101 页，上海人民出版社 2002 年版。

命运的女人。遭受过无数人生磨难的年长女性，把她们自身的痛苦体验再去施加于毫无人生经验的年轻女性，这在萧红看来无疑是女性社会群体的最大悲哀。故在《王阿嫂的死》中，她借一个女工之口，说出了这样一句寓意颇深的话："今天晚上我们都该到王阿嫂家去看看，她是我们的同类呀!"描写女性的悲剧命运，呼唤同类的绝对关注，萧红对此倾注了她全部的生命热情。从这一认知角度出发去理解萧红小说的创作动机，所谓的"时代背景"或"政治意义"自然是与她无缘的了，因为萧红的小说绝不属于男性社会的意识范畴，而是属于女性群体最为隐秘的灵魂世界。

第二节　痛苦与绝望——女性生育的心理恐惧

青少年时代的情绪记忆，对于萧红来说是至关重要的。她从无数的女性婚姻悲剧中，潜在地感受到了自己未来命运的严酷性。而她本人所经历过的不幸婚姻，又极大地强化了她对女性人生的深刻理解。尤其是萧红因难产之痛而留下的难以抹去的可怕记忆，在她的小说创作过程中，几乎构成了一个女性生命体验的重要因素，充斥于她大多数小说的作品文本。我粗略计算了一下，萧红笔下叙述女性生产或难产的故事情节，竟有五次之多，其篇幅之长和描写之细，种种迹象都充分证明，萧红对于自己所经受过的分娩痛楚记忆犹新。荣格曾经说过："个人原因与艺术作品的关系，不多不少恰好相当于土壤与从中长出植物的关系。"① 我们把这个比喻用来分析萧红的小说创作，那是再恰当不过了。她以自己对生产时的记忆，真实地再现了女性群体的生产体验；她用自己的灵肉磨难，血淋淋地渲染了女性群体的灵肉痛苦。作为男性社会的

① 荣格：《心理学与文学》第 109 页，北京三联书店 1987 年版。

读者群体，我们在惊诧与羞愧之余，不得不去重新反思我们对于女性生命世界的肤浅认识。

生育是女性生命的自然现象，是女性人生不可或缺的神圣责任。作为一个曾经生育过的女性，萧红以她自身的生育体验，去生动而逼真地描写女性创造生命的自然过程，这本是一种女性写作的独特优势和绝对权力，并没有什么值得我们特别挑剔的不妥之处。但是我们必须注意到，萧红在她的笔下，只表现女性生育分娩的灵肉痛苦，却否定女性生命创造的内心喜悦；或者说我们根本无法从她的生育描述中，获得任何有关母性幸福的直观感觉，这是萧红小说给人的第二个阅读印象。我个人认为，将女性怀孕生产的痛苦与喜悦，人为地进行二元对立分割，从客观上反映出了铭刻于萧红潜意识里的恐惧情绪。尤其是当她把自己的个人惊悸，无限推演为女性群体的共同经验时，她又是向读者清晰地展示了女性精神世界被遮蔽或被压抑了的集体无意识状态。我们不妨将萧红有关女性生育痛苦的艺术构思，视为是她生命禁忌的心灵天窗，透过它我们也许会闯入到女性集体无意识的神秘领域，去发现一些认识女性生命最有价值的东西。

等到村妇们挤进王阿嫂屋门的时候，王阿嫂自己已经在炕上发出了她最后沉重的嚎声，她的身子早被自己的血浸染着，同时在血泊里也有一个小的、新的动物在挣扎。

王阿嫂的眼睛像一个大块的亮珠，虽然闪光而不能活动。她的嘴张得怕人，像猴猿一样，牙齿拼命向外突出。

——《王阿嫂的死》

赤身的女人，她一点不能爬动，她不能为生死再挣扎最后的一刻……

她又不能再坐下，她受着折磨，产婆给换下她着水的上衣。门响了她又慌张了，要有神经病似的。一点声音不许她哼叫，受罪的女人，身边若有洞，她将跳进去！身边若有毒药，她将吞下去。她仇视着一切，窗台要被她踢翻。她愿意把自己的腿弄断，宛如进了蒸笼，全身被热力撕碎一般呀！

——《生死场》

芹肚子痛得不知人事，在土炕上滚得不成人样了，脸和白纸一个样，痛得稍轻些，她爬下地来，想喝一杯水。茶杯刚拿到手，又痛得不能耐了，杯子摔在地板上……

一幅沉痛的悲壮的受压迫的人物映画，在明月下，在秋光里，渲染得更加悲壮，更加沉痛了。

——《弃儿》

以上所摘录的三段女性生产过程的艺术写真，无论是在作品文本的原有背景中，还是被单独地凸现出来，它们都表现出了一种女性直觉的相似性。也正是由于这种相似性具有普遍的社会意义，才使我们完全有理由去相信，萧红所看到过或经历过的情绪记忆，已不再是作为个体经验来打动我们的审美情感，而是作为女性群体的生命象征引起了我们的强烈关注。从萧红小说的具体描述来看，这种女性直觉的相似性，主要表现为两个基本特征：一是女性生育过程的精神恐惧，二是女性生育过程的生理磨难。所谓“精神恐惧”，是指女性生育的故事情节，都是发生在男性群体离场观望的凄惨环境中，她们仿佛是被男性社会无情地抛弃了一样，孤立无援地在那里进行着生命孕育的痛苦挣扎。比如，王阿嫂一人在黑暗的小屋里惊恐万分的翻滚哀号，勇敢的芹一人在廉价的小旅馆里“野兽疯狂般的尖叫”，金枝一人在寂寞的产床上经受着疼痛难忍的灵肉折磨。这些让人感到触目惊心的惨烈画面，由衷地传达出了萧红潜意识里的绝望情绪——是男性强行介入到女性的生命过程，造成了她们的生育之苦，但男性却绝不去承担任何的生命磨难，这个世界是多么的不公平！在萧红的主观意识中，男性的缺席逃避或冷眼旁观，无疑是对女性最大的精神虐杀。“装死吗？我看看你还装不装死！”当丈夫用烟袋使劲敲打着即将临产的金枝时，就连没有文化的她也终于认识到了“男人是严凉的人类”！女性生产的精神恐惧，使她们彻底幻灭了神圣爱情的骗人谎言，同时也真实地反映了男性与女性之间的婚姻关系，本质上就是一种纯粹肉欲的需求关系。女性在男性的眼里，永远只是会生殖的肉体动物，这是萧红对她同类所发出的悲愤忠告。为了加深女性群体对于自身类似于“动物”生存状态的理性认知，萧红在《生死场》中有意插入了一个十分贴切的横向比喻：一边是家里豢养的母狗正在下崽，一边是“胀着肚子”的金枝即将生产。那边“房后草堆上，狗在那里生产。大狗四肢在颤动，全身抖擞着，经过一个长时间，小狗生出来”。“这边……佣人拖着产妇站起来，立刻孩子掉在炕上，像一块什么东西在炕上响着。女人横在血光中，用肉体来浸着血。”母狗无言地喘息着，金枝无声地哭泣着，“母狗”与“女人”的意象组合，巧妙地反映出了萧红对于女性苦难人生的深刻理解。所谓“生理磨难”，是指作者在描写女性生育的过程当中，极力去渲染女人生理上的濒死体验。女性生育过程中男性的缺席，造成了女性精神的高度恐惧；而这种精神恐惧的极度扩张，又大大增加了女性生育过程的生理痛苦。萧红笔下的女人生产，没有一点女性创造生命的喜悦色彩和浪漫情调，更没有任何母亲的幸福感觉或甜美笑容。它使我们看到的，只是肉体的撕裂和鲜红的血流，是一个即将诞生的新生命对其母体的破坏与残暴：“受罪的女人”，在“撕碎一般”的疼痛中，“发出了她最后沉重的嚎声”；“脸和白纸一个样”，“痛得不知人事”，她们躺“在血泊里”，就像“一幅沉痛的悲壮的被压迫的人物映画”！无论我们是否愿意去承认，萧红所精心营造的女性生育场面，都不是什么令人轻松愉悦的美好感觉，相反却充满着生命死亡的恐怖气息。尤其是“男性缺席”与“婴儿缺席”生产过程的抒写理念，客观上给人造成的视觉印象，就是女性群体在阴暗冰冷的社会角落，孤独地去承受、去咀嚼为男性群体所困惑不解的悲剧人生。

萧红复杂而痛苦的生命历程，不仅使她文学创作呈现出凄凉酸楚的灰色格调，同时也直接导致了她对现实生活的消极态度。众所周知，萧红在其短暂的生命时空中间，先后有三个男性介入她的个人私生活，并曾有过一次生育难产的惨痛历史。可是每一个男人都没有给她带来真正的爱情幸福，难产的生育更是给她留下了可怕的记忆。我个人认为，排除人为的外在因素，童年时代的情绪记忆所造成的心理阴影，对她后来的人生道路产生了极大的精神障碍。婚姻恐惧与生育恐惧这两个萦绕在她心头的惊悸意象，挥之不去、弃之复来，所以她一直都不敢步入正式的婚姻殿堂，也不敢再去承担女性天赋的母亲职责，也许这正是萧红孤独与寂寞的思想根源。“什么最痛苦，/说不出的痛苦最痛苦。”（《苦杯·三四》）萧红这两句感悟极深的苦涩诗句，实际上已经向读者敞开了她意志衰退的心灵之门。

第三节 漂泊与忏悔——女性人格的心理阴影

阅读萧红的作品，令人感到她的骨子里是孤独与凄凉的。活着的时候，她茫然地漂泊于喧嚣躁动的浮世里；人死了之后，“坟墓寂寞孤立在香港的浅水湾”。人们虽然写过大量研究萧红小说的理论文章，但却很少有人真正了解她内心世界所承受的巨大痛苦。茅盾的《呼兰河传》序言，就是一个十分典型的例子。茅盾对于萧红后期创作的情绪低落，感到由衷的惋惜和困惑。在他看来，“那时正在皖南事变以后，国内文化人大批跑到香港，造成了香港文化界空前的活跃，在这样环境中，而萧红会感到寂寞是难以索解的。”茅盾甚至还认为，由于她采取的是淡泊人生的消极态度，故而她笔下“所写的人物都缺乏积极性”。[①] 其实这是一种极大的误解。因为男性社会群体用他们粗犷的进取思维，去解读女性社会群体细腻的生命感受，自然也就彻底否定了女性话语写作的独特意义。

在我个人的感觉里，萧红从来就不是一个什么时代的“先锋战士”或勇敢的“叛逆者”，她只是一个思想偏执、情感丰富的现代女性作家。“二十岁那年，我就逃出了父亲的家庭。直到现在还是过着流浪的生活。”（《永远的憧憬和追求》）萧红的离家出走，固然带有反封建的“抗婚”色彩，但是仔细分析一下便可发现，她的这种“抗婚”行为，又是她童年情绪记忆的直接反映。无数女性的婚姻悲剧、无数女性的生育恐怖，其实早已在她心灵深处打上了深刻的烙印。她的“抗婚”是对她童年恐惧心理的一种规避与逃遁，是潜意识支配下的青春期女性的一种焦虑与不安，明显带有很大的茫然性。离家出走的十一年，是萧红灵魂游荡的十一年，居无定所、人无依靠，一个身心疲惫的孱弱女子，她所渴望得到的精神家园，成为了现实生活中的幻觉泡影。这使我突然读懂了萧红小说中曾多次出现过的故乡“后花园”意象的潜在含义——“梦回故里”与“思乡情结”。孤独寂寞的萧红，在《家族以外的人》、《莲花池》、《后花园》、《呼兰河传》等作品中，都折射出一个“后花园”的情绪意象。而这个“后花园”的情绪意象又以开放性结构，堆积着有关呼兰小城和祖父慈爱的潜在记忆。我个人认为，“后花园”意象具有一种深层次的文本意义，它强烈地暗示着萧红灵魂逃遁与拒绝“长大”的矛盾心态。因为她从自身坎坷的人生经历中，所得出的最终结论是：“‘长大’是‘长

---

① 茅盾：《呼兰河传·序言》，载《萧红全集》下卷，第698页，哈尔滨出版社1991年。

大’了，而没有‘好’。”（《永远的憧憬和追求》）所以，在萧红的精神生活里，“祖父、后园、我，这三样是一样也不可缺少的了。”（《呼兰河传》）我们由此可以断言，“后花园”意象作为萧红生命意识中的惟一净土，既反映了她对故土风情的无限眷恋，又反映了她万念俱灰的绝望心理。这是萧红小说给人的第三个阅读印象。

> 我家有一个大花园，这花园里蜂子、蝴蝶、蜻蜓、蚂蚱，样样都有。蝴蝶有白蝴蝶、黄蝴蝶，这种蝴蝶极小，不大好看。好看的是大红蝴蝶，满身带着金粉。
>
> 蜻蜓是金的，蚂蚱是绿的，蜂子则嗡嗡地飞着，满身绒毛，落到一朵花上，胖圆圆地就和一个小毛球似的不动了。
>
> 花园里边明晃晃的红的红，绿的绿，新鲜漂亮……
>
> 一到后园里，立刻就另是一个世界了。决不是房子里的狭窄的世界，而是宽广的，人和天地在一起，天地是多么大，多么远，用手摸不到天空。而且地上所长的又是那么繁华，一眼看上去，是看不完的，只觉得眼前鲜绿的一片……
>
> 一到后园里我就没有对象地奔了出去，好像我是看准了什么而奔去了似的，好像有什么在那儿等着我似的。其实却是什么目的也没有。只觉得这园子里边无论什么东西都是活的，好像我的腿也非跳不可了。
>
> ——《呼兰河传》

萧红之所以会对“后花园”意象情有独钟，并用大量的篇幅去对其进行生动的叙述描写，结合于萧红的身世来加以分析，我认为这里面至少向读者透露出了三个主要信息：其一，“后花园”是一个充满着童年快乐与喜悦的美妙天地，它生机盎然的美丽风光与死气沉沉的家庭氛围相比较，恰好形成了鲜明的对照。父母亲不喜欢萧红，这是人所共知的客观事实。因为她是个女性，女性在中国的宗姓文化结构当中，又是被排斥的异己对象。所以童年时代的萧红，只有在“后花园”这个纯净的天地里，才能寻找到完全属于自己个人的人生欢乐。其二，“后花园”是萧红逃避父母辱骂、躲避人间烦恼的精神家园，是她超越灵肉苦难、隐藏心理恐惧的神圣领地，每当遇到了不愉快、不顺心的事，她总是跑到“后花园”里，“我就在后园里一个人玩”。在这个融自然万物为一体的生命空间里，她暂时忘却了所有孤独苦闷的潜在情绪，放纵自我并获得了精神人格的绝对自由。其三，“后花园”在萧红幼小的心灵里，是自由与自然的象征，它唤起了萧红离家出走的强烈欲望，鼓起了她追求理想人生的莫大勇气。虽然“我”并不知道究竟要“奔”向何方，但是这个“奔”字所迸发出来的反抗情绪，实际上已经明确地揭示了“后花园”的童年时代，在萧红的内心世界里，已经深深埋下了与家庭彻底决裂的叛逆反骨。

谈到“后花园”的意象，我们当然不能忽略“祖父”这一人物形象的特定存在意义。在萧红的情绪记忆里，祖父是她惟一信赖的亲人，也是她精神对话的伙伴。“等我生来了，第一给了祖父的无限的欢喜，等我长大了，非常地疼爱我。使我觉得在这世界上，有了祖父就够了，还怕什么？虽然父亲的冷淡，母亲的恶言恶色，和祖母的用针刺我手指的这些事，都觉得算不了什么。何况又有后花园！”萧红笔下的祖父，永远是一副慈祥的面孔：“祖父的眼睛是笑盈盈的，祖父的笑，常常笑得和孩子似的。”是祖父细致入微的关怀，使她摆脱了心灵的孤独；是祖父的正直善良，教会了她做人的基本准则。在萧红追忆她与祖父情感交流的叙事中，有一段绝妙的对白颇引人注目：

> 祖父教我的有《千家诗》，并没有课本，全凭口头传诵，祖父念一句，我念一句。

祖父说：

“少小离家老大回……”

我也说：

“少小离家老大回……”

都是些什么字，什么意思，我不知道，只觉得念起来那声音还好听。所以很高兴跟着喊。我喊的声音，比祖父的声音还要大。

……

我问祖父：

“为什么小的时候离家？离家到哪里去？”

祖父说：

“好比爷像你那么大离家，现在老了回来了。谁还认识呢？儿童相见不相识，笑问客从何处来。小孩子见了就招呼着说：你这个白胡子老头，是从哪里来的？”

我一听觉得不大好，赶快就问祖父：

“我也要离家的吗？等我胡子白了回来，爷爷你也不认识我了吗？”

心里很恐惧。

——《呼兰河传》

《千家诗》所收录的中国古代诗歌有千首之多，而让萧红记忆最深的却偏偏是贺知章的《回乡偶书》，明眼人一看就知道这是萧红在表达她的思乡之情。可以说“思乡”情结，是萧红小说创作的永恒主题，几乎贯穿于她的每一部作品。像《呼兰河传》一书，作者用了近一半的篇幅，以优美抒情的散文笔法，去精细地描写故乡呼兰的地理环境和风土人情，其记忆之精确与文笔之流畅，都给读者留下了极为深刻的视觉印象。离家出走后的萧红，在繁华喧嚣的都市人生里，不仅不留恋现代社会的生活气息，相反却萌生了浓浓的乡思情绪，这的确曾令许多人感到有些困惑不解。我个人认为，准确地解答这个疑问，我们必然要高度去重视上述人物对话的深刻寓意性："我"从"爷爷"的解诗中，潜在地体会到了被"家"所冷落的孤独感。这说明具有强烈叛逆性格的萧红，在其"后花园"的童年时代，潜意识里已经就产生了被"家"所抛弃的恐惧心理。不过我们也应该注意，"家"与"爷爷"是一个完整的情绪意象，"家"在萧红的女性抒写中，并非是指"家"的物质实体（实体的家庭在萧红笔下是个受到抵触的否定概念），而是指"后花园"的精神寄托，"爷爷"和"我"是这个"家"的仅有成员。由于"祖父、后园、我"是三位一体的生命链条，失去任何一个环节便会失去生命的平衡。所以，当"后花园的园主也老死了，后花园也拍卖了"（《后花园》）以后，"我"便失去了精神上的惟一支撑与生活上的全部希望。再也没有人能够理解的"我"，只好无奈地离家出走，带着孤独寂寞的灵魂，在茫茫人海中四处游荡，从此变得无"家"可归了！一直被人们视为是反叛封建婚姻制度的勇敢女性，萧红在她作品的字里行间流露出了无限的忏悔意识，这绝不仅仅是她个人人格上的严重缺陷，而是女性群体所共有的心理阴影。在中国传统文化理念中，男人把女人当作是"家"的基础，没有女人便不成其为"家"。但男性以女性的肉体为"家"，而女性却并非完全是以男性的肉体为"家"，她们丰富细腻的情感世界，使她们始终都保持着一个为男性社会所无知的"精神家园"。正是因为这个"精神家园"的客观存在，才强劲地支撑着她们在屈辱的人生中坚强地活下去。一旦这个"精神家园"遭到了彻底的破坏，她们脆弱的心灵也就随之而崩溃。从这一意义上来理解，萧红的生命是孤独和绝望的。她始终无法摆脱死命纠缠着她的心理恐惧与心理阴影，失去了原有的精神家园又不能重建新的精神家园，英年早逝也许是对她寂寞灵魂的最好解脱。不过，萧红以自身的生命体验，无形之中揭示了女性集体无意识世界中的精神渴望；她自己人生梦幻的破灭，却又客观上引起了女性群体对于自身弱点的高度警觉。萧红的小说也因此而具有了永恒的审美价值！我个人的看法是，只要这个世界上还有女人存在，萧红的小说就一定会有它的广阔市场。

对于萧红的小说，我从生命哲学的角度谈了许多，但这并不意味着我对萧红小说社会意义的全然否认。因为读者仅从萧红小说的层面意义，就都能强烈地感受到一种浓厚的文化批判氛围。尤其是她笔下那些婚姻女性的悲剧命运，明显带有反封建的主观色彩。然而，我们也必须事实求是地加以承认，萧红小说最精彩、最有价值的部分，是她女性视角的生命体验，而不是那些描写民族矛盾或社会矛盾的故事情节。如果我们对此没有一个明确的认识，萧红研究也就无法彻底突破政治话语的“围城”。我并不否认我对萧红的作品有一种偏爱，甚至在我有限的阅读空间里，还没有哪一位中国现代女性作家的作品文本，能够达到像萧红小说那样的思想深度。我固然为萧红生命的短暂而感到惋惜，同时更为她作品的魅力而感到欣慰。我真诚地相信，在20世纪中国文学的研究史上，萧红小说作品的审美价值，将重新得到社会的重视与认同，萧红孤独的灵魂也会因此而不再寂寞！

第十四章

赵树理：现代文学的农民话语写作

在中国现代文学发展史上，赵树理是一个非常奇特的文学现象：一方面，他的那些农民话语小说由于思想上的肤浅性与艺术上的粗糙性，无论如何也不可能被纳入到正统文学的经典之林而流芳千古；另一方面，他本人在新文学创作方面所产生的社会轰动效应与时代导向作用，又具有不可或缺、不可替代的历史性意义。无论人们是否愿意去承认这一客观事实，但毕竟是赵树理用纯正的农民生活语言和传统的民间文学形式，一度规范与整合了中国文学“现代性”的发展方向，并使广大精英作家在自我反省、自我否定的思想嬗变过程中，逐渐形成了“知识话语”与“民间话语”合二而一的现代文学表现特征。所以我个人认为，“赵树理现象”的世俗化审美倾向，绝非是对“五四”新文学人文主义的一种价值偏离，而是对新文学“平民主义”与左翼文学“大众化”艺术理想的一种具体实践。如果我们忽略了这一文学现象的内涵丰富性，就会失去对中国现代文学基本性质的整体把握与科学认识。

第一节 现代文学理念的形成与“赵树理现象”的历史必然性

全面探讨“赵树理现象”与中国现代文学发展史之间的辨证关系，我们首先应该回到历史的“原场”，去对“五四”新文学运动所倡导的“现代”文学理念，做出一番符合科学理性的价值评判。学术理论界一般都将“文学革命”的终极意义，视为是在西方现代人文主义思潮的直接作用下，对于古典文学从话语形式到美学传统的彻底颠覆。这种认知观念至今仍旧严重制约着人们的教条思维，并在很大程度上遮蔽了新文学运动以“民间立场”为出发点，最终却建立起新型知识分子话语霸权的事实真相。

重温一下“五四”文学革命发难者与参与者的理论文章，我们发现他们那些众说纷纭的新文学立论，基本上用三句话就可以加以完整地概括：白话文作为国语文字的地位确立，平民意识作为正统文学的价值认定，人文主义作为现代文明的理论倡导。关于提升白话文的国语地位问题，胡适在《文学改良刍议》等文章中已经说得十分明白，就是要用流行于民间的活文字去全面取代“三千年前之死字”[①]，用通俗易懂的民众口语去造就现代的“吾国文学趋势”[②]。既然“我们认定文字是文学的基础，故文学革命的第一步就是文字的解决”。[③] 所以他要求新文学作家应顺势而为，“三五十年内替中国创造出一派新中国的活文学”[④]。陈独秀对于

① 《胡适文集》第2卷，第15页，北京大学出版社1998年版。

② 同上，第27页。

③ 胡适：《中国新文学大系·建设理论集导言》，上海良友图书印刷公司1935年版。

④ 《胡适文集》第2卷，第45页，北京大学出版社1998年版。

“文白之争”性质的理解，明显要比胡适深刻得多而且也激烈得多。他认为：“白话文与古文的区别，不是名词易解难解的问题，乃是名词及其他一切词‘现代的’、‘非现代的’关系。”①陈独秀之所以要把“文白”对峙的学术之争，上升到“现代”与“非现代”的思想高度去加以理解，其真实目的就是要告诉世人这样一个简单的道理：以文言文为基础的古代汉语系统，是传统文化赖以生存的形式保障；以白话文为基础的现代汉语系统，则是传播现代意识的工具利器。两者之间是水火不相容的矛盾对立关系。这不仅是对胡适“文学革命”主张的强大理论支撑，同时也是对新文学内涵与外延的精确定位——白话文是世俗社会所固有的一种表达思想情感的语言形式，那么用白话文替代文言文作为现代文学的主要语言载体，它也理所当然应该去反映现实生活中的平民意识或平民情绪，这就是他强烈反对“贵族文学”、“古典文学”与“山林文学”的重要思想资源②。然而，“文字改革是第一步，思想改革是第二步，却比第一步更为重要。”③“文学革命”的发难者，对此显然是具有清醒认识的。所以周作人继胡适、陈独秀之后，又提出了“人的文学”与“平民文学”之说，进一步去强化新文学“思想革命”的创作宗旨。他特别强调指出：新文学所倡导的“平民意识”，是一种超越白话语体功能的“平等、自由的道德原则”；它以人为本和以启蒙主义为己任，以“研究平民生活——人的生活”为宗旨。④而沈雁冰则说得更加直白透彻：新文学观的基本理念，必须同时具备“三件要素：一是普遍的性质；二是有表现人生、指导人生的能力；三是为平民的非为一般特殊阶

---

① 《我们为什么要做白话文？——在武昌文华大学讲演的底稿》，《陈独秀著作选》第2卷，上海人民出版社1993年版。

② 《建设的文学革命论》，1917年2月1日《新青年》第2卷第6号。

③ 周作人：《思想革命》，载《中国新文学大系·建设理论集》。

④ 周作人：《平民文学》，载1919年1月19号《每周评论》第5号。

级的人的。惟其是要有普遍性的，所以我们要用语体来做；惟其是注重表现人生、指导人生的，我们要注重思想，不注重格式；惟其是为平民的，所以要有人道主义的精神，光明活泼的气象”。[①] 正是由于“文学革命”的理论倡导者，他们在思想认识上保持着高度的一致性，因此“为人生而艺术”也从最初“文学研究会”的发起纲领，迅速演变成了新文学写实主义的牢固信念；而“白话文”、“平民意识”与“人文主义”这三个响彻时代的关键名词，也旗帜鲜明地向世人们昭示着新文学运动的“民间立场”。

但从“文学革命”的发难伊始，对它进行严厉质疑的社会呼声，就一直没有间断过。先是有所谓“保守派”的学者群体，后是有左翼“革命派”的先锋人士。无论是来自于何方的诘难之声，也无论他们的思想出发点是否相同，反对派都把论辩的主要矛头直接对准了新文学的平民主义“民间立场”。

在“保守派”与新文学派的思想对抗中，“学衡派”坚韧顽强的理性批判精神，给后人留下了足以深刻自省的想象空间。“学衡派”的主要代表人物，都曾是留学于欧美的学界精英，他们具有较高的传统文化素养与良好的西方知识积累，在同新文学阵营的长期论战中，他们以纯粹的学者风范和严密的逻辑思维，的确为对方制造了许多难以解答的理论障碍。“学衡派”从文学本体论的角度出发，首先对新文学“平民主义”的人为神话，给予了否定性的学理论证。他们认为文学自身的永恒价值，完全取决于它艺术审美的阅读价值，与作者“贵族”或“平民”的社会身份没有必然的内在联系。“文学无贵族平民之分”，对于每一个作家而言，“其人无论所出于社会之上流下流，必真知文能为文者”才是至关

① 《茅盾杂文集》第6页，北京三联书店1996年版。

重要的问题。[1] 因为"凡文学以真善美为归"[2]，它具有一种超越现实生活的崇高品性；如果只是简单而机械地用文言与白话来作为贵族文学与平民文学之间的区分界限，孰不知"文言之能载道，与白话之能载道，亦无疑也"。[3] 他们还用不无揶揄性的语言讥讽新文学人士说，一定要在贵族文学与平民文学之间硬性划界，那么究竟是"将其文之贵由人而定乎，抑其人之贵由文而定乎"?[4] 其实，"学衡派"从骨子里就瞧不起新文学的倡导者，在他们看来，胡适与陈独秀等人所理解的西方人文精神，是极其肤浅和十分片面的。仅以"平民文学"而言，他们就公开指责新文学派只是在用卢梭个人的启蒙主义思想，去代替西方人文主义的完整历史传统；即使是对卢梭本人平民意识的阐述理解，也明显带有着强烈的实用主义功利目的。"平民主义的真谛，在提高多数之程度，使其同享高尚文化，及人生中一切稀有可贵之产物，如哲学、文艺、科学等，非降低少数学者之程度，以求合于多数也。"[5] 他们视新文学运动的发难者为一群不懂文学的外行货色，陈独秀只不过是"胆大"敢言，而胡适的术业是"专治哲学"；[6] "胆大"使他们肆无忌惮地抛弃了中国文学的千年传统，而"外行"又使他们"误读"西方并游离于西方。"学衡派"对于中国文学的未来走向，表示出了强烈的忧患意识，他们认为"新文学之所以能奔腾澎湃而一时成功者，盖多在势而不在理也"。[7] 也就是说他们的心里非常明白，胡、陈等人之所以会以历史进化论去替代文学本体论，其真正用意并不是就文学而论文学，而是在利用现代青年

① 《茅盾杂文集》第 210 页，北京三联书店 1996 年版。
② 同上，第 267 页。
③ 同上，第 124 页。
④ 同上，第 213 页。
⑤ 同上，第 140 页。
⑥ 同上，第 200 页。
⑦ 同上，第 180 页。

急切思“变”的社会心理，人为地去营造一种白话文学运动的浩大之“势”，其主观意图是要彻底颠覆中国传统知识分子的话语霸权，最终“养成新式学术专制之势”而已。[①]

与“保守派”对新文学阵营“平民主义”价值取向的学术理性批判截然不同，左翼革命作家对新文学非“平民主义”性质的政治理性批判，却使“五四”作家的自信心态，遭遇到了前所未有过的致命打击。左翼文学运动自称是中国近现代社会的第三次“文学革命”，宗旨是要创造无产阶级工农大众自己的文学艺术。对于“五四”新文学的历史意义，左翼作家的认知态度是十分鲜明而强硬的，一方面承认它的确是一场文学形式上的现代“革命”，但另一方面却又将其视为是一场失败了的绅士“革命”。因为他们早就把这场运动的基本性质，视为是中国新兴“资产阶级的文化革命”；而“资产阶级——地主帝国主义的奴才，绝对不能够领导什么文化革命，而只在进行着野蛮的愚民政策”。[②] 原因十分简单，资产阶级绝非是人类文明的创造者和先进生产力的代表。左翼革命作家还明确地表示说，无产阶级革命文学中的“工农大众观”，与新文学运动所倡导的“全体民众观”是完全不同的两种概念：“在我们这世界里，‘全民众’将成为一个怎样可笑的名词？我们看见的是此一阶级和彼一阶级，何尝有不分阶级的全民众？”而在新文学创作的具体实践中，“能够表现无产阶级的灵魂，确是无产阶级自己的喊声的，究竟不多见。”[③] 作为左翼革命文学运动最为杰出的理论家，瞿秋白那独特而深刻的思想见解，集中体现着左翼作家群体的政治理性精神。他一针见血地指出：“五四”新

① 《茅盾杂文集》第131页，北京三联书店1996年版。

② 《瞿秋白文集》第3卷，第23页，人民文学出版社1998年版。

③ 沈雁冰：《论无产阶级艺术》，载《文学运动史料》第1册，上海教育出版社1979年版。

文学的平民主义理想是极其虚伪的，“五四式的新文言〔所谓白话〕的文学……只是替欧化的绅士换了胃口的鱼翅酒席，劳动人民是没有福气吃的。”“只要这种作品是用绅士的言语写的，那就和平民群众没有关系。”① 言下之意，瞿秋白认为“五四”新文学所提倡的白话文，其本意不可能是为工农大众的切身利益而着想，它只不过是“新式智识阶级”传情达意的语体变换方式。“新文学的‘新主义’，据说是要‘推倒贵族文学，建立国民文学’。现在国民文学在哪里？贵族文学推倒了没有？贵族文学却脱胎换骨地变成了绅商文学。”他认为新文学的平民主义口号，“只是摇旗呐喊的虚张声势罢了”，胡、陈等人在现代文坛上演的那场“闹剧”，也无非是新兴的知识贵族对于传统的知识贵族的一次话语夺权。②瞿秋白对“五四”新文学所追求的艺术趣味也颇为反感，什么“西洋的古典主义”、“宗法的浪漫主义”、“灵感的或者肉感的享乐主义”、“大减价的自由主义，别名叫做浅薄的人道主义”等等新奇的东西，均属于西方没落资产阶级的颓废意识，由于它们与工农大众的实际生活距离太远，根本就不会得到他们的情感认同。③ 所以他主张“新的文学革命的目的，是创造出劳动民众自己的文学的语言”，这种语言应必须是源自于工农大众生活的本身且能为他们所接受的鲜活语言。“普罗革命文学运动是工农贫民无产阶级大众的文学运动，应当竭力的使其和大众连结起来，竭力的使大众参加到里面来，我们的运动应当是大众本位的……这是问题的根本点。”④ 他始终强调真正的无产阶级革命文学，应该是一种力感的艺术，是一种政治的工具，是一种战斗的武器，它必须

---

① 《瞿秋白文集》第3卷第13页，人民文学出版社1998年版。

② 同上，第180页。

③ 同上，第185、188页。

④ 同上，第48、92页。

"为着解放劳动者的广大群众而斗争"，努力去反映工农大众的政治理想与革命热情，"能够表现革命战斗的英雄"尤其是产生于工农大众的普通英雄，从而使他们不仅成为无产阶级文学的接受主体，同时也成为无产阶级文学的表现主体。[①]

"保守派"认为新文学根本就不是纯粹的文学，而"革命派"又认为新文学完全不是平民的文学。对于前者，"文学革命"的先驱者自然可以文学见解的不同而不去加以理会；但是对于后者，却不能不引起他们思想上的高度重视。因为"五四"新文学的变革意识与平民意识，一直都被人们视为是中国文学现代转型的鲜明标致；一旦对它非革命性质与非民间化立场提出强烈的质疑，势必会动摇精英知识分子的原有信仰。仅仅十年多的时间，"五四"新文学的启蒙话语便迅速转向了左翼文学的政治话语，现代文学价值观念的瞬间骤变，生动地反映出了中国作家群体的个性缺失与人格缺陷。其实，"五四"新文学运动固然没有创造出真正意义上的"平民文学"，而左翼革命文学运动又何尝创造出了名副其实的"工农文学"呢？所以，当"五四"启蒙话语自觉臣服于左翼政治话语之后，它同样受到了来自于内部与外部两种力量的强烈反抗。如果再拿不出令人信服的无产阶级文学作品，再不出现属于工农大众自己的革命作家，左翼文学运动将同样摆脱不了夭折的命运。正是在这种错综复杂的历史背景下，赵树理农民话语小说的及时出现，结束了中国现代文坛关于"文艺大众化"喋喋不休的空泛争论，并以它自身强烈的社会示范效应，极大地影响了中国现代文学的后续发展过程。

① 《瞿秋白文集》第3卷，第31页，人民文学出版社1998年版。

第二节　农民话语写作的实践与赵树理小说艺术风格的形成

从现存的历史资料来看，赵树理农民话语小说的独特风格，应该是形成于1933年以后，即左翼文学阵营正在进行大众化讨论期间。[①] 虽然身居上海大都市的左翼革命作家，并没有注意到赵树理的客观存在，但是身处边缘地带的赵树理本人，却始终在关注着这场讨论的现实意义。[②] 对于赵树理个人而言，能否成为现代中国文坛的瞩目人物，这并不是他走上文学创作道路的兴趣所在，究竟应该如何去把“文艺大众化”的抽象口号变为实际行动，才是促使他产生强烈艺术冲动的力量源泉。

赵树理是个地地道道的农民作家，他本人的文化程度并不是很高，对于西方现代文学的知识更是几近于零。他有关文学艺术方面的素养积累，差不多都是从民间戏曲和唱本故事中得来的。如果不是因为一种历史的偶然性因素，他在中国现代文学史上的地位，也只不过是一个默默无闻的通俗作家。但是，赵树理又不同于一般意义上的通俗作家，他从事写作的目的是不计任何功利报酬的，而是“农民需要什么，我就写什么。农民喜欢什么艺术形式，我就采用什么艺术形式”。[③] 为此，他十分赞同瞿秋白对新文学游离工农大众倾向的批评言论，认为“五四以来的新小说和新诗一样，在农村根本没有培活了”。[④] 究其根因，就在于精英作家

---

① 1933年以前，赵树理虽然曾模仿“五四”新小说，写过《悔》与《白马的故事》两个短篇，但这与他后来的艺术风格是全然不同的，不应将其纳入到赵树理的农民话语小说体系当中，去加以同等对待。

② 可参见黄修己著：《赵树理评传》第44页，江苏人民出版社1981年版。

③ 《赵树理全集》第246页，北岳文艺出版社2000年版。

④ 《艺术与农村》，载黄修己编《赵树理研究资料》第95页，北岳文艺出版社1985年版。

只注重少数人的情感宣泄，而根本就不了解农民读者的思想需求，他们用现代白话文筑起的“文坛太高了，群众攀不上去”。[①] 所以他把自己定位为“文摊作家”，尽力用民间“流行的简单形式及农民的口头语言”，[②] 去“写些小本子夹在卖小唱本的摊子里去赶庙会，三两个铜板可以买一本，这样一步一步地去夺取那些封建小唱本的阵地。”[③] 赵树理的这种文学创作理念，与后现代语境中的大众文化观颇为相似，他们都深刻地感悟到，“大多数人现在被动地接受大众通俗小说给予他们的东西”，[④] 并直接影响着他们在现实生活中的道德行为。故赵树理一再强调说，必须彻底改造传统的通俗文艺形式，正确地去引导农民大众的艺术审美趣味，进而使他们树立起健康积极的人生观。这无疑使赵树理的小说创作从起步伊始，就呈现出与“五四”新文学和左翼革命文学所截然不同的价值取向。

首先，是明确地将农民群体界定为自己作品的接受对象，用纯正的农民通用语言去描写真实的农村生活状态，彻底消解精英知识分子在文学领域中的话语霸权。赵树理曾反复强调说：“我的语言是被我的出身所决定的。”[⑤] 因此作为一个农民作家，他把语言文字的简洁、直白与通俗化原则，视做是他艺术追求的第一目标。“从我为农民写作以来……我就开始用农民的语言写作。我用词是有一定的标准的。我写一行字，就念给我父母听，他们是农民，没有读过什么书。他们要是听不懂，我就修改。我还常去书店走走，了解买我的书的都是些什么样的人，这样我就能知道我是否有很多的读者……这样，从前只有少数知识分子看我的作品，现

① 陈荒煤：《向赵树理方向迈进》，载 1947 年 8 月 10 日《人民日报》。
② 《赵树理全集》第 374 页，北岳文艺出版社 2000 年版。
③ 李普：《赵树理印象记》，载 1949 年 6 月《长江文艺》创刊号。
④ 约翰·多克：《后现代主义与大众文化》第 42 页，辽宁教育出版社 2001 年版。
⑤ 《赵树理全集》第 385 页，北岳文艺出版社 2000 年版。

在连穷人都普遍能看到了。"[①] 赵树理在这里所谈到的"农民语言"问题，实际上直接涉及到了知识分子思想观念与写作立场的根本转变。他本人对此问题的认识非常透彻："我既是个农民出身而又上过学校的人，自然是既不得不与农民说话，又不得不与知识分子说话。有时从学校回到家乡，向乡间父老兄弟们谈起话来，一不留心，也往往带一点学生腔调，立刻就要遭到他们的议论，碰惯了钉子就学了点乖，以后即使向他们介绍知识分子的话，也要设法把知识分子的话翻译成他们的话来说，时间久了就变成了习惯。说话如此，写起文章来便也在这方面留神——'然而'听不惯，咱就写成'可是'；'所以'生一点，咱就写成'因此'，不给他们换成顺当的字眼，他们就不愿意看。"[②] 将知识分子思想工农大众化，这在"左联"时期是个非常时髦的口号；而将知识分子话语农民化的提法，则应该是始创于赵树理。但是与左翼革命作家所完全不同的是，赵树理不仅是在"说"，而且更是在"做"，他用自己农民小说创作的具体实践，初步实现了中国现代文学"民间化"的话语转型。我们不妨来看看《小二黑结婚》中的一段人物描写：

> 三仙姑下神，足足有三十年了。那时三仙姑才十五岁，刚刚嫁给于福，是前后庄上第一俊俏媳妇。于福是个老实后生，不多说一句话，只会在地里死受。于福的娘早死了，只有个爹，父子两个一上地，家里就只留下新媳妇一个人。村里的年轻人们觉得新媳妇太孤单，就慢慢自动的来跟新媳妇作伴，不几天就集合了一大群，每天嘻嘻哈哈，十分哄伙。于福他爹看见不像个样子，有一天发了脾气，大骂一顿，虽然把外人挡

---

① 《赵树理全集》第176页，北岳文艺出版社2000年版。

② 赵树理：《也算经验》，载1949年6月26日《人民日报》。

住了，新媳妇却跟他闹起来。新媳妇哭了一天一夜，头也不梳，脸也不洗，饭也不吃，躺在炕上，谁也叫不起来，父子两个没了办法。邻家有个老婆替她请了个神婆子，在她家下了一回神，说是三仙姑跟上她了，她也哼哼唧唧自称吾神长吾神短，从此以后每月初一十五就下起神来，别人也给她烧起香来求财问病，三仙姑的香案便从此设起来了。

这就是赵树理农民小说在人物刻画与作品叙事当中，所经常使用的经典性描述语言。它剔除了文字上的华丽装饰性，尽量去突出字面意义的视觉直观效果，虽然通篇都充斥着农村生活中最常见的俚语或俗语，但经过作者的加工提炼之后，明显又使其适合于现代书面语言的社会规范性。赵树理巧妙地把广大民众日常生活中的口头语言，成功地转化为中国现代文学的通用语言，这不仅是对“五四”新文学与左翼革命文学的质的超越，同时也是对中国现代汉语文字与口语一体化发展趋势的巨大推动。所以，康濯把赵树理称为是“一代语言大师”，[1] 我个人认为这种评价并不为过。

其次，是大胆回归民间文学的艺术表现传统，全面挑战新文学的“西化”文体形式，再造属于农民大众自己的中国现代文学。赵树理在谈论新文学的总体发展趋势时，曾经说过这样一番话：“中国现有的文学艺术有三个传统：一是中国古代士大夫阶级的传统，旧诗赋、文言文、国画、古琴等是。二是五四以来的文化界传统，新诗、新小说、话剧、油画、钢琴等是。三是民间传统，民歌、鼓词、评书、地方戏曲等是。要说批判的继承，都有可取之处，争论之点，在于以何者为主，文艺界、文化界多数人主张

① 《根深土厚——忆赵树理同志》，载黄修己编《赵树理研究资料》，北岳文艺出版社 1985 年版。

以第二种为主，理由是那些东西虽然来自资产阶级，可是较封建的进了一步，而较民间的高级，且已为无产阶级所接受。无形中已把它定为正统。”但赵树理本人却对此并不以为然，他的见解则应是“以民间传统为主”。[①]因为在赵树理看来，中国现代文学的真正接受主体，是占国人大多数的农民群众，“农村所需要的艺术品种类之多、数量之大，有时都出乎我们想象之外。”[②]若要使农民群众成为现代文学的忠实读者，就必须考虑到他们的阅读喜好；对于那些没有什么文化的农民来说，古老而传统的民间艺术形式，才是他们获取知识与享受娱乐的惟一渠道。无论是民歌、鼓词还是评书、戏曲，民间艺术所注重的就是“讲故事”，故事情节叙述的好坏，直接决定着农民群众对它的接受程度。所以赵树理呼吁现代作家不要鄙视民间艺术“讲故事”的古老传统，其实“一个简单的故事，只要受到人民大众的欢迎，为人民大众真心喜爱，就会被人民大众中的艺术天才们不断地丰富它，使它成为很高级的作品”。[③]他本人的农民小说便是严格按照“讲故事”的叙事模式，向世人充分展示了色彩鲜明的民间文学特征。如《小二黑结婚》就非常具有代表性，作品的故事情节并不是一种完整的叙事结构，而是由十一个相对独立的故事单元共同组合而成：前五节分别讲述二诸葛的迂腐、三仙姑的风骚、小芹的漂亮、金旺兄弟的阴险、小二黑的英俊，类似于《三国演义》与《水浒传》中出场人物的逐个介绍，但它们相互之间又不失其内在意义的关联性；后六节则分别讲述二黑小芹与金旺兄弟及长辈们的矛盾冲突，无论年轻人争取婚姻自由权力的斗争有多么的曲折复杂，然而“天下有情人终成眷属”叙事策略，最终又回归到了话本小说“大团

---

① 《赵树理全集》第390页，北岳文艺出版社2000年版。

② 《艺术与农村》，载黄修己编《赵树理研究资料》第95页，北岳文艺出版社1985年版。

③ 《从曲艺中吸取养料》，载《人民文学》1958年10月号。

圆”结局的传统套路。在赵树理的农民话语小说创作当中，人物描写是绝对平面化的，往往寥寥数笔一带而过，很难给人留下深刻的直观印象；他的兴趣所在是“故事”自身的情节效应，“讲故事”才是他本人的写作特长，这种重“事”轻“人”的艺术风格，明眼人一看就知道这是对评书艺人的直接师承。赵树理从不隐瞒他对话本小说与评书艺术的由衷喜爱，也并不否认自己对于民间艺术的借鉴与模仿，他认为“五四”以来的新文学拒绝民间传统是一个极大的错误，甚至还为“鲁迅先生选择的读者对象也是知识分子”而感到惋惜。他毫不客气地指出：“新文艺工作者熟悉中国民间文学传统的不多，而掌握了中国文学传统知识的专家也不是很接近群众的。”[①]正是出于对中国现代文学前途的深切忧虑和对民间文学传统的自觉维系，他在30年代中期“就发下宏誓大愿，要为百分之九十的群众写点东西，那时大多数文艺界的朋友虽然已倾向革命，但所写的东西还不能跳出学生和知识分子的圈子”；[②]所以他明确表示要从民间文学传统中去汲取有益的养分，然后“大量制成作品，来弥补农村艺术活动的缺陷和空白”。[③]

再者，是注重文学作品思想内容的正确导向，强调审美艺术寓教于乐的基本原则，主张用明确的政治理想去全面提升普通民众的精神境界。赵树理是个非常具有社会责任感的现代通俗作家，“艺术是精神的食粮”[④]这一道理，在他的思想意识里是根深蒂固的。他深深地懂得在中国最广大的农村里，农民群众所获取精神食粮的渠道是十分令人担忧的，“农民能看到的书尽是些极端反动的书，这些书向农民宣扬崇拜偶像，敬鬼神，宣扬迷信，使农民

① 赵树理：《从曲艺中吸取养料》，载《人民文学》1958年10月号。

② 《赵树理全集》第206页，北岳文艺出版社2000年版。

③④ 《艺术与农村》，载黄修己编《赵树理研究资料》第95页，北岳文艺出版社1985年版。

听凭巫婆的摆弄。我想，我应该向农民灌输新知识，同时又使他们有所娱乐，于是我就开始用农民的语言写作。"[①] 所以在赵树理的农民小说中，努力去表现一种新的人物形象、一种新的生活方式、一种新的道德规范，便构成了他作品文本的鲜明主题。作为一个在解放区政治环境下成长起来的农民作家，赵树理的文学创作不可能脱离当时大的革命时代背景，但是我们却很难从他的作品中找出空泛生硬的政治语汇，阶级斗争意识完全是以农民群众的自觉行为来加以表现的——每一部作品都在讲述一个中国农村正在发生着巨大变革的动人故事，每一个故事都精心塑造出了一批生动活泼富有朝气的新型人物，而这些新型农民敢于起来反抗恶旧势力的事件本身，又在形象地告诉着人们应该怎样去做人的简单道理。几乎所有的现代文学史家，都注意到了赵树理笔下"小字辈"人物的艺术创新性，他们认为过去传统的民间话本小说，往往只是去表现中国农民思想上消极落后的一面，而赵树理却是截然相反，"他善于创造正面的积极的人物，而且总是把这些正面的积极的人物的命运，同中国人民革命斗争的步调相结合，以取得胜利为结局。这就使他的笔下的英雄大都是敢于反抗邪恶，心地纯良正直、富有机智、韧性和乐观主义精神的人物。小二黑和小芹，艾艾、燕燕和小晚、李有才和小顺以至于铁锁、二妞和冷元等都是如此。他们之间虽各有不同的面貌和性格，但都具有上述的中国农民共同的阶级性格和精神。"[②]这恰恰说明文学史家已经充分意识到了赵树理的农民话语小说，是具有鲜明政治倾向性的，只不过他是在用通俗易懂的艺术表现形式，潜在地配合中国农村土地革命的历史进程。赵树理的成功不仅使他在政治上广为扬名，同时也

---

① 杰克·贝尔登：《中国震撼世界》第17节《赵树理》，北京出版社1980年版。

② 巴人：《略论赵树理同志的创作》，载《文艺报》1958年11期。

使他成为了"我国最为群众所喜爱的作家之一"。[1]

从1933年写《有个人》到1943年《小二黑结婚》的发表，赵树理的农民话语小说在长达十年之久的时间里，虽然已经是一种流行于民间的客观存在，但却根本没有引起中国现代文坛的注意和重视；即使是《小二黑结婚》这篇使其一夜成名的经典之作，如果不是因为彭德怀的直接干预，恐怕也早就被那些"自命为'新派'的文化人"给枪毙了[2]。此时正值解放区文艺界全面贯彻毛泽东的《讲话》精神、轰轰烈烈开展思想大整风运动之际，赵树理的价值迟迟得不到精英作家的公开承认，这种不正常的现象本身，深刻地反映出了中国现代知识分子自我否定之前的精神痛苦与灵魂挣扎。

第三节 时代政治风云的急剧变幻与"赵树理神话"的历史沉浮

1942年5月，延安文艺界先后组织了三次有关文学创作的理论座谈会，其中毛泽东就亲自参加了两次并做了总结性发言，这就是举世闻名的《在延安文艺座谈会上的讲话》。作为一个政治领袖，如此重视解放区的文学艺术工作，既反映出他对精英知识分子言论活跃的高度关注，同时也表明了他要规范统一文艺界思想认识的强烈欲望。毛泽东的《讲话》，主要涉及五个方面的重大问题：一是明确文艺为工农兵大众服务的必然性；二是明确文艺必须服从政治需要的必要性；三是明确知识分子作家世界观改造的迫切性；四是明确歌颂主旋律的纪律性；五是明确普及革命文艺的现实性。其实《讲话》的核心内容，说穿了就是一句话：在以

① 思基:《论赵树理的短篇小说》,载《文学青年》1958年2月号。

② 杨献珍:《〈小二黑结婚〉出版经过》,载《新文学史料》1982年第3期。

工农大众为革命主体的战争年代，拿笔杆子的知识分子必须认清自己所从属的历史地位。由于解放区所处的特殊地理环境和毛泽东崇高的政治领袖威望，《讲话》的发表也就预示着中国现代文坛思想风暴的即将来临。

毛泽东的《讲话》发表以后，解放区文艺界也随之展开了一场旷日持久的大规模思想整风运动。解放区作家同时也包括国统区的进步作家，经过深刻的自我反省与激烈的思想碰撞，他们对于中国现代文学的基本性质，也有了全新的认识和更高的追求。在整个“整风”运动过程中，知识分子出身的作家作为“投降者”，纷纷表示要彻底“脱去小资产阶级知识分子的衣裳，”① 并在与工农大众相结合的革命实践中，重新去反省和检讨自己世界观的“劣根性”。他们认为“五四”新文学的平民意识与左翼文学的“大众化”口号，完全是小资产阶级个人主义的虚幻想象，既脱离了人民大众的根本利益又脱离了民族文化的光荣传统。他们一反“五四”时期的启蒙主义立场，强调真正意义上的无产阶级革命文学，只能是产生于工农“大众自己的作家”之手。② 正是基于精英作家的这种思想认识，“赵树理现象”的实用价值便被凸现了出来。因为赵树理本人和他的农民话语小说，恰好符合《讲话》精神的内在要求：他虽然也曾经读过几年书，但却始终如一地与农民大众的思想感情打成一片，以民为本的创作态度是知识分子世界观成功改造的典型范例；他坚定不移地以工农兵群众为服务对象，创造了为中国老百姓所喜闻乐见的新型民间艺术形式，通俗易懂的作品风格是“普及”革命文艺的模范样板；他生动地再现了现代农村翻天覆地的巨大变化，真实反映了中国土地革命的时

① 丁玲：《关于立场问题》，载《谷雨》1942 年 6 月第 1 卷第 5 期。

② 梅行：《论部队文艺工作》，载《延安文艺丛书·文艺理论卷》，湖南人民出版社 1984 年版。

代特征，用积极乐观的生活情趣实现了政治与艺术的完美统一。所以，“赵树理现象”成为了精英知识分子的学习榜样，“赵树理方向”也成为了他们为之努力奋斗的终极目标。从大量的史料中我们可以深切地感受到，从1945年以后，在周扬、冯牧、林默涵、郭沫若、茅盾等人的全力推崇下，赵树理实际上已经被人为地神话了。陈荒煤的《向赵树理方向迈进》一文，就最能代表当时精英作家对于“赵树理神话”的群体仰望心态。他说：“要检讨一年来边区的文艺创作，最好对赵树理同志的作品有比较一致的认识，他的作品可以作为衡量边区创作的一个标尺，因为他的作品最为广大群众所欢迎。”“大家都同意提出赵树理方向”，那么什么是“赵树理方向”呢？对此，陈荒煤将其归纳成几句话：忠实地去执行与实践“毛主席的文艺方针”，始终保持着作家“鲜明的阶级立场”，在与工农大众的思想感情保持高度一致的同时，努力去创造“人民大众的艺术”。他在文章的结尾处还明确地表示，之所以“把赵树理同志方向提出来，作为我们的旗帜，号召边区文艺工作者向他学习”，目的就是要求知识分子作家放弃中国传统文人的臭架子，以赵树理为光辉榜样，勇敢地“向赵树理的方向大踏步前进吧”！①

“赵树理方向”绝不仅仅是一句空洞的政治口号，它在解放区文学的具体创作实践过程当中，很快就被转变成了一种广大作家的自觉行为。被学术界戏称为“山药蛋派”的年轻作家马烽、西戎、束为、孙谦、胡正等人，他们本来并不认识赵树理，“1945年，他们在延安《解放日报》副刊上第一次看到了赵树理的《地板》、《李有才板话》，纯净的山西农民朴实风趣的语言，活脱脱宛如父老兄弟身影的人物形象，吸引了他们，具体地给他们以艺术

① 陈荒煤：《向赵树理方向迈进》，载《人民日报》1947年8月10日。

的启迪。”[①] 正是因为他们对于赵树理的崇拜与向往，束为的《红契》、胡正的《长烟袋》、马烽的《金宝娘》、西戎的《宋老大进城》、孙谦的《村东十亩地》、马烽与西戎合写的《吕梁英雄传》等作品，无论是生活口语的文本运用，还是在故事叙事的民间形式，我们几乎都能从中窥见到赵树理影响的客观存在。各解放区根据地的作家也极力模仿赵树理的通俗艺术风格，先后创作了大量民俗化的文艺作品。如孔厥的《一个女人翻身的故事》、葛洛的《卫生组长》、邵子南的《地雷阵》、刘石的《真假李板头》、高朗亭的《陕北游击队历史故事》、华山的《窑洞阵地战》、丁玲的《三日杂记》、一擎的《“众人原谅”》、刘白羽的《无敌三勇士》、柯蓝的《洋铁桶的故事》、孔厥与袁静的《新儿女英雄传》等，基本上都是把“讲故事”的形式作为阐述思想的惟一性手段；另外，有些作品还将民间英雄传奇式的夸张手法穿插于其中，尽力去强化了读者对作品的阅读兴趣。像柯蓝的《洋铁桶的故事》，主人公游击队员吴贵的形象，简直就被作者塑造成了一位古代侠客式的人物——他为人刚直爱憎分明浑身是胆乐于助人，他来无影去无踪神出鬼没机智灵活，带领着一帮武器装备极其落后的山区农民，把狂妄骄横的敌人打得惶惶不可终日，一役就消灭了日本鬼子几百人。从历史真实的角度来讲，这样富有传奇性的革命英雄人物是根本不存在的，仅凭游击队的那点实力也不可能创造如此辉煌的人间奇迹。但是在当时残酷的革命战争年代，这种艺术夸张却以其通俗故事的流行方式，极大地鼓舞了人民群众战胜侵略者的信心和勇气，起到了教育人民、打击敌人的良好社会效益。与解放区小说大众化的趋势相比较，诗歌与戏剧创作的民间价值取向也成为了一种社会时尚。李季的《王贵与李香香》，是用陕西民歌

---

① 高捷：《山药蛋派作品选·序》，人民文学出版社 1984 年版。

“信天游”的曲调所写成的长篇叙事诗，浪漫曲折的爱情故事、鲜活生动的人物形象再加上朗朗上口的文字韵律，很快就在边区群众中广为流传，并且开创了中国现代诗歌的新纪元。另外，阮章竞的《漳河水》、李冰的《赵巧儿》、张志民的《王九诉苦》等叙事长诗，也都是用民歌体写作的成功范例，同样为解放区的广大民众所喜爱。从秧歌剧《兄妹开荒》到新歌剧《白毛女》再到话剧《抓壮丁》，解放区戏剧改革的方向完全是以传统戏曲为参照系的，通俗简洁的语言对白方式与舞台表演的激情形体动作，在最大程度上满足农民观众的视觉审美要求。解放区文艺运动的这种深刻变化，表明了“赵树理方向”正在以其民间文学的价值取向，积极地引导着中国现代文学的新潮流。

但是，历史的发展是不以人们意志为转移的。建国以后，“赵树理方向”虽然仍被作为新中国文学的学习楷模，但是他的“神话”效应却因时代的变化而发生了动摇。从《登记》的发表开始，赵树理就意识到了有人对他表现新人物的能力有所怀疑，所以他立刻表态说：“同志们、朋友们对我所写的作品的观感是写旧人旧事较明朗，较细致，写新人新事较模糊，较粗糙。完全正确……回顾一下自己从抗日战争以来的历史，可以得出这样一个结论：从群众的实际生活中来，渐渐以至于完全脱离群众的实际生活，如不彻底改变一下现状，自己的写作历史是会从此停止的。”① 到了五六十年代，理论界又对他“中间人物”创作的真实性提出了强烈的质疑，② 故他不得不去面对严酷的现实而深刻地检讨道：这是由于“1. 对主席讲话接受得有片面性，忽略了‘以歌颂光明为

① 赵树理：《决心到群众中去》，载1952年5月2日《人民日报》。

② 如鲁达的《缺乏爱情的爱情描写》、武养的《一篇歪曲小说的小说——〈锻炼锻炼〉读后感》、江天的《关于塑造普通人物的几点质疑》等文章，都对赵树理建国后的小说创作进行了严厉的批评。

主’的最重要一面；2. 过分强调了针对一时一地的问题，忽略了塑造正面人物；3. 仍没有学会和别人一道干。”[①] 其实，综观新中国文学自然进化的内在逻辑关系，“赵树理方向”实际上一直是处在一种被淡化和被消解的静止状态。因为随着新民主主义革命转向了社会主义革命阶段，赵树理农民话语小说的历史使命也已经基本完结了。新中国文学的创作宗旨，有三大根本任务：一是要用文学形象化的表现手段，艺术地再现中国现代革命的历史辉煌，进而去教育后代使他们牢记革命江山的来之不易。二是要紧密配合和平时期的社会主义革命建设事业，努力创造一代革命新人的光辉形象，进而去启迪中国农民走社会主义康庄大道的政治觉悟。三是要普遍提升全民族的文化艺术水准，强化精英话语与民间话语合二而一的现代文学形式，进而去建构起中国现代文学的民族特性。而面对新中国文学这三大现实任务，赵树理显然是难以适应、难以胜任的。他声称“我是不写历史题材的”,[②] 原因是长期的农村封闭生活，使他对于中国现代革命战争缺乏必要的了解，无法去承载激情抒写革命史诗的创作重任，这使他的文坛地位很快就被梁斌、杜鹏程、曲波等人所取代。赵树理自认为自己是了解中国农民的，他说农民就是农民，“农民党员还是一个农民，有小私有者思想”。[③] 他不相信农民能在一夜之间，就变成了先进生产力的代表，这使他曾经引以为荣的农民作家称号，也很快让位于周立波、柳青、浩然等人。赵树理“‘文化水’是落后的”这一事实,[④] 只能使他在战争年代去做些文学艺术方面的“普及”工作，但他那些缺乏高雅艺术内涵的农民话语小说，又不可能满足

① 《赵树理全集》第 378 页，北岳文艺出版社 2000 年版。
② 转引自黄修己著《赵树理评传》第 203 页。
③ 《赵树理全集》第 358 页，北岳文艺出版社 2000 年版。
④ 同上，第 205 页。

现代读者日益提高的审美阅读趣味，故新生代知识分子作家群体便以经过加工改造过的新型传统文学形式，完成了对于赵树理小说民间故事文本的全面超越。赵树理命运的坎坷与“赵树理神话”的沉浮，这其中自然有许多政治性的因素在起作用，但我们也必须实事求是地加以承认，它反映出了中国现代文学自身运行规律的真实性、合理性与必然性。

后记

深夜时分，坐在暨大校园明湖边的书斋里，一边校对书稿，一面浮想联翩。回首自己所走过的学术生涯，感慨颇多。从我硕士研究生毕业后，先后位移过三次地方。而每一次位移，都对我的人生与学术，产生过深刻的影响。

1988 年我毕业分配到海南，正值经济大潮迅猛涌起。我似乎不太适应这种金钱物欲的强烈诱惑，或者是根本就没有下海经商的内在素质，所以便潜心学术研究，先后完成了“基督教文化与曹禺戏剧”、“现代性与中国文学”以及“20 世纪中国文学批评史”的课题研究，而前两个课题的研究成果竟意想不到地受到了国内外学术界的广泛关注和高度评价，后一个课题的研究成果现在也成为了国内多所高校研究生的必读教材。这使我感到无比欣慰。不过，海南的那段生活经历，在我的头脑里始终存在着一个挥之不去的情绪意象或心理情结——它使我感到恐惧、使我无限留恋、令我万分感动。因为无论如何，这个谜团式的模糊影子，毕竟包含着我埋藏在内心深处的某些最真实的情绪记忆——“爱”

与“恨”的复杂交织，并给予了我坦然走向人生与学术道路的巨大力量。

1999年对我个人来说，是一个人生的转折点。时任湖南师范大学副校长的罗成琰博士，在秋天三次飞往海南，与海南师大商讨我的调动事宜。海师从对罗兄的第一次热情接待到第二、三次的冷淡躲避，深深地伤害了我的感情，于是乎我抛弃了一切跟着罗兄飞到了长沙，此去一下子就是五年多时间。在湖南师大工作的期间里，我是愉快而兴奋的，那里有一种催人奋进的学术氛围。除了罗兄之外，凌宇先生的学术影响以及谭桂林先生的学术成就，都于无形之中给我造成了很大的心理压力。在长沙的五年时间里，我认为自己是勤奋而努力的，先后在《文学评论》发表了论文四篇，在其他学术期刊上发表学术论文三十余篇，出版学术著作三部。其中《百年文学与主流意识形态》一书，不仅在国内学术界反响很大，而且还被台湾大学选作本科生的必读教材。在湖南师大工作期间，我们团结一致，先后完成了申请中国现代文学博士学位授予权、博士后流动站以及国家精品课程等艰巨任务，使该学科达到了一种鼎盛状态。正当我与其他同事沉浸在成功的喜悦时，我的第三次位移也于无形之中悄然开始了。

2004年9月，我去徐州参加中国现代文学研究会理事会，当已经到暨南大学担任“珠江学者”的朱寿桐兄（在学术上我们是莫逆之交）听说其他高校正在打我的主意时，便毅然决然地向暨南大学领导请示，一定要把我调进暨大。著名学者、暨大党委书记蒋述卓教授，著名文艺理论家饶芃子教授，中文系主任朱承平教授等人，都对我的调入表现出了极大的热情。我为他们的诚意所感动，同时也想为自己寻找一个比较舒适的安身立命的生存环境，因此我谢绝了湖南师大的挽留和其他高校优厚待遇的诱惑，于11月份踏入了暨大美丽的校园。与此同时，我也开始了“人文主义与中国现代文学”这一重大课题的研究工作。这是一个庞大而系统的研究工程，仅凭一人是难以完成的，我的每一位博士研究生的博士论文，基本上都被纳入到了这一研究计划之中。我希望在暨大工作期间，能够像在湖南师大工作期间那样努力，既是为暨大也是为自己当然更是为学术，做点真正有益的事情。

我相信自己的韧性与实力，更相信我的那些博士们的朝气与勇气，何况还有那么多学术界知我者与爱我者呢?!

宋剑华

2004 年岁末

图书在版编目（CIP）数据

前瞻性理念：三维视角中的中国现代文学史论/宋剑华著.
—北京：文化艺术出版社，2005.3
（南中国学术文丛）
ISBN 7-5039-2747-X

Ⅰ.前… Ⅱ.宋… Ⅲ.现代文学-文学史-中国
Ⅳ.I209.6

中国版本图书馆 CIP 数据核字（2005）第 041292 号

前瞻性理念
——三维视角中的中国现代文学史论

著　　者　宋剑华
责任编辑　向　宏
责任校对　张　莉
版式设计　宝　华
封面设计　彩多设计
出版发行　文化艺术出版社
地　　址　北京市朝阳区惠新北里甲 1 号　100029
网　　址　www. whyscbs. com
电子邮箱　whysbooks@263. net
电　　话　（010）64813345　64813346（总编室）
　　　　　（010）64813384　64813385（发行部）
经　　销　新华书店
印　　刷　三河宏达印刷有限公司
版　　次　2005 年 3 月第 1 版
　　　　　2005 年 3 月第 1 次印刷
开　　本　787×1092 毫米　1/16
印　　张　20.75
字　　数　250 千字
书　　号　ISBN 7-5039-2747-X/G·507
定　　价　30.00 元
